专业图书馆知识产权研究与服务

王春明　裘　钢◎主编

SPM 南方传媒
广东科技出版社
全国优秀出版社
·广州·

图书在版编目（CIP）数据

专业图书馆知识产权研究与服务 / 王春明，裘钢主编. —广州：广东科技出版社，2022.5

ISBN 978-7-5359-7857-8

Ⅰ. ①专… Ⅱ. ①王… ②裘… Ⅲ. ①图书馆—知识产权—中国 Ⅳ. ①D923.404

中国版本图书馆CIP数据核字（2022）第076113号

专业图书馆知识产权研究与服务

Zhuanye Tushuguan Zhi · shi Chanquan Yanjiu Yu Fuwu

出 版 人：严奉强
责任编辑：刘锦业
封面设计：友间文化
责任校对：陈 静 李云柯
责任印制：彭海波
出版发行：广东科技出版社
（广州市环市东路水荫路 11 号 邮政编码：510075）
销售热线：020-37607413
http://www.gdstp.com.cn
E-mail：gdkjbw@nfcb.com.cn
经 销：广东新华发行集团股份有限公司
排 版：创溢文化
印 刷：东莞市翔盈印务有限公司
(东莞市东城街道莞龙路柏洲边路段129号 邮政编码523113）
规 格：787mm × 1 092mm 1/16 印张13.25 字数265千
版 次：2022年5月第1版
2022年5月第1次印刷
定 价：88.00元

《专业图书馆知识产权研究与服务》

编　委　会

主　编：王春明　裘　钢

副主编：祝　林　张丽佳　刘　漪

编　委：褚英敏　宇　岩　欧阳志楠

汤正午　董　星　黄敏聪

万晶晶　余伟业　戴立威

曾　敬　陆周贵　黄怡淳

刘少芳

序 言

PREFACE

2021年2月1日，习近平总书记在《求是》杂志上发表署名文章《全面加强知识产权保护工作　激发创新活力推动构建新发展格局》，提出“创新是引领发展的第一动力，保护知识产权就是保护创新。”将知识产权创造和保护上升到前所未有的高度。2021年9月22日，中共中央、国务院印发了《知识产权强国建设纲要（2021—2035年）》，统筹推进知识产权强国建设，全面提升知识产权创造、保护、运用、管理和服务水平，充分发挥知识产权制度在社会主义现代化建设中的重要作用，并明确提出了2035年的发展目标，即届时我国知识产权综合竞争力跻身世界前列，知识产权制度系统完备，基本形成全方位、多层次参与知识产权全球治理的国际合作格局，基本建成中国特色、世界水平的知识产权强国。广东省积极响应党中央关于全面加强知识产权保护工作的部署，推动一系列知识产权政策措施密集落地，强化知识产权全链条保护，致力于构建“严、大、快、同”的知识产权大保护工作格局，不断提升知识产权保护水平，加快推进引领型知识产权强省建设，为实施创新驱动发展战略、构建新发展格局提供活力源泉。

广东省科学院聚焦于促进产业发展的应用技术研究，兼顾重大技术应用的基础研究，以期满足广东省经济社会发展的需要。其科技创新与转化能力在全国地方科学院中位居前列，是广东省实施创新驱动发展战略的重要科技力量。近年来，广东省科学院围绕广东科技创新强省工作大局，积极参与粤港澳大湾区国际科技创新中心建设，持续深化体制机制改革，着力建设国内一流研究机构，打造聚焦产业技术、服务区域创新的综合产业技术创新中心，形成产业技术创新的高端平台、产业技术孵化的组织载体、产业创新发展的支撑体系、产业创新人才的培养基地，发挥并聚集粤港澳大湾区创新资源要素和优势，为整个大湾区的科技创新驱动发展提供支撑。

在知识产权方面，广东省科学院推动和实施“一院两制三体系四融合”发展战略，设计了涵盖院所两级的知识产权全链条管理与服务体系，开展嵌入科技创新全生命周期的知识产权管理、保护和运用工作，建立广东省科学院知识产权研究与运营中心，逐步建设广东省科学院知识产权高端智库。2016年，广东省科学院下属研究机构——广东省科技图书馆（广东省科学院信息研究所）（简称“粤科图”）获批成为国家知识产权局“专利信息传播利用（广东）基地传播利用站点”；2017年，获批成为国家知识产权局“全国专利文献服务网点”；2021年，被推荐成为国家知识产权局“国家知识产权信息公共服务网点”。此外，广东省科学院正在创建世界知识产权组织技术与创新支持中心（TISC）。迄今，广东省科学院院属研究机构已完成知识产权贯标工作。

在科技成果转移转化方面，广东省科学院探索建立了以市场为导向、以企业为主体、技术经理（经纪）人运营，利益捆绑、利益共享的科技成果转化机制，促进“四链”（政策链、创新链、产业链、资本链）深度融合，构建以增加知识价值为导向的市场化的技术创新生态系统，涵盖知识创造和转移体系、技术育成孵化体系和产业创新发展服务体系三大体系，并于2020年成为科技部职务科技成果赋权改革试点单位。在由中国科技评估与成果管理研究会、国家科技评估中心和中国科学技术信息研究所共同编写的《中国科技成果转化年度报告2020（高等院校与科研院所篇）》中，广东省科学院2019年技术转让（含许可和作价入股）、技术开发、技术咨询和技术服务（简称“四技”）合同金额在全国2 072个科研院所中排名第4，在全国3 450个高等院校和科研院所中排名第24，在广东省科研机构中排名第一。

粤科图是广东省科学院知识产权研究与运营中心的重要组成部分，也是广东省科学院知识产权高端智库的重要力量，参与了广东省科学院知识产权管理与运营体系建设，围绕知识产权管理、研究、服务、保护和运用，全面服务于广东省科学院知识产权的高效管理、科学决策、研发部署、专利布局、信息服务和转化运用。同时，针对广东省20个战略性产业集群的培育发展开展了专利导航、专利预警、知识产权评议、产业技术发展态势分析等系列工作。本书呈现了粤科图作为研究型专业图书馆对知识产权研究和服务的探索与实践，是我国知识产权服务体系开展相关工作的重要组成部分和有力补充。

非常高兴能够提前阅读本书并作序，相信本书能为读者提供丰富的信息，为未来的知识产权研究者提供有益的借鉴。

国际欧亚科学院院士
广东省科学技术协会副主席　廖兵
广东省科学院党委书记、院长

2021年8月23日

前言

FOREWORD

目前，世界各国研究型专业图书馆纷纷开展知识产权信息情报服务，以推动科技创新与知识产权的商业化运用。专业图书馆知识产权服务体系的不断完善，为专业图书馆服务科技创新和成果转化赋予了新的理念，也为专业图书馆的转型发展提供了发展动能。

作为全国唯一独立建制的省级专业图书馆，同时也是广东省乃至华南地区最大的公共科技图书馆，粤科图长期致力于构建专利文献保障体系，为广东省科技创新活动提供科技信息资源保障与知识产权服务支撑，迄今，粤科图已发展成为支撑广东省科技创新乃至建设粤港澳大湾区国际科技创新中心知识产权情报保障体系的重要力量，并成为提升公众知识产权素养的主要服务机构。

知识产权研究、运用与服务一直是粤科图的重要业务方向。本书介绍了粤科图在服务科技创新，推动产业发展和开展科研组织的知识产权管理、保护与运用中，利用数据挖掘技术、可视化技术、知识发现等技术，进行的嵌入科技创新全生命周期的知识产权服务实践，展示了专业图书馆有关知识产权的研究成果和服务经验，尝试为知识产权工作者提供研究思路和借鉴，对促进知识产权学科发展具有一定的理论和实践意义。本书主要内容如下。

第一章主要介绍知识产权宏观政策环境研究。主要涉及国内外知识产权制度与政策的相关研究，包括全球知识产权宏观政策环境概述、“一带一路”沿线发达国家和地区知识产权制度研究、广东省知识产权制度与特色内容。

第二章主要介绍面向科研的知识产权服务研究。主要包括面向科研的知识产权服务理论探讨，以及围绕国家重大重点科研项目的知识产权评议研究、高层次科技人才调研及引进评价研究、高价值专利培育研究等面向科研的知识产权服务案例。

第三章主要介绍面向广东省重点产业的知识产权研究与服务。结合广东省重点产业发展现状开展了专利态势分析，包括碳纤维复合材料、多层陶瓷电容器产业、工业机器人技术、人用疫苗、中美日自动驾驶产业、块体纳米金属材料、肠道微生态产业等。

第四章介绍了科研组织知识产权管理与运营体系建设。主要包括科研组织知识产权管理体系概述、建设现状及经验、广东省科学院知识产权全链条体系建设及地方科研组织知识产权服务实践。

本书第一章由王春明、董星、宇岩、黄敏聪执笔，第二章由褚英敏、汤正午执笔，第三章由祝林、张丽佳、褚英敏、刘漪、万晶晶、陆周贵、黄怡淳、刘少芳、戴立威、余伟业、宇岩执笔，第四章由欧阳志楠、汤正午、王春明、张丽佳、曾敬执笔。全书由褚英敏和汤正午负责统稿初校，由王春明和裘钢负责大纲编写与整体审校。

本书得到了广东省科学院院属骨干科研机构创新能力建设项目“广东省科技图书馆创新驱动发展能力建设”专项、“广东科技信息资源与技术情报服务平台建设”项目、广东省科学院引进人才专项“技术与产业创新发展情报分析”、中国工程院院地合作重大项目“粤港澳大湾区微生物产业发展战略研究”、广东省市场监督管理局知识产权专项知识产权促进类项目“2021年度广东省高价值专利培育布局中心建设”、广东省知识产权保护中心项目“全球知识产权发展动态研究”等的资助。本书的编写也得到了诸多领导、业界专家和同事的帮助和支持，在此一并致谢。

本书虽倾尽编者们的智慧和心血，但仍难免有疏漏和差错，望广大读者批评指正。

编者

2021年9月于广州

目　录

CONTENTS

第1章

知识产权宏观政策环境研究

1.1 全球知识产权宏观政策环境概述

知识产权制度是国际通行的保护智力成果、激励创新的法律制度。然而，长期以来，知识产权制度作为一项国内法律制度，只是治理本国知识产权相关事务的政策工具，其作用被严格局限在国家范围之内。19世纪中叶以前，知识产权国际保护机制尚未成形，一个国家通常不会保护来自国外的知识产权。直到19世纪后期，这一情况才开始发生变化。由于技术革命的推动，特别是通信技术和交通工具的跨越式发展，人员跨国流动空前频繁，使得知识流动和传播的速度大大提高，各类智力成果在其诞生国之外被侵权、盗版的情况非常严重，知识产权问题开始跨越国界，要求国家之间合作解决。

从20世纪80年代开始，面对经济全球化的深入以及技术对经济发展特别是产业、国家竞争力影响的加深，各国开始调整经济发展模式，并且重视知识产权保护政策发展。其中，在经济上和技术研发上占据绝对优势的美国最先转变了以往对知识产权问题漠然的态度，积极推动知识产权保护政策在本国的立法及加大其执法力度，并开始在国际层面推动相关国际制度的建立。

全球知识产权制度逐步发展，并呈现出以下特点。

1.1.1 知识产权保护规范国际化

从1883年通过的《保护工业产权巴黎公约》算起，全球知识产权制度从萌芽到形成，经历了130多年的历史。在这130多年的时间里，全球知识产权制度的动力结构、参与主体与治理机制都经历了较大变化，展现出一定的特征。今天，经济全球化使得知识产权国际规则已经成为重要的全球治理规则，任何国家的发展都离不开这一规则发挥的作用，都受到全球知识产权制度变迁的制约。

现有全球知识产权治理方式包含复杂的区域协定、双边及多边条约，主要分为两大制度体系：以世界知识产权组织（WIPO）为主导的多边国际条约和世界贸易组织（WTO）框架下的《与贸易有关的知识产权协定》（TRIPs协定）。WIPO与WTO各司其职：WIPO关注知识产权保护、条约管理与发展问题，WTO关注知识产权规则的执行与争端解决。但是，随着世界范围内各国之间的政治、经济联系更加紧密，新兴市场的崛起和新经济领域新现象的出现，这样的规则体系和制度框架的约束力和适用性正逐渐弱化。随着以中国为代表的新兴国家产业的转型升级和科技创新能力的不断提高，知识产权强国不断通过争取国际规则制定权与话语权谋求国家利益和竞争优势。发达国家逐渐将知识产权保护的重点从TRIPs协定转移到各个规模较小、仅在特定区域适用的区域协定上。类似《跨太平洋伙伴关系协定》（TPP）、《跨大西洋贸易投资伙伴关系协定》（TTIP）、《全面与进步跨太平洋伙伴关系协定》（CPTPP）等地区性新规则不断涌现，并在特定区域内生效与运行。然而，某些发达国家，作为全球多边治理体系与规则的主要制定者，却屡屡背弃国际承诺，仅从自身利益出发挑战多边国际规则与秩序，对全球知识产权治理造成巨大危害。同时，新兴的专业国际组织（如世界卫生组织等）开始关注所辖领域的知识产权问题，开始深度介入相关知识产权标准和规则的制定。

全球知识产权保护的范围从贸易自由化扩大到生物多样性、动植物基因资源、公共健康和人权等议题（李玲娟　等，2019）。更多的客体被纳入知识产权保护的范围，部分发达国家将软件、遗传基因等都划入知识产权的保护范围。2011年5月，欧盟提出了新的知识产权保护战略，集中指向数字化时代的知识产权保护。这一战略是《欧盟2020战略》《单一市场法案》和《数字欧盟议程》的有机组成部分。新的知识产权保护计划涉及专利、商标、地理标识和著作权等多个方面，强调加大对盗版和伪造商品的打击力度，主张建立统一专利法院、推进单一专利体系建设，以期促进欧洲数字化图书馆的建设，推动“孤儿作品”（虽受著作权保护，但著作权所有人已无法认定的作品）的数字化和网上阅读等。2014年10月，欧盟进一步推动数字时代知识产权保护的立法工作的开展，旨在更好地保护知识产权所有人的利益，特别是艺术家和科学家的发明创造，并依法向谷歌等网络巨头征收相关产权的使用费用（李玲娟　等，2019）。除此之外，还提出了将更多的客体，如实验数据、卫星广播等纳入知识产权保护范围的需求。同时，关于传统文化、民间文艺等客体被纳入知识产权保护范围的规则也在制定和讨论当中。

1.1.2　知识产权战略上升为国家战略

在数字时代，知识产权成为重要的战略资源，各国政府为扩大本国竞争优势，纷纷介入创新活动，越来越多的国家出台知识产权战略。美国是实施知识产权战略最早的国家之一。20世纪70年代，欧亚发达国家和新兴工业国家的经济崛起，使美国产业界感到了巨大的竞争压力，美国第一次将知识产权战略提升到国家战略的层面。此后，巩固和扩大知识产权优势，以保持美国竞争力，成为美国的统一战略。近年来，美国在知识产权政策方面动作频频：2009年发布《美国创新战略》，2010年公布《知识产权执法联合战略计划》，2010年首次提出制定“21世纪国家知识产权战略”，2011年签署《美国发明法案》，2013年《专利法条约》对美国生效，2014年发布《美国专利商标局2014—2018年战略计划》，2015年发布《美国国家创新战略》，2018年发布《知识产权执法联合战略计划》。2018年发布《国家网络战略》，明确了强有力的知识产权保护是数字时代经济持续增长的保障。2018年，美国国会通过《外国投资风险评估现代化法案》，赋予美国外商投资监管部门更大的权力，以保护对美国国家安全至关重要的技术和知识产权（李玲娟 等，2020）。

日本在与欧美企业竞争的过程中，走出了一条在核心专利周边布局外围专利，用交叉许可进行反击拓展空间的道路。2002年，日本通过了世界上第一个专门的国家级知识产权战略文件——《知识产权战略大纲》，提出了创造、应用、保护和管理知识产权的战略和人才培育战略；决定走把通过发挥个人想象力和创造性而产生的知识产权作为国际竞争原动力的道路，跻身于脑力生财而不靠体力生存的国家行列。2013年6月，日本知识产权战略本部在总结战略实施经验的基础上，根据国内外经济形势的新变化，特别是针对新兴经济体的兴起与数字信息全球化市场的快速发展，推出《知识产权政策展望》，提出“内容产业立国”的新目标。近年来，为应对“数据驱动型的新型创新”等形势，日本每年发布“年度知识产权推进计划”。

2008年，我国发布《国家知识产权战略纲要》（简称《纲要》），首次将知识产权战略上升为国家战略。《纲要》提出，到2020年，把我国建设成为知识产权创造、保护、应用和管理水平较高的国家。此后每年持续发布“年度国家知识产权战略实施推进计划”，确保知识产权战略的落地执行，促进中国产业发展从模仿创新走向自主创新。2012年，发布《关于加强战略性新兴产业知识产权工作的若干意见》，标志战略性新兴产业知识产权工作的正式启航。2013年，提出开展专利导航试点工程，面向产业集聚区、行业和企业开展专利布局，有效运用专利制度并提升产业创新驱动发展能力。2014年，《深入实施国家知识产权战略行动计划（2014—2020年）》成为深入推进国家知识产权战略的标志性文件，密集出台的各项政策举措，促进中国经济向“创新驱动”转型发展。为进一步促进科技成果转化为现实生产力，我国于2015年修订的《中华人民共和国〈促进科技成果转化法〉》，以及2016年接连出台的《实施〈促进科技成果转化法〉若干规定》《促进科技成果转移转化行动方案》，统称科技成果转移转化“三部曲”，成为实施创新驱动发展战略、强化供给侧结构性改革、推动“大众创业、万众创新”的重要抓手。2018年，强调加快知识产权强国建设和强化知识产权创造、保护、运用，推进知识产权国际合作。2019年，印发《关于强化知识产权保护的意见》，不断改革完善知识产权保护体系，带动创新环境和营商环境的持续优化，搭建国际创新合作桥梁。随着我国知识产权战略实施工作的深入开展，《国家知识产权战略纲要》迎来了收官之年。《纲要》提出的“到2020年，把我国建设成为知识产权创造、保护、运用和管理水平较高的国家”这一目标已基本实现。目前，我国正在抓紧制订面向2035年的知识产权强国战略纲要，形成与《纲要》接续推进、压茬进行的战略布局。

韩国等国家纷纷效仿，出台各自的知识产权战略。2008年，韩国政府出台了《知识产权强国实现战略》，积极推进《知识产权基本法》制定工作的开展，把加强知识产权运用和保护作为工作重点，不断加大知识产权服务力度和能力建设，推动韩国向知识产权强国转变。近年来，针对新形势、新问题，韩国针对知识产权制度进行相应的调整，发布《第二次知识产权基本计划（2017—2021）》。有些国家虽然没有制定知识产权战略，但实际上已经把知识产权制度和政策的制定纳入提升国家竞争力和促进技术进步的总体战略框架。

1.1.3　各国知识产权制度和政策呈现差异化发展

知识产权保护国际化的趋势日益明显。发达的市场经济国家会根据本国的发展和竞争需要不断完善其知识产权法律和实施细则。如，美国知识产权法律协会定期进行执法方面的调查，并向国会提出报告；日本在进行深入调查的基础上，每隔2～3年根据企业技术进步和产业竞争的实际需要，调整相关的知识产权法律。由于各国的经济技术、社会发展阶段和发展战略不同，即使同为发达的市场经济国家，其知识产权制度也有差别。

1.1.3.1　保护范围不同

在TRIPs协定允许的空间内，各国可根据自己的竞争优势，确定保护范围。如，美国、日本将软件纳入知识产权保护范围，而欧盟各国并未把软件纳入知识产权保护范围；一些发达国家积极开展基因技术和生物技术的知识产权立法工作和实施知识产权保护等。

1.1.3.2　专利审查周期不同

审查周期是控制外国专利和调节专利数量、质量的手段。各国的审查周期不同。如，日本曾采取拖延专利审查周期的办法，以防止外国专利限制日本企业利用外国技术。如今，为了使其研究开发成果领先于世界，日本一再缩短专利审查周期。

1.1.3.3　专利授权原则不同

各国根据本国创新能力和特点采取不同的专利授权原则。通常，为了鼓励创新，各国的授权专利标准不尽相同。在原创技术能力较强的国家，专利审查严格。如，因为美国的原创技术较多，其实行发明在先的原则，其他国家则采取申请优先原则。

1.1.3.4　对知识产权的权利限制不同

对知识产权的权利限制主要有3个方面。一是授予知识产权的权利要求范围。授权专利的权利要求涵盖面对未来的技术创新和竞争产生的影响，权利要求范围过宽将限制同一领域的技术创新和竞争。因此，有的国家允许宽泛的权利要求，而有的国家则限制知识产权权利要求的覆盖面。二是对实施知识产权的要求。有些国家从公共利益角度出发，对知识产权实行强制许可。三是利用反垄断政策限制滥用知识产权。美国联邦贸易委员会和美国司法部联合发布了《知识产权许可反垄断指南》，欧洲共同体委员会制定了《技术转让规章》，日本制定了《专利和技术秘密许可协议中的反垄断法指导方针》。

1.1.3.5 执法程序和诉讼费用不同

执法程序和诉讼费用决定了保护成本和重点保护对象。美国的诉讼程序复杂，需要大律师团的帮助，诉讼周期长，诉讼费用（含律师费）较高，通常要花上百万美元，有利于对大企业的保护；而欧洲大部分国家的法律程序简单，诉讼费用较低，一般只需几十万欧元，有利于对中小企业的保护。

1.1.3.6 审判依据不同

如美国实施判例法，最高法院通常在法律规定基础上，考虑审判结果对相关行业技术进步的影响，特别是在法律解释不清的情况下，其最终判决将更多地考虑对产业发展和创新的影响。

1.1.3.7 申请、注册和维护费用不同

申请、注册和维护费用是调节知识产权数量和质量的手段之一。各国的知识产权申请、注册和维护费用差别较大。

1.1.3.8 管理机构设置不同

绝大部分国家设置统一管理机构，实行工业产权统一管理或实行专利、商标和版权“三合一”的管理体制，只有极少数国家设置专利、商标、版权相关管理机构进行分开管理。

1.1.4 加强国际合作，提高知识产权制度的协调性

为维护本国企业和权利人在全球范围内的利益，一些发达国家和地区，如美国、日本及欧洲各国的知识产权机构加强联合，共同打击假冒和侵权行为，商讨统一知识产权保护标准的可能性。在2004年的世界知识产权组织成员国大会上，美国、日本等国提出了关于确立专利法常设委员会新工作计划的草案，要求对现有技术定义、宽限期、新颖性、创造性等问题进行讨论，并统一标准。又如，欧洲各国试图通过《欧洲专利诉讼协议》来完善欧盟的专利法规，在竞争日趋激烈的市场环境中为欧洲研究人员提供保护措施，保护专利权人和公众的合法权益。

1.1.5 加强企业知识产权管理与服务

日本成立了知识产权保护中心，为日本企业提供有关咨询服务，还帮助在海外开展涉嫌侵犯日本企业知识产权的调查。韩国知识产权局建立了韩国工业产权信息中心

（KIPRIC），负责收集和加工国内外专利信息，为企业提供分析、解释等免费服务，与国外专利信息组织合作，开展利用专利信息的教育和管理工作。2000年，韩国知识产权局与韩国专利代理人协会（KPAA）签订商业合作协议，建立了向中小企业免费提供专利申请管理服务的合作伙伴关系。法国商标专利局成立了中小企业服务中心，为中小企业提供知识产权培训和咨询。

1.2 “一带一路”沿线发达国家和地区知识产权制度研究

“一带一路”倡议蕴含着巨大商机，为我国企业的产能消化，包括“走出去”战略带来了很多机遇，同时让企业面临着更多挑战。国际市场上的竞争，从根本上说是知识产权的竞争。随着“一带一路”倡议的推进，中国同经济带各国在更广阔、更开放的市场中展开高效合作与充分竞争，知识产权侵权纠纷成为绕不开的问题。目前，中国国家知识产权局（CNIPA）已经与“一带一路”沿线40余个国家和地区建立了正式合作关系，与海湾阿拉伯国家合作委员会专利局，东盟、欧亚专利局等地区性组织开展了深入合作，与世界知识产权组织签署了《中华人民共和国政府和世界知识产权组织加强“一带一路”知识产权合作协议》指导性文件，让中国专利在更多国家得到认可。

广东省是我国传统经济大省和对外经贸大省，被国家赋予“一带一路”建设的交通枢纽、经贸合作中心、重要引擎3个定位。2013年以来，广东高质量、高标准、高水平参与“一带一路”建设，特别是根据习近平总书记提出的推动共建“一带一路”向高质量发展转变的基本要求，制定有关实施行动方案，探索对外开放合作模式，推动贸易合作、双向投资、基础设施、合作平台、人文交流、对外联系等各领域重点工作取得实质性进展（陈平朗 等，2020）。同时，广东省注重促进各类展会平台提质增效，打造“一带一路”对外交流合作窗口，有力助推国际产能合作。

在政治社会稳定、制度完善、政府廉洁高效的综合保障下，新加坡成为全球经济最具活力、最具发展前景的经济体之一，以及亚洲重要的金融、服务和航运中心之一。新加坡经济属于外向开放型经济，既积极向国外投资，又将吸引外资作为基本国策，大力发展国际经济合作。近年来，广东省与新加坡经济交往频繁，双方贸易与市场渗透不断加强。截至2016年年底，新加坡累计在广州投资设立企业552家，实际使用外资27.3亿美元；广州企业累计在新加坡投资设立企业25家，中方投资额达1.9亿美元（何伟奇，2017）；2017年1—4月，广东省对新加坡出口额达到454.3亿元，新加坡成为广东省对“一带一路”沿线国家贸易的第三大国家。

在我国“十四五”时期经济社会发展新蓝图中，明确提出要加强海峡两岸产业合作，打造两岸共同市场，进一步支持台商、台企参与“一带一路”建设和扩大国家区域发展战略的空间，进一步发挥台商、台企在智能制造、信息技术、科技成果转化等方面的优势和特长，发挥其在强化两岸产业链、供应链纽带中的独特作用，以促进两岸产业融合发展，共同拥抱全球市场。

“一带一路”倡议辐射范围广，所涉国家和地区众多。各国及地区经济发展水平、科技创新能力差异较大，各个国家和地区的知识产权政策法规也不相同。比如东盟诸国中，新加坡等国家制定并实施了专利法、商标法和著作权法，但其中有的国家只保护发明专利，不保护实用新型专利，而外观设计专利则另行立法保护；菲律宾等国家则制定了综合知识产权法；还有一些国家将知识产权法纳入民法典中。中东欧有多个国家（如波兰、捷克、斯洛伐克、匈牙利、保加利亚等）的知识产权制度已达到TRIPs协定要求，其知识产权环境也与中国相当。还有一些经济发展水平相对落后的发展中国家，其知识产权的立法现状和执法状况相对较差。因此，以新加坡和中国台湾地区为例对“一带一路”沿线发达国家和地区的知识产权制度进行研究具有一定的代表性。

1.2.1 新加坡知识产权制度

新加坡是东南亚地区唯一一个发达国家，又是世界最重要的贸易枢纽地之一，无论是该国的历史文化，还是政治体制与经济发展规划等均对该国的科技创新发展有着深刻的影响和促进作用。新加坡政府非常重视知识产权保护，通过制定一系列的知识产权政策和法律法规制度保护科技与产业创新。世界经济论坛（WEF）发布的《2017—2018年全球竞争力报告》显示，新加坡2017—2018年的知识产权保护水平处于亚洲第一，世界第四（中国排名全球第49位），其最高排名曾为世界第二（2014—2015年度），是世界上知识产权保护最好的国家之一。在新加坡，有针对专利、商标、注册设计、版权、集成电路、地理标志、植物品种、商业秘密等知识产权的各个方面的单项法规，对知识产权进行严密的保护。

1.2.1.1 新加坡的知识产权政策

新加坡将知识产权视为驱动经济社会发展的重要手段，确保知识产权政策和制度能够为公司创新提供支持。新加坡知识产权局（IPOS）对知识产权法进行定期回顾和更新，确保知识产权法符合当前环境需求。

新加坡政府于2013年公布了新加坡未来10年的知识产权总体规划，力争将新加坡打造成亚洲知识产权枢纽，确定了3项战略目标：打造知识产权交易和管理中心、建设优质知识产权申请中心，以及构建知识产权纠纷解决中心（刘永超，2016）。新加坡在加强知识产权相关申请与保护，促进知识产权成果创新与转化，强化国际化合作与交流，推动知识产权文化宣传与人才教育等多方面制定了政策，并推出相关项目确保政策目标的落实。

（1）加强知识产权相关申请与保护

为了促进科技创新，鼓励企业与个人申请专利对技术进行保护，新加坡设立了专利申请增进基金，对于符合条件的专利申请进行资助补贴。在初步申请阶段，该基金可资助的申请达3项，每项可提供最高50%的资助，均不超过5 000新加坡元。后期的申请，也是资助3项，每项可提供最高50%的资助，均不超过25 000新加坡元。不论是本国专利申请还是依据《专利合作条约》（PCT）提出的国际申请都可以获得该基金的支持。但该基金对于申请人身份有一定限制，个人申请人必须是新加坡公民或永久居民，机构申请人必须是本地企业（企业30%股份由新加坡公民或者新加坡永久居民拥有）或者本地外资企业，且专利研发工作必须在新加坡完成（张英，2007）。

立法方面，新加坡通过了《专利法》《注册工业品外观设计法》和《版权法》修正案，延长了专利和外观设计的新颖性宽限期，达12个月之久。《版权法》的修正主要是为了应对数字时代的市场变化和挑战。

为了促进知识产权转化，防止专利和商标的恶意囤积，新加坡鼓励知识产权所有人向社会放弃他们不再需要的知识产权。从2017年4月1日起，新加坡知识产权局下调了专利相关费用和商标的申请费，任何请求出具专利检索与审查报告的人可享受费用缩减，实施专利许可的专利所有人将继续享受专利续展费（20年之后的年费）50%的折扣，如果将专利投入公共领域，知识产权所有人可免除相关行政费用；利用商品和服务预批清单申请商标的品牌所有人将享受商标申请费30%的折扣。同时，将发明专利年费和商标的续展费等维持性费用上调，具体年度的专利年费变化情况如表1-1所示。商标的续展费用则上调了52%，达到了380新加坡元（佚名，2017）。

表1-1　新加坡专利年费调整情况

年费年度	原费用/（新加坡元·年$^{-1}$）	新费用/（新加坡元·年$^{-1}$）
第8～10年	270	370
第11～13年	350	520
第14～16年	490	670
第17～19年	600	820
第20年	710	970
20年后	950	1 200

新加坡还加强了知识产权电子系统的建设和应用。在知识产权申请流程方面，新加坡知识产权局加强了电子申请建设，申请人通过电子申请门户网站（网址为https://www.ip2.sg）就能够进行知识产权备案。该门户网站有多个自助工具和功能，方便用户进行知识产权申请，可以让申请和备案变得更加便捷。该门户网站还提供在线视频教程，为申请人提供指导。同时，设置了线下的客户服务中心，申请人可在该中心就其知识产权备案和咨询需求获得个性化的协助。新加坡正在构建知识产权争议解决系统，通过构建更简明、性价比更高的机制来更好地为中小企业和企业家服务（李梦，2017）。

2016年4月1日，新加坡知识产权局推出一项新的调解促进计划，鼓励当事人在新加坡选择调解机构来解决知识产权纠纷，无论调解案件的结果如何，都给予选择调解案件的当事人5 500新加坡元的资助。

（2）促进知识产权成果创新与转化

新加坡政府于2014年推出了知识产权融资计划。根据该计划，企业可将知识产权作为抵押资产向银行贷款，银行机构由此面临的贷款风险由政府承担。新加坡政府还针对中小企业特别设立中小企业知识产权管理项目（IPM项目），鼓励和帮助中小企业采用最佳的知识产权管理策略，提升企业的知识产权管理能力。另外，新加坡还设立了中小企业专利申请基金（PAF），为需要申请专利的中小企业提供部分资金资助（Schwab，2017）。

根据新加坡未来经济委员会（CFE）及新加坡第6个五年研发计划——《研究、创新和企业计划2020》（RIE2020）的要求，新加坡知识产权局已由传统意义上的注册与监管机构转型成为带动创新机构，负责知识产权商业化，促进新加坡的未来经济增长，以使新加坡在全球创新排行榜上排名前列。2017年4月，新加坡知识产权局升级了其知识产权枢纽总体规划，旨在增加知识产权就业、扩大知识产权人才库并通过知识产权促进企业发展，重点工作是将研发成果转化为有价值的知识产权资产，让企业可将技术变现或实现商业化，然后将知识产权资产带来的收益再投资于新的创意和研发工作中。新加坡知识产权局的子公司IP ValueLab还与私募公司Makara资本联合启动价值10亿新加坡元的Makara创新基金（MIF），将分别向10～15个中小型创新企业投资3 000万到1.5亿新加坡元，以驱动都市解决方案（例如：物流、安保、废弃物管理）、高级技术［例如：人工智能（AI）、大数据、网络安全、纳米技术］、金融科技、替代能源、医疗保健和生物医学等领域的技术发展。该基金对目标企业的地理位置没有限制，目标企业可以位于世界任何一个地方，帮助它们将技术转变为实际的产业，促进新加坡的创新产业的增长（李梦，2017）。

为促进知识产权商业化交易，新加坡知识产权局还十分重视互联网信息服务，不仅建立了知识产权注册“一站式”在线平台，使专利、商标等各种类型的知识产权申请都可以在同一在线平台提交，还开发了“冲浪IP”服务项目和“知识产权拓展计划”。“冲浪IP”的基本功能是为使用者提供与知识产权密切相关的网址，可以为使用者提供查询知识产权相关信息、提供许可使用权等服务。“冲浪IP”的门户网站相当于网上交易所，为知识产权所有人、买受人、被许可人和服务商搭建了一个交易平台，以促进知识产权商业化交易。“知识产权拓展计划”则是新加坡政府推出的一个开放式创新项目，该项目的实施，让本地企业可以从研究机构获得可商品化的知识产权的使用许可执照。目前，共有12个来自亚太、北美、欧洲等地区的科技合作伙伴加入了该项目。该项目的实行为那些拥有大量专利的科技创新型企业提供了新的融资渠道。这点对我国也具有很大的借鉴意义（张英，2007）。

（3）强化国际化合作与交流

新加坡知识产权局与国内外诸多知识产权相关机构和个人，如各国政府及知识产权局、企业、高校、研发人员、知识产权专业人士、金融家、企业家等建立了密切的合作关系。通过成熟的合作关系网络，新加坡知识产权局可以及时了解世界各地的知识产权动态情况，利用从世界各地收集到的情报数据，以数据驱动政策决定，丰富决策的流程。

新加坡近年来与中国，尤其是与广东省加强了知识产权方面的合作，方便了“一带一路”倡议的推进和中国申请人在新加坡的知识产权保护申请。2016年，新加坡知识产权局在中国广州设立了知识产权代表办公室，建立了创新型中国企业与新加坡知识产权企业和与新加坡知识产权网络之间的纽带，帮助中国企业进入区域和全球市场。中国企业可以新加坡为支点，将其创新技术和知识产权资产推向国际市场。新加坡知识产权局在广州设立的知识产权代表办公室致力于在东南亚发展的中国企业和优质知识产权合作伙伴及服务之间建立纽带。这能让中国企业更好地了解目标市场，为其量身定制适当的知识产权和商业战略。中国企业还可以利用新加坡强大的知识产权制度和知识产权合作协议，如东盟专利审查合作（ASPEC）、全球专利诉讼高速公路（GPPH）等，快速在新加坡获得知识产权保护。2017年2月，中国国家知识产权局、新加坡知识产权局和中国广东省政府签署了三边谅解备忘录。该备忘录将中新广州知识城（SSGKC）作为知识产权改革试验区，在寻求国际发展的创新型中国企业和新加坡公司之间建立联系，推动“一带一路”相关项目的推进（刘永超，2016）。

（4）推动知识产权文化宣传与人才教育

新加坡十分重视知识产权文化宣传与人才教育，新加坡政府开展了形式多样的知识产权宣传活动并打造了知识产权学院（IP Academy）。

知识产权文化宣传方面，围绕强化知识产权意识与能力的相关政策目标，新加坡政府每年开展“原创知识产权之旅”（the originals HIP adventure）活动，为公众提供多方位、多感官的知识产权文化教育宣传服务。同时，还举行“知识产权竞赛”（IP Race），该竞赛的试题为与生活相关的内容，以期调动公众参加竞赛活动的兴趣，同时让公众意识到知识产权与生活密不可分。对于学生，新加坡知识产权局还开展了“知识产权夏令营”（IP Camp）活动，不但会向学生宣传知识产权相关知识，还会让学生创作知识产权作品，并将优秀作品汇编成漫画册，作为教育资源分发给中小学生，扩大该夏令营的影响力。除了传统线下宣传，新加坡知识产权局还积极采取网络新媒体宣传方式，通过网络知识产权知识竞赛、社交网站、儿童知识产权网站“IPerkids”进行线上宣传（陈瑜 等，2013）。

在知识产权人才教育方面，2003年，新加坡成立了知识产权学院。该学院于2012年进行了重组，现归属于新加坡知识产权局，旨在培养知识产权保护领域的专业人才。同时，该学院也开展一些知识产权研究工作。该学院致力于国际性的知识产权专业能力和人才培养，学院的毕业生未来可为新加坡或其他地区的知识产权需求服务（陈瑜 等，2013；贾引狮，2015）。

1.2.1.2 中新两国相关知识产权法律法规对比研究

在知识产权保护方面，新加坡一直被公认为东南亚国家中知识产权制度发展最为完善的国家，其致力于成为亚太地区的知识产权中心。新加坡是“一带一路”沿线国家，也是在华申请专利最多的国家，新加坡与中国在知识产权保护方面保持着良好的合作关系。了解新加坡最新知识产权法律并对比研究我国相关法律情况，对于我国企业在新加坡申请知识产权保护具有十分重要的意义。

目前，新加坡已形成比较完备的知识产权保护体系，也是《保护工业产权巴黎公约》《保护文学艺术作品伯尔尼公约》《商标国际注册马德里协定》和世界知识产权组织等众多与知识产权相关的公约和国际组织的成员。新加坡知识产权相关法律主要包括：《专利法》（2012）、《注册工业品外观设计法》（2014）、《版权法》（2006）、《商标法》（2005）、《2018知识产权法案》（2018）、《新加坡知识产权办公室法》（2002）、《集成电路布图设计法》（1999）、《地理标志法》（1999）。涉及知识产权的法律还包括：《植物品种保护法》（1999）、《药品法》（1998）。与相关知识产权法律配套的相关实施细则和实施规则主要包括：《专利细则》（2014）、《注册工业品外观设计规则》（2014）、《版权法（法庭程序）实施细则》（2009）、《商标规则》（2013）。

我国的知识产权法律在20世纪80年代开始发展，现已建立了符合国际通行规则的知识产权法律体系。自20世纪80年代以来，我国颁布并实施了《中华人民共和国专利法》（简称《专利法》）、《中华人民共和国商标法》（简称《商标法》）、《中华人民共和国著作权法》（简称《著作权法》）、《计算机软件保护条例》《集成电路布图设计保护条例》《著作权集体管理条例》《音像制品管理条例》《中华人民共和国植物新品种保护条例》《中华人民共和国知识产权海关保护条例》《特殊标志管理条例》《奥林匹克标志保护条例》等涵盖知识产权保护主要内容的法律法规，并颁布了一系列相关的实施细则和司法解释。为适应自身发展和符合知识产权国际协议的要求，我国多次修改相关法规，目前，我国有关专利、商标、商业秘密等方面的知识产权效力、范围和利用水准已经达到了TRIPs协定的水平。同时，我国参加了几乎所有重要的知识产权国际公约，包括《建立世界知识产权组织公约》《保护工业产权巴黎公约》《保护文学艺术作品伯尔尼公约》《世界版权公约》《保护录音制品制作者防止未经许可复制其录音制品公约》《专利合作条约》《商标国际注册马德里协定》《商标国际注册马德里协定有关议定书》和《关于供商标注册用的商品和服务的国际分类的尼斯协定》《国际承认用于专利程序的微生物保存布达佩斯条约》《国际专利分类斯特拉斯堡协定》。

以下我们重点对比分析两国的具体法律法规内容。

（1）《专利法》的对比

新加坡的《专利法》与我国《专利法》差别较大，主要表现在以下几个方面（唐新华，2016）。

专利保护的范围。各国（地区）之间经济和技术水平的差异造成其知识产权法律所保护发明创造的类别不同，不同国家和地区，其专利权的类型也有所差异，专利类型不同，专利权的保护范围也有差别（表1-2）。

新加坡《专利法》仅保护发明专利，而我国《专利法》的保护范围则包括发明专利、实用新型专利和外观设计专利。新加坡没有实用新型专利的概念，而对于外观设计，则由《注册工业品外观设计法》进行保护。

表1-2　主要国家及地区专利类型比较

国别（地区）	专利类型
中国	发明、实用新型、外观设计
新加坡	发明（不保护实用新型）、外观设计（单独立法）
美国	发明（实用新型囊括在发明之中）、外观设计（单独立法）
日本	发明、实用新型、外观设计（分别单独立法）
法国	发明、实用新型、外观设计（分别单独立法）
德国	发明、实用新型、外观设计（分别单独立法）
英国	发明（不保护实用新型）、外观设计（单独立法）
台湾地区	发明、新型、新式样

专利保护的期限。新加坡《专利法》对于专利保护期限的设置规则有别于其他国家。虽然新加坡《专利法》对于发明专利的保护期限是20年，但是在符合法定条件的前提下，专利权人可以申请延长专利权的保护期限，最长可以延长5年，并且根据2017年4月1日的修订案，实施专利许可的专利所有人将继续享受专利续展费50%的折扣。我国和其他许多国家的《专利法》则无对专利保护期限到期后的续展的相关描述，发明专利20年到期后，会被自动投入公共领域。

发明专利的实质审查启动方式。新加坡《专利法》规定，发明专利申请在通过初审后，申请人会取得审查意见通知书，申请人可以依据此通知书申请进行实质审查，政府一般不会主动干预实质审查的启动。我国《专利法》规定，除了申请人在通过初审后，自申请日起3年内主动要求进行实质审查以外，专利机关也可以自行启动实质审查程序。

专利权的管理。新加坡《专利法》专门利用一章对专利管理机构及管理人员设立的程序、权限、禁止行为等进行了规范。我国《专利法》则没有系统地对专利权的管理机构、管理人员的相关职能与行为进行规范，仅在总则和部分章节有少量提及。

专利权无效/撤销的裁决者。新加坡《专利法》规定专利局审查员和高等法院都有撤销某项专利权的权力。我国《专利法》则规定，只有国务院专利行政部门可以作出宣告专利权无效的决定。

专利审判中证人行为的规范。新加坡《专利法》明确了专利法庭审判中，证人拒绝传唤或拒绝提供证据将构成违法行为，并且制定了相关处罚条款。我国《专利法》则对专利法庭审判中的证人行为没有明确约束。

（2）《版权法》的对比

新加坡的《版权法》与我国的《著作权法》的差别主要表现在以下方面。

版权/著作权的保护范围。新加坡《版权法》的保护范围包括：小说、剧本、软件程序、活页乐谱、艺术作品、建筑或建筑模型、电影、广播、现场表演。我国《著作权法》的保护范围包括：文字作品，口述作品，音乐、戏剧、曲艺、舞蹈、杂技艺术作品，美术、建筑作品，摄影作品，视听作品，工程设计图、产品设计图、地图、示意图等图形作品和模型作品，计算机软件，符合作品特征的其他智力成果。与新加坡《版权法》相比，我国《著作权法》保护范围更加广泛，除了涵盖新加坡《版权法》保护的内容以外，还保护了工程设计图、产品设计图等新加坡《版权法》不涉及的内容（这些内容在新加坡由《注册工业品外观设计法》进行保护）。

版权/著作权人的权利内容。新加坡《版权法》在早期仅承认版权是一种财产权，直到1998年后才开始对版权人的人身权进行保护。新加坡的版权人的人身权包括：发表权、署名权、保护作品完整权及禁止在非其创作的作品上使用其名字的权利。财产权包括：发行权、出租权、表演权、广播权、改编权、翻译权、汇编权。我国《著作权法》规定著作权人的人身权有：发表权、署名权、修改权和保护作品完整权。著作财产权具体包括：复制权、发行权、出租权、展览权、表演权、放映权、广播权、信息网络传播权、摄制权、改编权、翻译权和汇编权。与新加坡《版权法》相比，我国《著作权法》赋予著作权人的权利覆盖更加广泛。

版权/著作权的保护期限。新加坡《版权法》为不同的保护对象设置了不同的保护期限：对文学、戏剧、音乐及非摄影的艺术作品的保护期限为作者的终生及其死亡后70年；对录音作品和电影作品的保护期限为作品首次发表之日当年年底后70年；对电视广播、电台广播或有线电视节目的保护期限为节目被制作之日当年年底后50年；对已出版的文学、戏剧、音乐和艺术作品版本的保护期限为该版本首次发表当年年底后25年。我国《著作权法》对于著作权的保护期限也有着类似的规定，不同保护对象的保护期限不同：对作者为自然人的作品保护期限为作者终生及其死亡后50年，截止于作者死亡后第50年的12月31日，对合作作品保护期限截止于最后死亡的作者死亡后第50年的12月31日；作者为法人或者非法人组织的作品，其发表权的保护期为50年，截止于作品创作完成后第50年的12月31日，其复制权等权利的权利保护期限为50年，截止于作品首次发表后第50年的12月31日，但作品自创作完成后50年内未发表的，《著作权法》不再保护；对视听作品的保护期为50年，截止于作品创作完成后第50年的12月31日，但作品自创作完成后50年内未发表的，《著作权法》不再保护。著作人身权中的作者署名权、修改权、保护作品完整权的保护期限不受限制。综上，新加坡《版权法》在大部分情况下的保护期限相对我国《著作权法》的保护期限要更长。

侵权的救济方式。新加坡版权侵权的救济方式包括民事救济、刑事救济以及海关措施救济（行政救济）3种方式。民事救济是主要救济方式，包括发出禁令、实际损害赔偿、法定损害赔偿和收回利润。刑事救济包括罚金和监禁。海关措施救济主要处理涉及进出口的版权侵权，海关可以进行搜查和对嫌疑侵权物品进行扣留和没收。我国著作权侵权的救济方式包括民事救济、刑事救济和行政救济。民事救济包括停止侵害、消除影响、赔礼道歉、赔偿损失。刑事救济则是对于构成犯罪的侵权行为，按照《中华人民共和国刑法》相关规定追究刑事责任，具体为监禁。行政救济包括责令停止侵权行为，罚款，没收违法所得，没收、销毁侵权复制品，没收主要用于制作侵权复制品的材料、工具、设备等。综上，我国在侵权的救济方式上覆盖范围更广，尤其是行政救济，也可针对国内侵权行为（唐新华，2016）。

（3）《商标法》的对比

新加坡的《商标法》与我国的《商标法》的差别主要表现在以下方面。

商标权的保护范围。新加坡《商标法》规定，能够作为商标的包括单词、字母、数字、图形、名称、签字、标牌、票证、外形、颜色、包装形式及上述任何要素的组合，还可包括声音、味道等非可视性标志，以及动作商标、位置商标、全息图商标等新型商标。而我国《商标法》规定，能作为商标的包括文字、图形、字母、数字、三维标志、颜色组合和声音等及上述要素的组合。相比新加坡《商标法》，我国对于商标保护范围相对较窄，对于味道、动作商标、全息图商标等非可视性标志和新型商标尚未予以立法保护。

商标的申请主体。新加坡《商标法》对于商标申请的主体持开放态度，任何一国公民只要在新加坡具有住所或营业场所都可向新加坡主管当局申请商标注册。而我国对于外国自然人和法人在中国申请商标注册，除了要求其必须在我国具有住所或营业场所以外，还必须按照该国与我国的协议或共同参加的国际条约办理或本着对等原则办理。相比之下，新加坡对于申请主体的约束更少。

商标的撤销。新加坡《商标法》规定商标应被撤销的情况包括以下几种：注册完成的5年内，商标所有人或被许可人未在所注册的商品或服务上真正使用注册商标且无适当理由；在5年内暂停使用注册商标且无适当理由；无论是基于商标所有人作为或不作为的结果，该注册商标已成为它所注册的商品或服务的通用或共同的名称；在注册的商品或服务范围内使用注册商标有可能会误导公众，特别是对商品或服务的性质、质量、原产地产生误导。我国《商标法》规定商标应被撤销的情况：注册商标成为其核定使用的商品的通用名称或者没有正当理由连续3年不使用的，任何单位或者个人可以向商标局申请撤销该注册商标。新加坡对于以商标不使用为由撤销商标的时限比我国法律规定多2年，有助于商标权人有更多时间将商标投入市场。

（4）两国知识产权执法差异

在知识产权执法方面，新加坡警察机构设立了知识产权RB（警察部队知识产权保护组），对于知识产权侵权行为进行查处。该机构破获了多起盗版刑事案件，在新加坡知识产权界起到了非常重要的警示作用。该机构的设立不但使新加坡知识产权执法不仅仅局限于知识产权局和法院，也使得新加坡知识产权执法常态化，有利于新加坡知识产权相关法律的贯彻执行。我国则无相关法律法规对公安机关的知识产权执法进行相应的规范。

在侵权认定权力方面，新加坡专利审查员拥有一定的调查和审判权力，当专利权人被侵权时，既可以向专利审查员请求处理，也可向专利法院提起诉讼。审查员在处理案件时若认为由法院处理更为合适，可将案件移送法院处理，且审查员作出的决定和法院作出的裁判具有同等法律效力。在我国，一般直接将专利侵权诉讼作为案件向法院提起诉讼，国务院专利行政部门不具备对专利侵权行为进行裁决的权力（唐新华，2016）。

1.2.1.3　新加坡知识产权政策、法规风险点分析

我国与新加坡的知识产权法律法规类目具有相似性，但是两国法律在细节方面存在比较大的差异，容易给投资新加坡的企业带来一些风险。

（1）两国《专利法》保护的客体不同

新加坡《专利法》只保护发明专利，不保护实用新型专利，外观设计专利另行单独立法保护；而我国《专利法》则对发明专利、实用新型专利和外观设计专利3种专利类型一并保护。

（2）专利实质审查完全自主

我国对发明专利实行“早期公开，延迟审查”的实际审查制度，对实用新型专利采用初步审查制度。而新加坡则由最初的“自我评估”制度转变为现在的“主动授权”制度。在新加坡申请发明专利，通过初审后，申请人需主动申请进行实质审查，政府一般不会主动干预实质性审查的启动。因此，企业在申请专利时，需注意及时提出实质审查申请，否则即使是价值再高的专利，也无法获得专利权。

（3）专利权实施范围更广，商标的保护范围更大

在我国，《专利法》规定了为生产经营目的制造、使用、许诺销售、销售、进口五种专利权实施行为；新加坡《专利法》规定了制造、使用、许诺处理、处理、进口五种行为，这是在移植TRIPs协定有关规定并进行本土化过程中做出的改变，相比较而言，新加坡专利制度赋予了专利权人更加宽泛的行使专利权的范围。

在新加坡，商标的保护范围也更大。新加坡能够作为商标的不仅包括我国法律规定的文字、图形、颜色组合等要素，还包括声音、味道等非可视性标志，以及动作商标、位置商标、全息图商标等新型商标。因此，我国企业在进入新加坡前申请自己的新产品的商标时，可设计更加多维的商标标示，以更加严密地保护自身品牌。

（4）新加坡专利的保护期限更长，《版权法》保护的时间与范围不同

虽然新加坡《专利法》规定专利有效期是20年，但可申请延长5年，延展期的专利年费仅为半价，这对技术含量较高的专利是非常有利的一个制度，我国企业既要注意有效利用这个制度，加强自身专利保护，也要注意防范不要侵权别人处于续展期内的专利。

新加坡《版权法》在大部分情况下的保护期限相对我国《著作权法》的保护期限要长；另外，新加坡的工程设计图和产品设计图等的知识产权不属于《版权法》保护范畴。

（5）新加坡受理侵权诉讼的主体宽泛，非侵权声明仅附条件不附期限

新加坡《专利法》第78条规定，法院或审查员可以在该行为的实施者或拟定实施者和专利所有人之间的诉讼中作出该行为或拟定该行为不构成专利侵权的声明。新加坡受理该类案件的主体宽泛，法院和审查员都可以作为此类案件的受理主体，并且审查员依据《专利法》作出的声明与法院作出的声明具有同等效力。而我国关于专利侵权纠纷的规定是被控侵权人或者利害关系人可以向人民法院提起诉讼，受理此类案件的主体只能是人民法院。因此，企业在提起相关诉讼的时候，只能选择法院提出诉讼。

同时，在我国提起确认不侵权诉讼时，有15日的时间限制，这是一种附条件和附期限确认不侵权之诉。而新加坡的非侵权声明只要满足相关条件即可，只是一种附条件的非侵权声明。

（6）新加坡审查员职责更加丰富

我国《专利法》授权国务院专利行政部门的具体工作就是检索专利文献，对专利申请进行初步或者实质审查，制作实用新型专利、外观设计专利的专利权评价报告，发出审查意见，会晤专利申请人，发出授权通知书等。而新加坡专利部门的审查员还可以授权他人实施专利权人的专利，即当然许可；依申请或依职权注销专利登记；依申请或依职权撤销某项专利权或作出非侵权声明；受理专利侵权诉讼并可将其移送至法院处理；可以作出与法院具有同等法律效力的决定。

（7）新加坡强制许可由法院裁决

我国专利制度中关于强制许可的决定都是由国务院专利行政部门作出。而新加坡《专利法》规定法院可裁定授权许可以纠正反不正当竞争，并可以该许可不复存在并不可重现为理由终止该许可。

新加坡发展形成独立的知识产权法律体系的时间虽然不长，但由于其继承了英国知识产权保护的思想与体系，加上政府的重视，并从世界各国汲取了大量优秀的知识产权保护经验，近年来其对知识产权的保护水平已稳居亚洲之首，世界前列。

1.2.2 中国台湾知识产权制度

1.2.2.1 中国台湾知识产权保护现状

目前，台湾地区对知识产权的产生、实施、保护有明确的指导思想和完整的保护措施。台湾地区的企业均很明确地认识到知识产权对企业的生存和发展的决定性作用，必须不断更新本企业的知识产权以适应新形势，同时认识到知识产权是企业经营的一部分，必须考虑知识产权的成本及其给企业带来的利益。台湾地区企业为那些于企业生存、发展

有意义的知识产权制订了一套完整的激励研发措施，以保证企业员工积极研发新的知识产权，使企业自主知识产权不断地得到更新。并对获得授权的专利发明人给予不同程度的奖励，如宏碁股份有限公司（简称“宏碁公司”）会对提出发明构思的人给予奖励。当该发明构思经企业主管知识产权的法务部论证，具有申请专利的意义后，再给予高于发明构思标准的奖励。专利被授权以后，给予发明人更高的奖励。台湾“中国钢铁股份有限公司”、联华电子股份有限公司均有此种制度。

为保证专利能够产生经济效益，企业还设立了法律事务部门，负责处理包括知识产权事务在内的法律问题，如宏碁公司设有法务部，该部对涉及公司及其下属公司的所有事务均要进行审查，并提出意见。法务部的权力在该公司各部门中是最大的。为了解掌握公司所有知识产权的情况，该公司自行开发了一套计算机软件，专门用于监控公司所有知识产权从构思披露到完成转化或者转让等各种状况。

台湾地区目前有提供知识产权保护的法律服务机构，如以知识产权法律服务为主的理慈国际科技法律事务所、天理律师事务所等。还有如财团法人亚太智慧财产权发展基金会、财团法人资讯工业策进会等民间组织从事知识产权政策和有关规定的研究工作，为台湾当局和企业提供各种知识产权方面的协助。从这些组织可以看出台湾地区不仅企业界对知识产权问题十分重视，而且上上下下对知识产权问题都是十分重视的。

（1）对知识产权的地位和作用有清楚的认识

台湾地区对知识产权均十分重视，目前实施了所谓“专利法”“商标法”“著作权法”“公平竞争法”及“集成电路保护”等知识产权地区性有关规定。如宏碁公司的总经理王振堂在座谈中对知识产权在企业发展中的作用认识得非常深刻。台湾地区行政管理部门与企业共同出资组织了诸如财团法人亚太智慧财产权发展基金会、财团法人资讯工业策进会等从事知识产权政策、法律研究的民间组织和财团法人工业技术研究院这样的从事科技研究、引导台湾地区科技发展方向的科技研究机构，同时还成立了许许多多科技园区以此扶持科技企业的发展。

（2）教学科研机构及企业中陆续设立了知识产权法律研究机构

台湾地区的教学科研机构对知识产权专门人才的培养非常重视，“台湾交通大学”率先成立了科技法律研究所，在理工科大学毕业生中招收知识产权研究生并进行知识产权法律的研究。该研究所同时还在台湾地区的“检察官”“公务人员”、企业从业人员中招收学生攻读知识产权法律学位或者进行不同期限的培训，目前，该研究所还与台湾地区有关管理部门合作，准备对台湾地区的“法官”进行有关知识产权规定的培训。

财团法人资讯工业策进会成立了科技法律中心，该中心是台湾地区最早成立的科技法律专门研究单位。以的管理者、科技产业、大学院校、科技研究单位为市场服务对象，从事法律研究、法规增修、推广法制、教育训练、咨询顾问等项工作。

台湾地区的企业，尤其是大中型企业为了研究、发展和保护自主知识产权，设立了专门的知识产权法律事务部门。如宏碁公司法务部中设立了专利室、商标室，分别负责该公司及其下属各企业专利及商标方面的开发、申请、转化、转让、保护等工作。宏碁公司要申请一项专利必须经过提出构想、讨论是否具有专利性、撰写专利说明书、提出申请几个步骤。对提出构想的人给予2 000～10 000新台币的奖励。对于被授予专利权的，均需明确专利权人是宏碁公司，避免发生专利权属纠纷。对于发明人，宏碁公司会根据专利重要程度，给予技术授权奖等物质奖励，还将专利证书彩色复印后发给发明人，给予精神奖励。宏碁公司为保护自主知识产权不被他人侵犯，保证不侵犯他人的知识产权，自行开发了专利侵害分析流程，对他人是否侵犯知识产权和是否侵犯他人的知识产权进行分析，根据分析的结果作出不同的决定，大致包括警告他人停止侵权、进行诉讼、将知识产权转让给他人，或者与其他知识产权人进行谈判，取得他人的授权。

（3）民间专门组织从事有关知识产权的开发和研究

台湾地区还有许多从事知识产权开发、知识产权法律研究的民间组织，如财团法人亚太智慧财产权发展基金会、财团法人资讯工业策进会、财团法人工业技术研究院等单位，它们均是由台湾地区行政管理部门和民间企业共同出资成立的，归属台湾地区经济事务管理部门管理，这些民间组织为非营利性机构，但可以举办营利性活动，所获利润必须纳税，而且出资设立的股东不能分利。

财团法人工业技术研究院执行台湾地区经济事务管理部门科技专案计划，以建立新科技产业为重要目标，以技术开发后的未来5年内能够产生重大产业效益为考虑因素，进行前瞻性及创新性技术研究开发。加强与企业界的联系，积极推动技术服务工作，提高服务质量，适时推动以技术创新为基础的投资，帮助企业提高技术水平。不断加强与国外的联系，灵活使用国外的技术资源，提高自身的技术水平。

财团法人亚太智慧财产权发展基金会以专利权的管理、保护、信息分析、数据处理为主要工作内容。财团法人资讯工业策进会以通信及信息方面的技术开发、产业资源、人才培训、应用推广等为主要工作内容。

（4）对有关人员进行专业化培训

台湾地区“法院”将涉及侵犯知识产权的案件，基本上作为刑事案件进行审理，如果被控行为构成侵犯知识产权罪，将被判处刑罚。中国台北地区“法院”对于知识产权案件实行专庭审理，目前台湾地区的“法官”已开始实行专业“法官”的制度。“法院”在审理知识产权案件涉及技术问题时，采取“法官助理”和鉴定单位鉴定的方法。“法官助理”是有技术职称的人员，他们向“法官”提出自己在技术方面的意见，供“法官”参考。如果采取鉴定单位鉴定的方法，当事人可以自行委托有关单位进行鉴定，如对方当事人不提出异议，“法院”可依据鉴定结论“判决”。“法院”也可以指定鉴定单位进行鉴定，鉴定结论，“法院”应作为“判决”的依据。

对台湾地区“法院”将知识产权案件主要以刑事案件立案审理的做法，台湾地区的企业界大都表示了反对，他们认为知识产权为私权，应主要以专利权人的意志为主，而刑事案件的审理，不以专利权人的意志为转移，有时反而会对专利权人产生不良影响，因此，他们认为不应以公权力过多地干涉私权。

1.2.2.2 中国台湾知识产权保护规定及政策发展状况

（1）台湾地区有关规定制订方面

1949年后，中国台湾沿袭原南京国民政府颁布的1928年《著作权法》（至2004年修订12次）、1930年《商标法》（至2003年修订11次）、1930年《出版法》（至1997年修订6次，1999年废止）、1944年《专利法》（至2004年修订8次）。1991年，台湾地区行政管理部门颁布所谓“公平交易法”（至2002年修订3次），1996年颁布所谓“营业秘密法”，1998年颁布所谓“植物品种及种苗法”（于2002年、2004年2次修订），2001年颁布所谓“光碟管理条例”（2005年修订），2002年颁布所谓“积体电路布局保护法”。

台湾地区有关规定讲求规定的逻辑性，其体例结构一般有总则、正文、附则、附录或注释。目次分章、节、条、项，内容较多的地方在节、条之间增设“款”项。

总的来说，台湾地区有关知识产权方面的规定的修订非常频繁，特别是为加入世界贸易组织，于2001年对所有有关知识产权的规定进行大幅修改，以符合TRIPs协定的各项标准。近期，台湾地区在知识产权方面的新的有关规定制订项目有以下3个：

所谓“专利师法”。该规定草案由台湾地区“智慧财产局”起草，于2015年7月1日作了修正，并于2016年1月1日起正式施行。该规定旨在健全专利代理制度，规范专利师的业务、责任及管理，进而保障专利申请人的权益。主要内容包括：专利师的资格条件及申请专利师证书的程序；专利师的训练、执业登记、执业方式、受委托业务范围及执业应遵守的事项；专利师非加入专利师公会，不得执行业务；专利师公会的组织和人民团体主管机关对公会的指导和监督；专利师应负惩戒的事由、惩戒程序及处分方式、惩戒委员会的组织及对未具备专利师资格者擅自执业的处罚等；新法施行前依专利师管理规则领有专利师证书者得继续办理专利代理业务并接受相关管理。

所谓“智慧财产法院组织法”和“智慧财产案件审理法”。台湾地区陈旧的知识产权诉讼制度和低下的诉讼效率，长期以来为权利人、产业界、律师界所诟病。尽管台湾地区于2002年1月加入世界贸易组织前后，对知识产权相关规定进行了修订，但有关诉讼制度却一直未见改弦更张。面对来自各方的批评和建议，为保障知识产权的正当行使，提升台湾地区的整体经济竞争力，台湾地区司法机构于2004年年初开始研究成立“智慧财产（知识产权）法院”的可行性，并着手制订“智慧财产法院组织法草案”和“智慧财产案件审理法草案”，以作为“智慧财产法院”成立的依据。2006年4月台湾地区行政管理机构通过了这两个草案并送台湾地区立法机构审议，5月台湾地区立法机构法制、“司法联席委员会”初审通过了“智慧财产法院组织法草案”。该草案的主要内容包括：①“智慧财产法院”的管辖范围是根据所谓“专利法”“商标法”“著作权法”“光碟管理法”“集成电路保护法”等，审理有关保护智慧财产权的第一、第二审民事诉讼案件及第二审刑事案件；②“智慧财产法院”定位为“高等法院”层级，并对应设置台湾检察事务主管机构，包括1名“检察长”、2名“主任检察官”、12名“检察官”等共计30名人员；③人员配置依受理案件数量而定，若每年受理不满5 000件，则设置1名“院长”，5～10名“庭长”，10～20名“法官”，13～26名“技术审查官”等人员。④“法官”任用资格：如曾开展智慧财产律师业务8年以上或讲授智慧财产权相关规定课程5年以上、有专门著作者，经台湾地区司法机构审查考试合格也具备任用资格。

所谓“专利法”修订。为配合台湾地区和国际知识产权经济的发展态势，台湾地区“智慧财产局”于2005年着手研究修改所谓“专利法”。修订的内容包括：①配合国际公共卫生议题的讨论，修改专利强制授权相关规定；②配合“智慧财产法院”成立，调整专利、商标审查程序，简化争议诉讼层级；③扩大专利保护范围，如开放动物、植物专利，开放新式样专利保护标的，包括电脑图像及图形化使用者界面、物品部分外观设计、成组物品设计、衍生设计等。④为使研究开发成果得到更充分的保护，鼓励专利申请，拟允许同一技术可同时申请发明专利及新型专利（一案两请）。

（2）行政方面

为加强知识产权保护，提升台湾地区在科技产品研究、生产和制造方面的竞争力，台湾地区于1999年在其经济事务管理部门下设“智慧财产局”，集中运作专利、商标、著作权、积体电路布局及商业秘密保护等业务，着重于“提升审查品质与效能”和“加强智慧财产保护”。

在专利业务方面，积极落实专利审查品质革新，近年来在审查制度上做了较大改变，如：①实行初审核驳理由先行通知程序。在初审审查不予授予专利前即先通知申请人，使其有充分申请复核的机会，减少再审程序。②实行发明专利逐项审理制度。审查人员必须针对申请专利范围，逐项检索相关技术前案后进行逐项比对，使申请人清楚知道审查目的所在。③扩大实施面询机制。凡有面询申请者均予允许，或主动请申请人到“智慧财产局”进行当面询问，使其与审查人员有面对面充分沟通的机会。至2021年12月底，台湾地区共受理专利申请337 228件，批准101 763件。

在提升商标审查品质和效能方面，也做了重大改变，如：①实施“一案多类”制度，免去逐类申请注册的烦琐程序，即申请人可以在一个申请案中指定使用于多种类别的商品或服务，审查人员须跨类审查，并熟悉总计45类的商品和服务。②实行商标争议案件听证作业程序，提供商标争议案件人及利害关系人就相关证据等进行言词辩论的机会等。

在著作权业务方面，着力于培养尊重知识产权的观念，并监督与辅导中介团体进行相关著作权业务，促成著作权的授权利用，保证使用人合法使用著作权的畅通途径。

在教育宣传方面，“智慧财产局”目前已制订“智慧财产权法令宣传计划”，并扩大成立保护智慧财产权服务团，以提供全方位宣传教育服务。在宣传教育形式上，也多有创新，如设置智慧财产权宣传列车，举办“智慧宠物学院”和“智慧情报员”互动游戏活动，举办“智慧大探险”网络互动游戏等活动。

在查禁仿冒方面，台湾地区的做法也颇具特色。在其经济事务管理部门建立了跨部、跨会的“保护智慧财产权协调会报”，每3个月就政策及重大措施进行商考。台湾检察事务主管机构每个月召集举行“保护智慧财产权执行会报”，落实执行工作。台湾警政事务主管机构于2003年1月成立“保护智慧财产权警察大队”并使之专业化、法制化，以强力扫荡仿冒盗版行为。全球软件盗版率调查报告显示，2009年台湾软件盗版率下降至38%，连续第4年下降，创下新低纪录，仅次于日本的21%与新加坡的35%，在亚洲排名第3。

（3）司法方面

台湾地区对于民事诉讼与行政诉讼采取公、私法分别审理，即所谓“司法二元制”，具体而言，民事、刑事侵权诉讼由“普通法院”中的民事、刑事庭审理（采用三级三审制），行政诉讼则由“行政法院”审理（采用二级二审制）。考虑到知识产权案件特殊的专业性，台湾地区司法机构从1992年，起即发函各级“法院”设立“专庭”或“专股”以审理知识产权相关案件。以台北地方“法院”为例，考虑到受案量，一开始仅由“专股”办理，随着案件量的增加，1998年成立了“智慧财产刑事专庭”，2002年成立了“智慧财产民事专股”。其他“法院”也多设置了智慧财产“专股”或“专庭”，特别是审理与专利、商标授权有关的“台北高等行政法院”，也于2003年起设置了4个“专股”，由专人专办有关专利商标的行政诉讼。

尽管各地方“法院”知识产权案件名义上都由“专股”或“专庭”审理，但实际上“专股”或“专庭”有知识产权专业背景的“法官”很少，所以在审理知识产权案件中，特别是在涉及技术问题的专利侵权诉讼中，“法官”因欠缺事实认定和判断能力，往往过度依赖鉴定报告，其专业性和裁判的正确性备受外界质疑。另外，“司法二元制”的制度设计，导致在处理专利权、商标权纠纷时，往往同时涉及权利有效性（行政诉讼）与侵权赔偿纠纷（民事诉讼）争议，而侵权赔偿责任成立与否，又以权利是否有效为前提，在行政诉讼确定权利有效性前，民事侵权诉讼则面临暂停诉讼程序的问题。所以在一些知识产权侵权诉讼中，当事人在经历行政诉讼二级二审（有时因发回原机关另外作行政处分，则程序更为冗长）的诉讼程序后，还要面对民事诉讼三级三审的考验，如果是商标权纠纷，还有可能要经历刑事诉讼程序（台湾地区所谓“商标法”“著作权法”有刑罚规定，所谓“专利法”和“营业秘密法”本身并没有规定刑事责任的内容，但被害人可以根据具体涉案模式，提出刑法妨害秘密罪、盗窃罪、侵占罪、诈欺罪等控告，台湾地区检察机构如起诉或申请简易判决处刑，“法院”也不得拒绝受理）。尽管当事人之间争议的权利客体（某个专利或某个商标）、主体（争议当事人）及争议的焦点均相同，由于各“法院”所作的决定互不约束，民事、刑事庭的“法官”和“行政法院”的“法官”仍然要依照各诉讼程序分别进行调查审理，造成案件审理拖延，并使司法资源在不同诉讼程序中因重复工作而被浪费。

（4）知识产权教育和人才培养

台湾地区知识产权教育注重知识产权实务，在院校内通过设立专业型学院，与法律学院、商业管理学院、理工学院等紧密合作，开设跨领域课程，培养复合型人才。以台湾政治大学智慧财产研究所为例，其知识产权专业设计有以下特色：一是理论与实务并重，除知识产权相关理论课程外，注重实务与案例，聘请“法官”、律师、企业经理人参与教学；二是高科技产业取向，注重资讯、生物科技、半导体、光电、电子商务等高科技前沿领域的知识产权问题研究；三是兼顾国际及两岸知识产权保护；四是法律与管理整合，除专利权、商标权、著作权等相关法律课程外，特别重视知识产权经营与管理、技术转移等实务。如硕士班必修课程有科技产业概论、组织理论与管理、智慧财产法、智慧财产权管理、研发管理、知识资本与技术评价、智慧财产交易与行销等，务实性可见一斑。

除正规的学院知识产权教育外，借鉴美国国家知识产权法律研究院、日本发明协会、欧洲专利学院及新加坡知识产权学院等专业培训机构，台湾地区“智慧财产局”从2005年起着手执行智慧财产专业人员培训计划并规划设立“智慧财产培训学院”。“智慧财产培训学院”为一虚拟学院，其运行模式是：通过成立“智慧财产培训学院办公室”统筹学院运作事宜，负责规划培训、编写统一的培训教材、培育智慧财产种子师资并甄选培训单位，以加盟连锁的概念在台湾地区北中南各地开办“智慧财产专业人员培训班”，以构建优质的知识产权专业人才培训机制。

1.3 广东省知识产权制度与特色

自2015年知识产权强省建设全面启动以来，广东省各地认真贯彻《国务院关于新形势下加快知识产权强国建设的若干意见》部署，按照《加快推进知识产权强省建设工作方案（试行）》要求，大力实施知识产权战略，统筹推进知识产权“严保护、大保护、快保护、同保护”，努力实现知识产权保护从不断加强向全面从严转变，知识产权创造由多向优、由大到强转变，知识产权运用从单一效益向综合效益转变。不断创新体制机制，强化组织实施，在知识产权创造、保护、运用等重点领域和环节取得了明显成效。2019年，全省专利和发明专利的授权量分别为52.7万件和6.0万件，有效发明专利量29.6万件，其中战略性新兴产业有效发明专利量16.4万件，均居全国第一，PCT国际专利申请量2.5万件，占全国总量的43.5%，专利已成为广东新兴产业高质量发展极其重要的创新资源和核心竞争力。知识产权大大推动了企业创新能力提升，2019年，广东省2.9万家企业申请发明专利16.6万件，企业专利申请量和发明专利申请量分别占全省总量的74.3%和81.8%，企业成为知识产权创造运用的主体力量。全省每万户市场主体平均有效注册商标量为3 572.2件，同比增加597件。华为技术有限公司（简称“华为公司”）、广东欧珀移动通信有限公司、平安科技（深圳）有限公司3家企业入围2019PCT国际专利申请排行榜前十名，其中，华为公司连续3年位居全球第一。广东省知识产权综合发展指数连续8年位居全国第一，知识产权行政保护工作连续3年在全国绩效考核中排名第一。根据WIPO发布的《2020年全球创新指数》显示，深圳、香港、广州所代表的创新集群在全球创新百强集群中排名第二。粤港澳大湾区通过《专利合作条约》途径提交的专利申请量占全球总量的近7%，占全国总量的一半以上。

当下，创新驱动发展已成为经济转型升级中的最大共识，而知识产权可以说是创新的原动力，实施知识产权战略更是创新驱动最重要的支撑和保障。在广东实现“四个走在全国前列”和建设粤港澳大湾区国际科技创新中心进程中，知识产权已经成为实现创新驱动发展的助推器（冯飞，2019）。自2008年国务院颁布《国家知识产权战略纲要》以来，广东认真贯彻落实中央决策部署，以建设知识产权强省为目标，大力推进知识产权创造、保护、运用、管理和服务，知识产权事业蓬勃发展，在全省供给侧结构性改革、实施创新驱动发展战略和构建开放型经济新体制中发挥了重要支撑作用。措施有力、成效显著，多项知识产权指标位居全国首位，在知识产权转移转化、质押融资、金融服务等领域形成了具有先行先试意义的“广东经验”。

1.3.1 广东省知识产权制度政策发展现状

1.3.1.1 知识产权政策不断完善

广东省围绕战略发展新需求，不断完善知识产权保护机制，相继出台了一系列的地方性法规、政府规章和规范性文件，构建了较为完善的知识产权保护政策法规体系。广东省委、省政府作出《关于加快建设知识产权强省的决定》，省人大通过《广东省专利条例》、省政府出台《广东省深入实施知识产权战略推动创新驱动发展行动计划》《广东省建设引领型知识产权强省试点省实施方案》《广东省人民政府办公厅关于知识产权服务创新驱动发展的若干意见》《广东省展会专利保护办法》《广东省专利奖励办法》《关于实施商标品牌战略的指导意见》以及广东省知识产权事业发展“十二五”“十三五”规划等重大政策措施。省级职能部门牵头制定《广东创建知识产权服务业发展示范省规划（2013—2020年）》《加强中国（广东）自由贸易试验区知识产权工作的指导意见》等系列政策文件。广东省政府多次专题研究知识产权工作，研究强化知识产权保护工作。2019年，广东省修订了《广东省自主创新促进条例》，首次在立法层面对产权激励进行原则性规定；修订《广东省专利奖励办法》及实施细则，强化知识产权高质量发展导向，激励高质量专利培育；率先出台《广东省举报侵犯知识产权和制售假冒伪劣商品违法行为奖励办法》，最高奖励为罚没金额的10%，对于有特别重大贡献的，举报奖金上不封顶；印发《广东省促进中小企业知识产权保护和利用的若干政策措施》，从提高纠纷解决效率、加大侵权惩处力度、助力企业开展海外维权等方面，大力推动中小企业知识产权保护工作，为企业创新发展和提质增效提供保障。

1.3.1.2 健全知识产权行政和司法保护机制

发挥广东知识产权法院优势，不断完善知识产权纠纷审判机制，加大知识产权侵权赔偿力度。加强各级知识产权执法队伍建设，推进知识产权综合行政执法，改善执法条件。健全知识产权保护行政执法机关与公安、海关的协作机制，提高行政执法效率。加强行政执法与刑事司法保护的有机衔接，依法打击侵犯知识产权犯罪行为。完善知识产权纠纷国际仲裁机制。在知识产权侵权易发的重点领域、重点区域定期开展专项查处行动。加强网络环境下的知识产权保护，加大电子商务和互联网领域的知识产权执法力度。强化展会和专业市场知识产权保护。构建知识产权保护信用系统，将恶意侵犯知识产权等违法失信行为信息纳入社会信用记录。

在知识产权行政保护方面，2019年，广东省市场监督管理局组织开展“铁拳”“蓝天”等专项整治行动，全年共查处各类商标、专利、不正当竞争违法案件1.1万件，罚没金额8 326万元，移送司法机关63件。广东省新闻出版局开展电影版权保护、打击网络侵权盗版"剑网2019"等专项行动，共查处网络侵权盗版案件62件，关闭网站61家，删除侵权盗版链接688条，移送司法机关15件。广东海关组织开展"龙腾行动2019"知识产权保护专项行动，全年共扣留涉案货物数量2 400万件（方晴，2020）。

在知识产权司法保护方面，2019年，广东省公安系统针对侵犯知识产权犯罪案件立案3 009件，破案2 630件。广东省检察机关批捕侵犯知识产权犯罪案件1 463件2 450人，起诉侵犯知识产权犯罪案件1 441件2 721人，起诉人数同比增加17.3%。广东省法院新收各类知识产权案件15.7万件，审结15.3万件。全省各级公证机构办理涉及知识产权保护公证7.6万件，占保全证据公证总数的80%。

1.3.1.3 不断提升企业知识产权管理能力

《企业知识产权管理规范》（GB/T 29490—2013）是我国首部企业知识产权管理国家标准，简而言之，就是规范企业知识产权管理，建立企业知识产权管理体系。推广实施《企业知识产权管理规范》（GB/T 29490—2013），引导高新技术企业、大型骨干企业及国有企业等提升知识产权管理水平，使创新成果尽快获得知识产权保护，掌握一批重点产业核心专利技术。鼓励企业通过自主创新、开放合作、知识产权引进等多种途径，形成具有市场竞争力的知识产权资产组合。加强高等学校、科研院所的知识产权管理，明确所属技术转移机构的功能定位，落实知识产权管理规范，强化知识产权申请和运营权责。知识产权贯标即企业贯彻实施《企业知识产权管理规范》（GB/T 29490—2013）国家标准。

为鼓励知识产权贯标，广东省加大了对企业申请知识产权贯标的奖励资助力度，这在一系列的贯标奖励政策中均有体现（表1–3）。

表1–3 广东省部分地区知识产权贯标奖励政策

城市名称	政策依据	奖励措施	
深圳市	对通过《企业知识产权管理规范》（GB/T 29490—2013）国家标准贯标认证的，每家资助20万元（《关于支持企业提升竞争力的若干措施》实施细则）	龙华区	30万元补助
		宝安区	30万元资助
		福田区	10万元资助
		龙岗区	10万元资助
		南山区	20万元资助
		光明区	30万元资助
		盐田区	10万元资助

（续表）

城市名称	政策依据	奖励措施	
广州市	对通过初次认证的贯标企事业单位给予补助2万元；已经完成“初次认证、监督审核至再认证”首个贯标认证周期的，增加补助3万元［已获得广州市贯标项目补助5万元及以上的除外，《2020年度广州市专利工作专项资金（发展资金）项目申报指南》］	番禺区	10万元（需有大于或等于10件有效专利的企业，《印发广州市番禺区专利发展资金管理办法实施细则的通知》）
		花都区	一次性奖励企业10万元（当年发明专利申请量需大于或等于10件或专利申请总量大于或等于30件，《广州市花都区专利发展资金管理暂行办法》）
		荔湾区	不超过5万元［需拥有大于或等于10件有效专利的企业，《荔湾区专利工作专项资金管理办法（试行）》］
		海珠区	10万元（《广州市海珠区专利扶持办法》）
		开发区及黄埔区	10万元（《广州市黄埔区广州开发区广州高新区知识产权专项资金扶持和管理办法》）
		天河区	5万元
		南沙区	15万元
		增城区	10万元
佛山市	对通过《企业知识产权管理规范》和《科研组织知识产权管理规范》国家标准认证的企业或科研院所给予5万元资助。对通过《高等学校知识产权管理规范》国家标准认证的高校，一次性资助10万元《佛山市促进专利高质量发展资助办法（征求意见稿）》	禅城区	5万元
		南海区	按照佛山市有关资助规定1：1配套扶持
		顺德区	3万元
		三水区	5万元
珠海市	最高不超过5万元一次性补贴［关于印发《珠海市进一步加强专利工作的若干措施（2014年修订）》的通知］	香洲区	10万元（《珠海市香洲区推动企业自主创新鼓励办法》）
		斗门区	10万元（《珠海市斗门区促进企业科技创新扶持办法》）
		横琴新区	对获得市财政扶持的知识产权优势企业或获得《企业知识产权管理规范》（GB/T 29490—2013）贯标认证的企业，区财政给予20万元扶持［《横琴新区促进科技创新若干措施（暂行）》］
		高新区	10万元（《珠海高新区促进知识产权工作暂行规定》）

（续表）

城市名称	政策依据	奖励措施
中山市	一次性资助3万元［《关于印发中山市知识产权专项资金管理办法（2021年修订）的通知》］	3万元
东莞市	对符合知识产权管理规范贯标资助条件的企业、省级新型研发机构和高校院所、每家一次性资助不超过5万元（《东莞市专利促进项目实施办法》）	5万元
江门市	一次性补贴不超过5万元《江门市知识产权局 江门市财政局关于专利扶持实施办法》	5万元
惠州市	已签订贯标辅导合同，贯标工作全面启动，并已支付60%以上辅导费用，一次性资助5万元（《2020年度惠州市知识产权专项资金项目申报指南》）	5万元

1.3.1.4　各地出台知识产权补贴政策

为强化知识产权创造、运用和保护，加快实施创新驱动发展战略，使知识产权成为推动广东高质量发展的重要支撑，持续发挥科技创新产业扶持资金引导作用，广东省各地相继出台知识产权补贴政策（表1–4）。

表1–4　广东省各地知识产权补贴政策

地区	补贴额度/万元	政策依据	发布单位	发布/实施时间	政策要求
深圳市	5	《深圳市市场监督管理局知识产权领域专项资金操作规程》	深圳市市场监督管理局	2019年10月25日	通过《企业知识产权管理规范》（GB/T 29490—2013）、《高等学校知识产权管理规范》（GB/T 33251—2016）或者《科研组织知识产权管理规范》（GB/T 33250—2016）国家标准认证的企业、高等学校、科研组织，针对实际发生的认证费用给予资助，每家资助不超过5万元

（续表）

地区	补贴额度/万元	政策依据	发布单位	发布/实施时间	政策要求
深圳南山区	5	《南山区自主创新产业发展专项资金科技创新分项资金实施细则》	深圳市南山区人民政府办公室	2020年6月28日	对上一年度获得"知识产权管理体系认证证书"的企业，一次性奖励5万元
深圳福田区	5	《深圳市福田区支持科技创新发展若干政策》	福田区科技创新局	2019年5月1日（有效期至2020年12月31日）	对上年度获得"知识产权管理体系认证证书"的企业，一次性给予5万元扶持
深圳龙华新区	30	《龙华新区实施知识产权、品牌、标准化战略的若干措施（2015年修订）》	深圳市龙华新区综合办公室	2015年9月8日	参加贯标工作并通过国家贯标认证机构认证的每家增加资助30万元。每年资助10家
深圳大鹏新区	5	《深圳市大鹏新区关于加强科技研发促进技术创新的若干措施》	深圳市大鹏新区经济服务局	2016年11月10日（有效期5年）	对贯彻推行《企业知识产权管理规范》（GB/T 29490—2013），并获得贯标认证的企业，一次性给予最高5万元的扶持
深圳宝安区	20	《宝安区贯彻落实〈关于企业提升竞争力的若干措施〉的实施方案》	中共深圳市宝安区委，深圳市宝安区人民政府	2016年9月13日	鼓励企业推行《企业知识产权管理规范》（GB/T 29490—2013），对参加贯标工作并通过国家贯标认证机构认证的企业每家给予20万奖励
深圳光明新区	30	《光明新区经济发展专项资金扶持知识产权、质量认证、品牌、标准化战略实施细则》	光明新区经济服务局	2016年9月21日（有效期5年）	对上一年度获得"知识产权管理体系认证证书"的企业一次性给予30万元的奖励
深圳盐田区	10	《盐田区关于支持企业提升竞争力和促进科技创新的若干措施》	深圳市盐田区人民政府	2017年5月9日	对通过《企业知识产权管理规范》（GB/T 29490—2013）国家标准贯标认证的企业，每家资助10万元

（续表）

地区	补贴额度/万元	政策依据	发布单位	发布/实施时间	政策要求
广州市	5	《广州市市场监督管理局关于规范广州市知识产权贯标认证扶持政策的通知》	广州市市场监督管理局	2019年9月19日	给予通过“初次认证”的贯标企事业单位补助2万元，待完成“初次认证、监督审核至再认证”首个认证周期后再补助3万元
广州越秀区	5	《广州市越秀区加快知识产权发展暨促进科技创新实施办法》	广州市越秀区人民政府办公室	2019年8月8日发布，自2019年9月7日起实施（有效期3年）	对通过国家知识产权规范化管理标准认证的企业，给予每家5万元的补助
广州番禺区	10	《广州市番禺区专利发展资金管理办法实施细则》	广州市番禺区知识产权局	自2018年8月22日起实施（有效期至2020年1月28日）	通过国家标准《企业知识产权管理规范》（GB/T 29490—2013）认证一次性奖励10万元
广州荔湾区	5	《广州市荔湾区专利工作专项资金管理办法（试行）》	广州市荔湾区市场监督管理局，广州市荔湾区财政局	2019年12月2日发布，自2020年1月1日起试行（有效期3年）	对上一年度首次通过《企业知识产权管理规范》（GB/T 29490—2013）、《科研组织知识产权管理规范》（GB/T 33250—2016）、《高等学校知识产权管理规范》（GB/T 33251—2016）国家标准认证，拥有10件（含10件）以上有效专利且为第一专利权人，其中自主研发申请并获得专利（不含购入的专利）6件（含6件）以上的企业、科研组织和高等学校给予不超过5万元奖励
广州黄埔区	5	《广州市黄埔区广州开发区知识产权专项资金管理办法》	广州市黄埔区人民政府广州开发区管理委员会	自2018年8月23日起实施（有效期至2020年12月30日）	对通过国家知识产权规范化管理标准认证的企业，申请该款资助时，累计拥有5件以上有效专利或1件以上有效发明专利，且在区内专利申请量达20件或发明专利申请量达5件的，给予一次性5万元资助

（续表）

地区	补贴额度/万元	政策依据	发布单位	发布/实施时间	政策要求
佛山市	5～10	《佛山市促进专利高质量发展资助办法》	佛山市市场监督管理局	自2019年9月29日起实施（有效期5年）	通过《企业知识产权管理规范》（GB/T 29490—2013）国家标准认证的企业，一次性资助不超过5万元； 通过《高等学校知识产权管理规范》（GB/T 33251—2016）国家标准认证的高校，一次性资助不超过10万元； 通过《科研组织知识产权管理规范》（GB/T 33250—2016）国家标准认证的科研院所，一次性资助不超过5万元
东莞市	5	《东莞市专利促进项目实施办法》	东莞市人民政府办公室	自2019年11月5日起实施（有效期至2021年12月31日）	在本市依法登记注册并获得《企业知识产权管理规范》（GB/T 29490—2013）认证（证书在有效期内）的企业或在本市获得《科研组织知识产权管理规范》（GB/T 33250—2016）认证（证书在有效期内）的省级新型研发机构、高校院所，且贯标企业、省级新型研发机构和高校院所拥有有效专利5件以上或有效专利1件以上，每家一次性资助不超过5万元
东莞长安镇	2.5	《长安镇推动科技创新资助办法》	长安镇人民政府	自2019年7月18日起实施（有效期至2021年12月31日）	对企业知识产权管理规范贯标达标的企业（该办法资助的贯标企业是指实施《企业知识产权管理规范》（GB/T 29490—2013）国家标准，并获评审机构认证达标的企业），按市财政资助金额1：0.5的比例给予资助，最高资助金额不超过2.5万元
珠海市	5	《珠海市专利促进专项资金管理办法（2019年修订）》	珠海市知识产权局	自2019年12月13日起施行（有效期3年）	对上一年度获得《企业知识产权管理规范》（GB/T 29490—2013）认证的本市企业或者获得《科研组织知识产权管理规范》（GB/T 33250—2016）、《高等学校知识产权管理规范》（GB/T 33251—2016）的事业单位或高等院校，在认证通过年度内发明专利申请达3件及以上且贯标认证证书状态为有效的，给予每家最高5万元奖励，具体数额由各区按照认证单位所开具的认证费发票金额来审核确定。贯标辅导、咨询等费用不予列入奖励范围

（续表）

地区	补贴额度/万元	政策依据	发布单位	发布/实施时间	政策要求
清远市	10	《清远市推进专利工作实施办法》	清远市人民政府办公室	自2018年7月4日起施行（有效期至2020年12月31日）	对拥有有效专利且当年专利申请量5件以上，通过《企业知识产权管理规范》（GB/T 29490—2013）认证的企业最高资助10万元
中山市	3	《中山市知识产权专项资金使用办法》	中山市市场监督管理局	自2019年10月21日起施行（有效期3年）	首次通过《企业知识产权管理规范》（GB/T 29490—2013）、《科研组织知识产权管理规范》（GB/T 33250—2016）、《高等学校知识产权管理规范》（GB/T 33251—2016）国家标准认证的，且单位专利申请量、授权量或拥有量达到当年度申报指南（申报通知）要求的，每个单位一次性补贴3万元
江门市	5	《江门市知识产权局江门市财政局关于专利扶持实施办法》	江门市知识产权局，江门市财政局	自2019年9月26日起施行（有效期至2021年12月31日）	首次通过《企业知识产权管理规范》（GB/T 29490—2013）国家标准认证的，且单位专利申请量、授权量或拥有量达到当年度申报指南（或申报通知）要求的，每个单位一次性补贴不超过5万元
河源市高新区	10	《关于加快创新驱动发展的实施意见（试行）》	河源市高新技术开发区管理委员会	自2018年12月6日起施行（适用期限为2018—2020年度）	对通过《企业知识产权管理规范》（GB/T 29490—2013）认证，且当年专利申请量达5件以上（其中含1件及以上发明专利申请）的企业，给予一次性资助10万元
湛江市	8	《湛江市市场监督管理局（知识产权局）知识产权促进工作资助办法》	湛江市市场监督管理局（知识产权局）	自2019年11月1日起施行（有效期5年）	对首次通过《企业知识产权管理规范》（GB/T 29490—2013）认证的，一次性资助8万元（含广东省同类资助）
肇庆市	5	《肇庆市知识产权专项资金管理办法》	肇庆市知识产权局，肇庆市财政局，肇庆市文化广电新闻出版局，肇庆市工商行政管理局	自2017年12月20日起施行（有效期至2020年12月31日）	参加《企业知识产权管理规范》（GB/T 29490—2013）辅导，并通过相关机构认证的肇庆市企业，每家给予5万元资助

（续表）

地区	补贴额度/万元	政策依据	发布单位	发布/实施时间	政策要求
肇庆市高要区	—	《肇庆市高要区知识产权专项资金管理办法（修订）》	肇庆市高要区人民政府	自2019年11月11日起施行（有效期至2023年12月31日）	对通过现行《企业知识产权管理规范》（GB/T 29490—2013）认证的高要区企业，按照肇庆市、高要区两级资助资金不高于初次认证、监督审核至再认证的首个认证周期实际发生的认证费用总额进行资助。贯标辅导、咨询等服务费用不予列入资助范围

1.3.1.5 大力发展知识产权金融

国务院《“十三五”国家知识产权保护和运用规划》提出，到2020年，年度知识产权质押融资金额达到1 800亿元。2017年国家知识产权局提出，要求以年均20%以上的增长目标制定各省推进专利质押融资工作方案（2018—2020年）。2018年8月，广东省人民政府印发《广东省人民政府关于强化实施创新驱动发展战略进一步推进大众创业万众创新深入发展的实施意见》，提出要引导和支持金融机构按市场化方式建立“贷款+保险+财政风险补偿”的专利权质押融资模式。知识产权质押是指知识产权人以合法拥有的专利权、注册商标专用权、著作权等知识产权中的财产权为质押标的物出质，经评估作价后向银行等融资机构获取资金，并按期偿还资金本息的一种融资行为。

广东省在知识产权质押融资方面做了大量的试点工作，以中央财政资金为引导支持广州、深圳、珠海、中山、惠州5市分别设立市级知识产权质押融资风险补偿基金，实现珠三角地市专利保险全覆盖。例如：广州推出“55”（合作银行为科技型中小微企业发放贷款所产生的贷款本金损失，由知识产权质押融资风险补偿基金承担50%，合作银行承担50%，所产生的其他损失由合作银行承担）、“5311”（经科技金融中心、合作银行、保险公司或担保公司、评估机构协商，建立“5311”模式的专利质押贷款风险分担模式，由知识产权质押融资风险补偿基金、保险公司或担保公司、评估机构和合作银行分别按照50%、30%、10%和10%的比率对纯专利质押贷款可能带来的贷款本金损失进行风险分担）等多元化知识产权质押融资模式；深圳推出小微企业知识产权质押贷款产品“深智贷”；中山引入“政府+银行+保险+评估”四方共担风险机制。2019年，广东商标、专利权质押登记金额达181.7亿元，居全国前列。

1.3.2 广东省电子商务知识产权相关政策

广东省是电子商务大省，不仅拥有像广州唯品会电子商务有限公司（简称“唯品会”）这样的大型电子商务平台运营商，还拥有大量在这些平台上贩售商品的卖家。及时了解广东省电子商务知识产权保护情况将有助于推动广东省电子商务的整体发展。

2014年，广东省知识产权局组织召开了广东电子商务领域专利保护工作座谈会。广东省知识产权局执法处相关人员介绍了国家知识产权局、广东省打击侵犯知识产权和制售假冒伪劣商品工作领导小组办公室对电子商务领域知识产权保护工作的要求，并提出了开展具体工作的设想，一是选取数个重点交易平台，加强联系、沟通与协作，指导其进行专利保护内部监管；二是探索将“正版正货”工作引入电子商务领域专利维权工作，树立正面典型；三是制订电子商务平台知识产权维权与诚信档案管理规范，推动电子商务企业网络诚信经营建设。由此可见，广东省知识产权局重视与电子商务平台的合作，希望能以协同协作的方式对电子商务知识产权进行监管。

2015年10月21日，广东省知识产权局与唯品会共同签署了“保护知识产权战略合作协议”，这是广东省首个电子商务领域保护知识产权战略合作协议。双方将建立全方位战略合作关系，共同快速有效遏制和打击电子商务领域专利侵权假冒行为，为唯品会的消费者提供强有力的保障，同时深化推进广东省电子商务企业网络诚信经营建设。广东省知识产权局希望以唯品会为试点，探索、推动建立“政府有效指导监管+知名网络平台自律保护”相结合的长效机制，同时以点带面，大力推进广东省电子商务领域专利保护工作。广东省知识产权局将指导唯品会建立专利保护自律工作机制，帮助唯品会解决遇到的知识产权保护重点问题与疑难案件，并适时组织唯品会员工参加国内外知识产权保护的交流合作、业务培训和考察活动等。唯品会除了建立知识产权保护自律机制、落实商家准入机制外，还开通专利侵权纠纷和假冒专利投诉处理平台，实现专利保护有效自律，配合广东省知识产权局做好电子商务领域知识产权保护问题的调查、分析、研究、论证和经验推广工作。双方还将建立日常沟通机制，双方分别指定联系人负责日常联络、沟通和协调工作，落实具体合作事项，召开重要工作会议，沟通和交流合作进展，探讨新形势下电子商务领域知识产权保护的新情况、新问题及相应的解决方案（佚名，2021）。

广东省下属的地级市也积极进行电子商务知识产权保护机制方面的探索。2016年，中山市知识产权局积极探索电子商务领域专利维权机制，学习广东省知识产权局的经验，希望与本地电子商务平台合作，探索建立“政府指导监督+平台自律保护”的互联网知识产权保护机制，与电子商务领域专利执法维权协作调度（浙江）中心衔接，发挥电子商务领域专利执法维权协作调度机制的作用（何伟楠 等，2016）。

1.3.3 广东省重大经济科技活动知识产权评议相关政策

近年来，知识产权日益成为国家发展的战略性资源和国际竞争力的核心要素。习近平总书记在十九大报告中明确提出“创新是引领发展的第一动力”，并指出要“倡导创新文化，强化知识产权创造、保护、运用”。为推动我国知识产权的创造、保护和运用，知识产权评议工作日益受到重视。

重大经济科技活动知识产权评议是指针对政府投入资金数额较大或对社会经济发展影响较大的经济科技项目，通过对项目涉及的知识产权进行有针对性的分析和评估，从而规避项目的知识产权风险、提升科学决策效率、提高项目实施质量、降低科技项目研发成本。

2008年，国务院发布的《国家知识产权战略纲要》中明确指出，要“强化知识产权在经济、文化和社会政策中的导向作用”。要求针对重大产业规划、政府重大投资活动等开展知识产权分析评议，加强知识产权主管部门和产业主管部门间的沟通协作，制定发布重大经济活动知识产权分析评议指导手册，提高知识产权服务机构评议服务能力。推动建立重大经济活动知识产权分析评议制度，明确评议内容，规范评议程序。引导企业自主开展知识产权分析评议工作，规避知识产权风险。国家知识产权局先后出台了《重大经济科技活动知识产权评议试点工作管理暂行办法》《国家知识产权局关于加快提升知识产权服务机构分析评议能力的指导意见》及《知识产权分析评议工作指南》等专门文件。

各级政府将知识产权评议作为在重大经济科技活动中了解技术发展态势、防范潜在风险、建立竞争优势的重要途径和方法，逐步嵌入重大经济科技活动的全过程中。

广东省知识产权局高度重视知识产权分析评议工作在政府及企事业单位的重大经济科技活动中作为决策参考的重要作用，先后在多个政策规划中提出要在重大经济科技活动中开展知识产权评议工作。

2014年，《关于促进我省知识产权服务业发展的若干意见》中提出“加大知识产权评估和投融资支持力度”“支持服务机构开展知识产权价值分析、评估业务”以及“开展重大经济活动、人才引进和科技事务中知识产权的综合分析与评估，提升项目实施单位识别、防范和应对潜在知识产权风险的能力”。

2016年12月，广东省人民政府知识产权办公会议办公室印发的《广东省知识产权事业发展“十三五”规划》，针对知识产权评议工作，专门提出“积极开展知识产权领域改革试点”“建立重大经济活动知识产权评议制度”，重点围绕重大产业规划、重大科技专项、高技术领域重大投资计划和项目开展知识产权评议试点。建立以知识产权为重要内容的创新驱动发展评价制度。

2017年1月，广州市人民政府发布了《广州市加强知识产权运用和保护促进创新驱动发展的实施方案》。明确提出要建立广州市重大经济科技活动知识产权评议制度，明确评议内容，规范评议程序，对评议项目给予资金扶持，引导市场主体开展评议。加强部门间的沟通协作，推动开展对政府重大投资活动、公共财政支持的科研项目、重要人才引进项目等的评议工作。建立以知识产权为重要内容的创新驱动发展评价制度，将知识产权产品纳入国民经济核算。

2017年11月，广州市知识产权工作领导小组印发了《广州市重大经济和科技活动知识产权评议实施方案》，明确了知识产权评议的目的重点、组织形式、评议范围、内容程序、责任分工和保障措施等内容，要求重点加强对重大科技计划项目、国有资产重组和剥离审批、重大投资项目审批、重大技术项目引进、企业上市监管、创新创业人才扶持引进、技术进出口管理、行业战略规划及产业政策制定管理中的知识产权评议。《广州市重大经济和科技活动知识产权评议实施方案》进一步规范和指导广州市经济科技活动中的知识产权评议行为，提高决策的科学性，帮助决策部门和实施单位掌握所实施项目涉及知识产权的现状和合法性，识别、防范和应对项目实施过程中潜在的知识产权风险，为政府制定公共管理政策和企事业单位参与市场经济活动提供咨询参考，为全市重大经济科技活动决策服务。

2019年1月，广东省知识产权局发布了《广东省知识产权分析评议工作指南》，以提升全省知识产权分析评议的规范化服务水平，进一步引导和规范知识产权分析评议工作深入、有序、精准开展，充分发挥知识产权制度促进产业高质量发展的作用。

参考文献

陈平朗，陈晓玲，2020．广东省参与“一带一路”建设的规划与实施［R］．“一带一路”蓝皮书，34（1）：167–180.

陈瑜，张祥志，2013．新加坡知识产权文化建设概况［J］．中国发明与专利（12）：21–23.

方晴，2020．广东去年专利授权量全国第一［EB/OL］．［2021–08–19］．https://gzdaily.dayoo.com/pc/html/2020–04/27/content_129672_695963.htm.

冯飞，2019．广东：知识产权成为创新发展“助推器”［EB/OL］．［2021–11–26］．http://cipnews.com.cn/cipnews/news_content.aspx?newsId=120366.

何伟楠，罗丽娟，2016．中山拟建电商专利维权机制．［EB/OL］．［2021–01–12］．https://www.sohu.com/a/76305531_161794.

何伟奇，2017．广州在新加坡举行推介会 去年两地进出口逾140亿元．［EB/OL］．[2021–08–20]. http://news.cnr.cn/native/city/20170428/t20170428_523730782.shtml.

贾引狮，2015．新加坡知识产权教育与人才培养研究［J］．南宁职业技术学院学报，20（1）：35–37.

李玲娟，温珂，2019. 新形势下我国知识产权全球治理环境挑战与对策建议［J］. 中国科学院院刊，34（8）：847–855.

李玲娟，许洪彬，2020. 美、日、韩知识产权战略的调整与走向［J］. 湖南大学学报（社会科学版），34（1）：142–147.

李梦，2017. 独家专访「新加坡知识产权局局长——邓鸿森先生」［EB/OL］.［2021-11-12］. http://www.sohu.com/a/148744541_195414.

刘永超，2016. 新加坡专利信息工作特点以及对我国专利信息工作的借鉴与启示［J］. 科技促进发展，12（6）：700–705.

唐新华，2016. 中国与新加坡知识产权制度比较研究［J］. 法制与经济（9）：19–22.

佚名，2021. 广东知识产权局与唯品会签署“保护知识产权战略合作协议”.［EB/OL］.［2021-11-12］. http://www.hkkaixin.com/content-57-52467-1.html.

佚名，2014. 新加坡在知识产权保护方面位居亚洲之首［EB/OL］.［2021-11-12］. http://www.iprdaily.cn/article_4340.html.

佚名，2017. 新加坡发明专利年费将于2017年4月1日上调［EB/OL］.［2021-11-12］. http://www.qihaoip.com/news-20170308-5680.html.

张英，2007. 新加坡知识产权保护体系及我国企业的应对措施［J］. 科学与管理，27（6）：21–22.

SCHWAB K，2017. The Global Competitiveness Report 2017—2018［EB/OL］.［2021-11-12］. https://www3.weforum.org/docs/GCR2017-2018/05FullReport/TheGlobalCompetitivenessReport2017-2018.pdf.

第2章

面向科研的知识产权服务研究

2.1 面向科研的知识产权服务理论探讨

2.1.1 图书馆面向科研的知识产权服务概述

随着知识产权强国战略的深入实施，知识产权对经济增长的贡献越来越大，企业、高校、科研机构等科技创新主体对专利情报的重视程度和服务需求不断增长，使得专利情报服务已经成为科技创新活动中不可或缺的重要组成部分。近年来，知识产权服务领域的市场规模持续扩大，在向规模化、智能化、精细化成长的同时更好地为知识产权保护及运用保驾护航。科研机构是国家科技创新体系的重要组成部分，也是信息利用的主体。随着互联网等现代信息技术的发展，科研机构的科研环境正朝着数字化、网络化、集成化、知识化方向发展，科研人员的信息行为和信息需求也在发生变化（赵瑞雪，2013）。面向科研机构的知识产权服务存在于科研活动的每个环节，其重要性也将越来越显著，而与之相对应的知识产权服务体系也得到快速发展，围绕知识产权形成了科研活动全流程服务业务。

大数据时代，人们对于信息服务的需求已从获得基本的文献数据，延伸到了深层次的数据整合及分析上（朱华顺，2016）。作为重要的科技情报资源提供平台，图书馆建设规模不断扩大，服务能力不断提升，为科研工作者及社会群众提供了重要的信息资源。图书馆以各种专利文献数据库和分析工具软件为基础，将知识产权服务的核心内容由原来的单纯提供专利文献检索向专利情报的深度挖掘、分析整合利用方面转变（朱华顺，2016）。整合知识产权资源，参与科研活动的全过程，围绕科研用户的具体需求，深入开展知识产权信息服务、知识产权咨询服务、知识产权培训服务、知识产权运用转化服务等嵌入式深层次知识产权服务，构建完整的知识产权服务链，形成了面向科研全流程的知识产权运营服务体系，以此服务于科研机构的科技发展及管理决策。

2.1.1.1 面向科研的全流程知识产权服务内涵

面向科研的全流程知识产权服务是指知识产权服务覆盖科学研究全过程，为用户在知识产权创造、保护、运用、管理及知识产权转移转化等全流程中的信息获取、信息分析、信息运用等提供全方位、全链条的知识产权信息情报服务，以促进科研过程中知识产权权力化、商业化、产业化。具体来说，一方面向科研人员普及专利知识，如举办系列专利信息使用讲座，合理安排讲座内容结构，方便科研人员快速全面地提升知识产权素养；另一方面针对科研不同阶段提供有针对性的知识产权服务。科研活动的不同阶段都有其相应的专利情报需求。图书馆情报人员只有全程参与到科研活动中，才能够及时了解科研活动的进展动态，把握科研活动的专利情报以及需求变化，从而精准地定位服务目标、服务内容和服务方式，真正做到有针对性地为科研人员提供专利情报服务。同时，通过参与科研活动的全过程，不仅可以及时地把握科研人员的"显性"专利情报需求，而且能够基于对科研活动的理解和认识，进一步挖掘用户的"潜在"专利情报需求，真正地通过专利情报服务推动科研活动的发展（王玲 等，2015）。

多层次的知识产权服务，即根据服务对象的差异，配备有针对性的服务人员。前文所述全流程的知识产权服务以全体科研人员为对象，进行普及性的培训，归为第一层次。第二层次，针对转化价值较高、可能有专利申请需求的项目，指派具有相应专业背景的知识产权服务专员，使其嵌入课题进行全程跟进，依赖专员的双重知识背景对专利相关的关键事件、关键时间点进行个性化提醒，统筹课题专利事务。第三层次，针对不同的科研机构培养常驻式知识产权服务专员，使其负责各专业的科研机构科研过程中的各种知识产权事务，及时协调解决科研人员遇到的各类知识产权问题。

2.1.1.2　图书馆面向科研提供知识产权服务的优势

（1）数字资源优势

图书馆具有丰富的知识产权服务数字资源，如免费专利检索数据库，包括中国国家知识产权局专利检索、世界知识产权组织数据库、美国专利数据库、欧洲专利数据库、加拿大专利数据库以及日本、韩国、澳大利亚、印度、新加坡专利数据库等国内外专利数据库；付费专业数据库，如Delphion、Aureka、万方专利数据库、Web of Science专利文献数据库等；各种付费的专利分析工具，如科睿唯安公司的DDA、incoPat专利分析软件、PatentSight、Orbit、Innography等。图书馆可以发挥专业优势，组织馆员利用大数据分析技术对上述专利数据库进行整合，为用户提供深层次的知识产权服务（朱华顺，2016）。

（2）人力资源优势

图书馆馆员学科构成呈现多学科背景趋势，除了具有图书情报背景的专业人员，还包括具有计算机科学、经济学、法学、工学、理学等其他多种学科背景的专业人员。多学科融合更容易迸发出思想火花，与知识产权法跨学科融合的学科属性本身相契合。整合具有不同学科背景的馆员从事深层次知识产权服务，可以充分发挥图书馆多学科背景的人力资源优势。

图书馆馆员长期从事科技文献服务，在科技信息服务方面积累了较丰富的经验，他们不仅熟悉专利数据库的使用及专利文献的检索，而且对专利文献也有着较高的理解能力，因此图书馆开展知识产权服务可取得良好的服务效果。

2.1.2 图书馆面向科研的知识产权服务现状

2.1.2.1 国外图书馆的知识产权研究与服务

美国、日本、欧洲等发达国家和地区的知识产权制度已经有上百年的历史，伴随知识产权制度的建立而形成的知识产权服务业也达到了较为完善的程度。在这些国家，知识产权服务业整体具有较高的水平和良好的信誉，加之知识产权服务机构对执业人员有严格的资质要求，以及政府为知识产权服务业提供完善的基础保障，知识产权服务业服务领域不断扩大，综合性、专业性特点不断加强（陈宇萍 等，2011）。

在欧美发达国家，图书馆是知识产权服务的重要组成部分，也是公众获取知识产权信息的重要渠道之一，图书馆开展知识产权服务时间较早，在长期的发展过程中已建立了较为成熟的知识产权服务体制。美国图书馆早在1871年就开始了知识产权服务的探索和实践，将一批具有服务基础的图书馆认定为专利与商标存储图书馆（Patent and Trademark Depository Libraries，PTDLs），100多年后将其更名为美国专利商标资源中心（Patent and Trademark Resource Centers，PTRCs）。美国目前已发展到85家图书馆，面向企业和研发人员提供知识产权信息检索和科技创新应用服务（冯君，2017）。欧洲专利图书馆（Patent Libraries，PATLIB）网络是欧洲的专利信息中心，成员为欧洲各国的国家专利图书馆（这些图书馆多设于国家专利局和大学之中），主要提供专利信息检索及商标、工业品外观设计和实用新型专利等其他方面的知识产权信息，有些还提供知识产权咨询和教育培训服务（田雅娟 等，2019）。其他国家的学术型图书馆也开展了相关服务，如在英国形成了以设在大英图书馆（British Library）内的英国图书馆商业和知识产权中心（The British Library Business&IP Centre）为核心，连同另外13家分布在英国不同地区的公共图书馆的英国图书馆商业与知识产权中心国家网络（The British Library Business&IP Centre Networks）。该网络由英国知识产权局提供支持，英国知识产权局负责组织商业与知识产权服务馆员的业务培训（王丽萍 等，2020），为当地企业、研发人员和师生提供专利检索、专利战略等咨询服务。

在知识产权服务内容上，国外图书馆一般只提供查询服务，知识产权服务缺乏一定的深度。如美国华盛顿大学图书馆也提供知识产权服务，但在其馆服务指南中特别注明在涉及最新信息或法律建议方面，需要寻求专利代理人（patent artorney）的帮助。大英图书馆的商业与知识产权中心，提供较深层次的产业技术服务。但在涉及个人申请专利的问题上，图书馆一般不提供专业指导，认为这是专利代理人的职责（吴建中，2019）。

2.1.2.2　国内图书馆的知识产权研究与服务

2016年12月，我国分别发布了《科研组织知识产权管理规范》以及《高等学校知识产权管理规范》两项国家标准，其中明确提出知识产权服务支撑机构可设置在“图书馆等高等学校负责信息服务的部门”“科研组织中负责信息文献的部门”，承担以下职责：①受知识产权管理机构委托，为建立、实施与运行知识产权管理体系提供服务支撑；②为知识产权管理机构提供服务支撑；③为科研项目提供专利导航服务；④负责知识产权信息及其他数据文献资源收集、整理、分析工作。2016年12月，国务院发布《“十三五”国家知识产权保护和运用规划》，明确提出加强公共图书馆、高校图书馆、科技信息服务机构、行业组织等的知识产权信息服务能力建设（国务院，2016），提升科研机构科技创新能力。国家知识产权局先后于2019年和2020年印发《关于新形势下加快建设知识产权信息公共服务体系的若干意见》（国家知识产权局，2019）和《知识产权信息公共服务工作指引》（国家知识产权局办公室，2020），明确了图书情报机构是知识产权信息公共服务体系的重要网点和服务终端，指出高校图书馆、科研院所及科技情报机构专业图书馆及公共图书馆作为知识产权信息公共服务网点应积极服务高校科技创新；将知识产权信息贯穿科研院所科技项目全流程，促进研发成果形成高质量知识产权，助力研发成果转化，开展行业专利信息分析，服务地方经济和产业发展；开展知识产权信息咨询服务，增强公众知识产权意识，推动知识产权基础知识传播。这些政策规划和标准奠定了图书馆在高校、科研机构及公众知识产权信息服务中的主体地位及其知识产权服务的基本范围，为图书馆指明了新的业务发展方向。

国内的一些研究型图书馆近年来在知识产权服务方面已经走在前沿，不仅提供常规的查询检索服务，而且深入研究部门，提供深层次的咨询指导，如上海交通大学图书馆提出了图书馆服务要“走进院系基地，融入学科团队，嵌入研究过程”的口号，为学校教学、科研、人才培养、学科建设及决策管理等方面提供精准、高效和有力的支撑；慎金花等（2016）对664所高校图书馆知识产权服务现状进行了调研，提出未来我国高校图书馆的知识产权服务将向具备多层次服务内容、更广范围的服务对象、更多元的服务方式发展；王丽萍等（2015）构建了包括知识产权素养教育、知识产权信息检索与分析、嵌入科研团队的知识产权服务和决策支持在内的高校图书馆知识产权服务体系；王玲等（2015）、田雅娟等（2019）、李玉玲（2018）基于天津大学图书馆及华南理工大学等科研机构图书馆的服务实践，提出图书馆要突破只提供文献信息服务的局限，要面向科研过程提供科研规划、专利技术发展趋势分析、专利技术功效分析、专利预警、市场竞争、专利布局、成果转移转化等深层次知识产权情报分析服务，并对在科研过程中不同阶段图书馆应提供的知识产权信息分析服务内容进行了论述。高校图书馆下设学科与知识产权服务部，从情报分析角度提供知识产权评议服务。2018年，同济大学图书馆设立知识产权信息服务中心，负责科研成果、专利（包括知识产权）的组织培育和申报管理，包括成果登记、专利（包括知识产权）申请和管理等，同时承担专利数据库的建立以及学校专利的挖掘、跟踪、评估、培育、推荐、转化等工作，为同济大学知识产权的创造、保护、运用和管理提供全流程的服务（王丽萍 等，2015）。

2.1.3 面向科研的知识产权服务模式与内容

图书馆提供的知识产权服务从内容上可分为基础性服务和深层次服务。基础性服务内容包括专利检索、专利查新、知识产权咨询、知识产权知识培训、知识产权信息素养教育等；深层次服务包括技术预见、技术发展态势分析、专利挖掘、专利导航、专利布局分析、专利技术竞争力分析、专利预警、专利侵权分析、知识产权分析评议、专利代理、专利价值和质量评估、人才评价、机构评估等，贯穿科研全过程的知识产权创造、保护、运用、管理、运营等各个环节，涉及科研机构科研产出的专利、计算机软件、著作权、商标、植物新品种、集成电路布图设计、地理标志等知识产权领域。

2.1.3.1 面向科研的知识产权服务模式

图书馆知识产权服务模式主要有4种：融入科研项目的新型知识产权信息素养教育模式、基于专利生命周期的知识产权信息检索与分析服务模式、嵌入科研全过程的知识产权服务模式、基于大数据的决策支持知识产权服务模式。其中嵌入科研全过程的知识产权服务和基于大数据的决策支持知识产权服务模式构成了高端知识产权服务模式（王丽萍 等，2015）。

（1）融入科研项目的新型知识产权信息素养教育模式

知识产权信息素质教育有利于培养科研人员查找、收集、分析专利文献和专利信息的能力，是提升科研人员创新能力的有力支撑。知识产权信息素养教育同一般信息素养教育存在区别，知识产权信息素质教育应该围绕创新人才培养，根据不同的科研机构特点安排培训内容。需要根据科研人员的不同需求，以项目的研发过程为依托，将专利信息素养教育贯穿于项目开展的全过程中。通过培训，使科研人员掌握一定的专利检索技巧，引导其充分利用知识产权基础数据，检索、解读并跟踪研发所需的专利信息，确保科研顺利进行。

（2）基于专利生命周期的知识产权信息检索与分析服务模式

传统的知识产权信息检索服务侧重于专利申请前的信息检索，事实上，从专利生命周期理论视角看，专利经历创造、保护、运用、管理的过程，应围绕专利生命周期构建知识产权信息检索与分析服务模式。在专利创造阶段，为避免重复投入，知识产权服务机构需要提供全面的专利查新服务。在专利保护阶段，以专利的形式对项目的阶段性成果进行保护，根据专利新颖性、创造性、实用性的“三性”要求，实时进行专利预警是非常必要的，同时在每项专利申请前必须进行专利查新，以保证专利的法律稳定性，并增加授权概率。在专利运用与管理阶段，进行专利检索，跟踪市场动态、判定专利价值，对于专利的转移转化、维持或者放弃等都至关重要。在整个专利生命周期过程中，为处在不同科研阶段的科研人员提供知识产权信息、检索培训、检索查新、专利预警、专利挖掘、专利评估等服务，把服务链条延伸到专利全生命周期，是当前图书馆正在探索的服务模式。

（3）嵌入科研全过程的知识产权服务模式

在数字化、网络化学术交流环境下，随着用户信息需求与行为的变化，图书馆馆员不再是用户和文献信息之间的“中介”，而是用户的合作伙伴，图书馆馆员不单为用户解决问题，更多的是嵌入用户环境，将图书馆的专长转化为用户的能力。嵌入科研全过程的知识产权服务模式，意味着知识产权服务人员跟随科研团队的研究节奏，在相应的时间点上提供相应的知识产权服务，甚至是具体解决方案的知识发现（图2–1）。

科学研究通常要经历选题调研、项目研究、结题鉴定、成果管理等过程，知识产权信息则是该过程最为重要的文献信息资源，为科研团队提供嵌入式知识产权服务是最佳实践。在选题调研过程中，知识产权服务人员要融入科研团队，在互动中深入了解、挖掘、把握用户的需求本质，把科研团队的目标同知识产权服务的目标相匹配，进行目标嵌入。在项目研究过程中，知识产权服务人员进行物理嵌入与流程嵌入，融入科研团队的物理空间和虚拟空间，成为他们中的“一员”，与科研用户进行集体“思考”，参与用户的讨论及学术交流活动，将图书馆的资源与知识产权服务同用户的需求相匹配，针对科研团队的知识产权信息需求，主动提供即时有效的深度知识产权服务与知识服务。项目研究是个长期过程，知识产权服务人员主动嵌入项目研发过程中，提供专利动态预警、阶段性评估等服务，可以使科研团队在研发过程中及时掌握全球专利变化情况，动态调整研究方法和过程，确保研究的顺利进行。在项目结题鉴定阶段，知识产权服务人员已同科研团队经过长时间的合作，建立了较强的信任关系，形成了关系嵌入。嵌入式知识产权服务能够提高科研效率，也转变了用户对图书馆馆员和图书馆知识产权服务的认识，彼此在合作中不断加深理解和互信（王丽萍　等，2015）。

为保证高端知识产权服务的正常运作，图书馆需从人才队伍、专利信息资源大数据和数据挖掘技术工具3个方面构建支撑体系，其中人才队伍是人力资源保障，专利信息资源大数据是物质基础，数据挖掘技术工具是服务手段。图书馆依托现有学科服务部门，组建知识产权服务团队，这个团队在知识水平、基本素质、技术水平、嵌入能力、协作能力等方面应具备更好的素质。目前国内外有许多专利分析工具，如美国的高端专利分析工具Innography、Thomson Innovation（TI）、Thomson Data Analyzer（TDA）等，它们拥有强大的数据挖掘功能，可以支持全球专利大数据检索、专利统计分析、专利强度分析以及专利预警分析等。

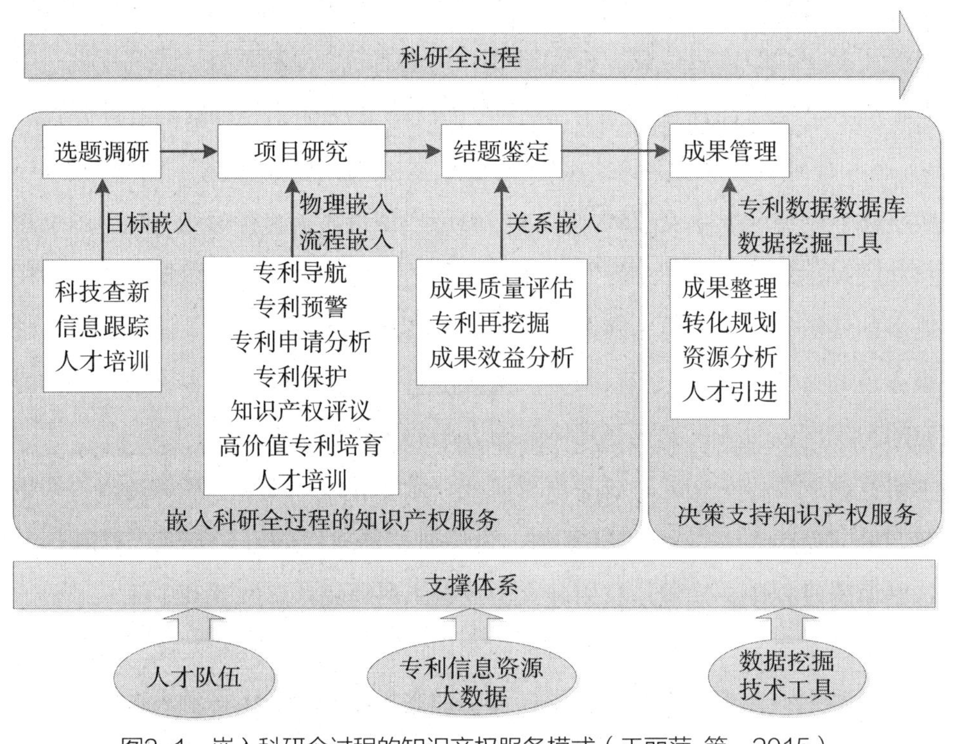

图2-1　嵌入科研全过程的知识产权服务模式（王丽萍 等，2015）

（4）基于大数据的决策支持知识产权服务模式

广义科研过程的末段是成果管理，科研管理部门需要对科研成果进行整理、转化规划以及资源分析，判断哪些是高价值专利，需要长期维护，哪些是当前具有良好市场前景的专利，需要及时转化。所有这些判断和分析，都离不开专利信息资源大数据及数据挖掘技术工具的支持。专利文献以结构严谨、内容复杂、文法多样而著称，以往靠人工检索、分析判断进行专利成果管理是非常不可靠、不科学的，而近年涌现的大数据技术，使得成果管理科学化成为可能。大数据技术的战略意义不在于掌握庞大的数据信息，而在于对这些含有意义的数据进行专业化处理、挖掘和分析。专利文献是最原始的数据，通过对这些原始数据进行采集与筛选、组织与整理、压缩与提炼、归类与导航，使数据转化为信息；之后根据用户的实际需求，对专利信息内容进行提炼、概括、判断、归纳和挖掘，将专利信息转化为专有知识。2014年年底，国家知识产权局正式向社会公众免费开放中国、美国、欧洲、日本、韩国等国家和地区的各类专利基础数据资源共计20种，为图书馆开展决策支持知识产权服务提供了更为便利的条件。

2.1.3.2　面向科研全流程的知识产权服务过程

面向科研全流程的知识产权服务可以分为3个阶段（张立昆 等，2018）。

（1）服务对象挖掘

建立图书馆与院系和科研团队之间的联络，挖掘潜在客户，推送知识产权服务信息，举办专利资源讲座、开展知识产权基础知识、专利检索和分析技巧、专利实务、专利申请/审查/复审程序等方面的知识产权知识教育与培训，使其有一定的知识产权知识储备。密切关注国家的政策导向，及时为科研团队提供政策解读和信息支持，更好地针对科研团队的实际情况结合政策变化精准服务。

（2）服务需求分析

知识产权服务团队主动嵌入科研团队中，适应科研用户的科研环境，了解科研团队的知识产权需求，根据不同科研阶段用户的科研需求，制订不同的知识产权服务策略。

（3）全流程的知识产权服务

在科研的不同阶段，知识产权服务内容需根据团队的具体需求动态变化，围绕科研用户的具体需求，为用户定制个性化的知识产权服务，参与科研的全过程（图2–2）。

科研立项阶段，科研人员需要对重点研究领域整体情况有全面的了解。知识产权服务人员应为其提供选题相关的行业政策导向分析、专利查新、定题检索、专利技术发展态势分析等专利信息收集、整理、分析服务，针对项目提供基于专利文献的可行性报告等，可以让科研人员收集到与拟立项项目的相关专利信息，了解行业技术背景和发展现状、技术发展趋势、技术发展前沿，识别研究热点和空白点，为具体选题提出有前瞻性的建议，帮助科研人员确定立项思路。

项目进行阶段，为科研人员提供专利文献跟踪获取服务，及时跟踪最新文献，把握研究方向。根据项目进展情况，开展专利导航、专利布局、专利竞争力分析、专利可行性分析、知识产权评议、定题跟踪检索等服务，适时提出专利预警，及时调整研究方向和技术路线。针对具有专利授权潜力的研究成果，提供专利申请流程服务，包括撰写申请文件、答复审查意见、把控申请时间等。对科研项目自身技术进行挖掘和布局分析的同时，对技术变革、市场竞争、专利侵权风险及时作出预判，避免重复研究和侵权。

成果管理阶段，针对已完成的课题，提供专利价值评估分析、知识产权分析评议、专利稳定性分析、专利侵权分析、专利法律状态跟踪等服务，为科研机构成果统计、奖项申报及知识产权维护等提供帮助，对科研机构转化价值较高的专利，提供转化对象供需分析，提出成果转移转化具体建议。以转化产出和应用为导向，对专利的转化目标和转化价值作出初步判断，跟踪市场竞争动态，指导科研人员将应用参与到市场竞争中，使专利符合国家标准或国际标准，对专利稳定性进行评估，发现专利技术的合作、引进、转让或许可对象等，为成果的转移转化、维持或者放弃提供参考。除此之外，通过专利分析调研寻找技术领域内高层次人才，为团队后续发展规划提供引进人才筛选及评估服务。

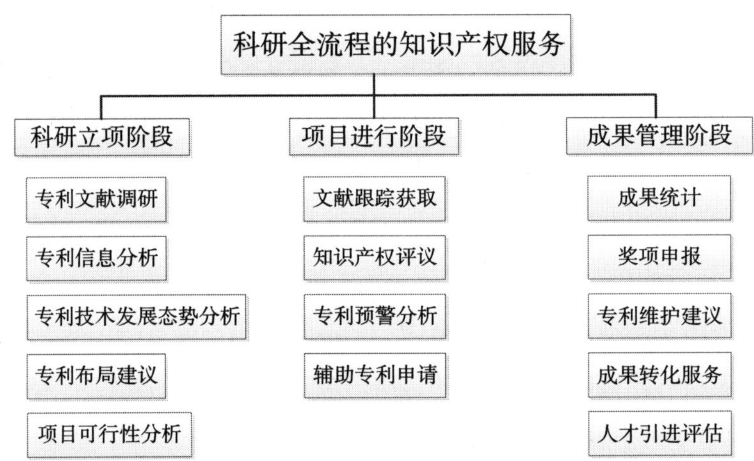

图2-2　科研全流程的知识产权服务

2.1.3.3　面向科研全流程的知识产权服务内容

（1）知识产权培训服务

在知识产权创造阶段，科研人员对知识产权保护及专利申请方面的知识缺乏了解，知识产权服务人员应从专利申请基础知识、知识产权保护制度、知识产权法规、知识产权申请种类与程序、知识产权信息检索等方面对科研人员进行培训，以增强科研人员的知识产权保护意识及增加其知识产权基础知识储备，提升其利用现有知识产权信息的能力。

（2）专利查新服务

科技查新是高校图书馆的传统服务之一。科技查新报告在科研立项评估中是专家评审意见之外的一个重要依据。在实际工作中，多数查新服务机构仅通过文献对比单纯评价课题项目的新颖性，使得查新结论成为查新报告中最具争议性的部分，以及科研管理部门和课题评审专家对查新结论中的“未见报道”多有反感和质疑（曾召，2009）。专利查新是以更为具体的技术或产品为对象，以评价技术方案的新颖性、创造性和应用性为目标，并且以专利相关法律法规和实质审查程序为依托，因而在新颖性、创造性的判断上，更加清晰和明确。相比于科技查新，专利查新会将较为宏大的、含多技术创新点的科研课题进行技术分解，甚至将技术方案中的产品、方法进一步分解为零部件、工艺步骤等更具体的技术，分别进行知识产权信息检索和评价分析。基于对科研课题或技术方案分解后得到的专利查新结论，无论是在专利申请还是技术转移中，其价值和“含金量”会更大，更有利于科研质量的控制以及科研成果的保护，在科技规划和课题立项的方向性和科学性等方面，也会更具有指导、参考和借鉴意义（王玲 等，2015）。

（3）专利情报分析服务

知识产权信息蕴含着丰富的技术、经济、法律、战略情报。针对用户需求，对专利文献中包含的技术信息、经济信息、法律信息等通过科学的加工、整理与分析，进行深度挖掘与缜密剖析，可以为科研人员提供具有更高技术与商业价值的增值情报服务。

在科研全流程中，自始至终贯穿着专利情报分析的需求。如：专利预警分析、专利导航分析、专利布局分析、专利战略分析、专利技术价值评估等。

专利预警分析。基于专利信息的收集、整理和分析，面向科研全流程提供专利预警服务，警示科技创新活动中的侵权风险。

专利导航分析。通过对某一研究主题的专利进行检索，统计主题词频、专业分类、国际专利分类表（IPC分类）、专利申请人、专利发明人、国别省市分布、时间范围分布等指标，对专利总体趋势、技术构成、技术功效、技术活跃度及重点专利进行分析，帮助技术研发人员从整体上掌握技术发展的趋势及现状，识别本领域的技术热点，并且对未来的技术发展进行预见。

专利布局分析。通过专利分析进行合理规划，构建系统化的、更具有竞争力的专利组合，使知识产权在市场价值转化中既有强大的生命力，又能适应市场竞争环境，获取更大收益。

专利战略分析。基于专利信息检索，运用专利计量分析手段，帮助用户解析技术组成、技术演进、权利状况、竞争态势等，从而制订出科学合理的专利发展战略。（王玲 等，2015）。

专利技术价值评估。专利作为一种无形资产可以进行投资、转让、许可、质押等资产运营，通过对专利技术价值进行分析，准确地评价专利技术的质量和竞争力，可以为知识产权的市场化操作提供基本参考。对专利价值进行评估的要点在于：①申请状态，申请、实质审查、公开、授权、侵权/无效诉讼；②专利种类，发明、实用新型、外观设计；③有效期限，缴费记录、专利保护期；④状态报告，授权、无效诉讼、权利转移；⑤权利强度，独立权利要求强度和领域宽度，主项与实施例关系；⑥外延价值，市场前景、前期投入、市场寿命、技术成熟度、许可提成。

（4）专利成果管理及成果转移转化服务

促进知识产权的实施转化和商业化应用，是推动创新成果实现知识产权价值、提高产业综合竞争力的重要手段。为帮助科研人员加强专利技术信息传播与专利市场化，图书馆可帮助科研人员搭建信息平台扩大信息传播面；另外，为促进专利的转移转化，应围绕市场全面提供情报信息，包括跟踪竞争对手科技研发及专利布局动向，对竞争对手、市场布局、技术标准布局等开展专利分析信息服务。

（5）科研机构评估服务

从宏观上为机构制订发展战略提供知识产权产出情报支持。专利产出与机构科学技术发展水平具有正相关的关系，因此，从机构专利产出的角度对机构科技活动的水平进行分析可以总体把握机构的科技发展水平及竞争力。通过分析专利量、技术领域、被引量、权属、法律状态、合作者等内容，从定量化的角度对科研机构的研发实力、研发产出、未来研发趋势、技术革新贡献等方面进行分析，为科研机构发展战略部署提供重要科学依据，从而为提升科研机构自主知识产权数量及创新能力提供方向引导及决策辅助。

（6）高端技术人才调研及引进评价服务

以产学研为主体的创新生态体系需要引进更多的高端技术人才，甚至考虑从海外引进高端技术人才。高端技术人才调研及引进评价服务主要是从专利技术的角度结合科研机构高层次人才引进计划给出选择合作单位或引进人员方面的建议。

人才引进过程通常缺少对市场需求与产业发展目标的深入研究，缺少对产业发展关键共性技术的跟踪分析，人才引进缺乏系统性、主动性、针对性，只能以“撒网捕鱼”“被动等才”的模式引进人才。知识产权评估可以针对不同用人机构的需求，通过广泛搜集同行业、同领域相似类型的人才的相关信息进行评价分析和比较分析，分析拟选人才的优劣势，然后从中选出最优的、最适合用人单位的人才，确保用人机构“主动出击”与“靶向精准”选才，满足不同机构个性化的需求。人才引进过程中的知识产权评估主要包括人才匹配调查、人才创新能力调查、人才知识产权风险评估等。知识产权服务人员首先根据科研机构所需要的技术开展技术调查，明晰相关技术人才分布状况，初步确定需要引进的人才团队。然后通过对人才备选对象的知识产权的进一步分析比较，主要通过知识产权数量、质量、稳定性及专利价值等，考察人才创新能力，辅助选择更为合适的引进人才对象；在人才引进时应评估人才知识产权风险，如是否存在因无法顺利开展研究工作、侵权他人专利等可能出现的知识产权实施风险。

（7）高价值专利培育服务

高价值专利培育是一项具有专业性、连续性且个性化的服务工程，需要图书馆提供嵌入式的深层次知识产权服务，重点培养开展专利布局、专利价值评估分级、专利导航、专利预警、知识产权分析评议等几项深层次服务的专业能力。高价值专利培育服务和一般的知识产权服务不同，针对高价值专利培育服务需要制订相应的服务内容和服务流程。高价值专利培育服务贯穿了专利生命周期的全过程，即从专利产生到形成价值到保存延续价值的各个环节。高价值专利培育服务的流程包括项目委托—项目筛选—确定培育目标—确定培育各个阶段的服务内容—项目实施—项目完成—服务成效评估等。重视服务之前的培育目标筛选，确定培育目标，了解培育项目的需求和目的之后，在专利培育的各个阶段有针对性地开展对应的服务内容，在约定时间范围内为委托人提供分析报告，最后对服务成效进行评价，了解服务成效与预计要达到目标的差距，找出服务的不足，持续改进服务的质量和效益（全丽娟 等，2021）。

2.2 面向科研的知识产权服务案例

2.2.1 国家重大重点科研项目的知识产权评议研究

2.2.1.1 知识产权评议研究背景及意义

在各类重大经济科技活动中，对知识产权的忽视和错误运用，会给我们带来不必要的损失。随着经济全球化的日益加深，与知识产权有关的贸易摩擦愈演愈烈，我们在经济科技发展中遇到的知识产权问题也是越来越多。知识产权评议在我国经济科技活动中发挥着越来越重要的作用。具体体现在规避风险，减少损失；明辨方向，助推创新；高效管理，科学决策等方面。

对国家重点研发计划“基于组学的食源性致病微生物快速高通量检测技术与装备研发”项目进行知识产权评议，并对项目涉及的重点攻关技术专利开展研究，通过对最新技术发展、技术专利布局、重点专利等的深入分析，帮助科研人员了解项目涉及技术的现有专利技术状况、技术发展趋势，掌握竞争对手的技术水平，找到专利布局的空白点，促进研发创意的产生，从而开发出具有自主知识产权与强大市场潜力的食品安全快速检测技术及产品；帮助项目组科研人员明确研发路径与研发方向，为后续的项目研发方案调整、技术研发、专利预警、高价值专利挖掘、高价值专利布局等知识产权策略提出参考性建议；预测、识别项目实施过程中潜在的知识产权机会和风险，为项目组规避专利侵权风险、保护研发成果的知识产权提供应对策略，为其知识产权科学合理布局及专利导航路径提供决策依据。

2.2.1.2 微生物检测产业市场环境分析

（1）全球微生物检测产业市场状况

在全球市场方面，2017年全球微生物检测行业市场规模为161.6亿美元，预测到2025年增速为4.75%，基本保持较为稳定的增长态势，如图2-3所示。

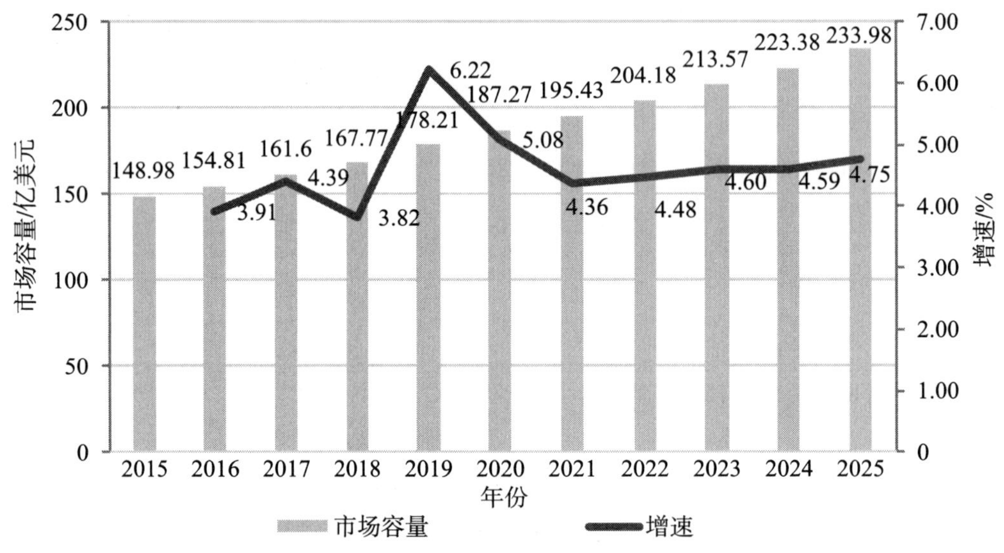

图2-3　全球微生物检测产业市场规模及增速

数据来源：https：//www.chyxx.com/industry/201903/721501.html

在全球微生物诊断细分领域方面，结核杆菌、链球杆菌、衣原体、艾滋病病毒（HIV）、巨细胞病毒（CMV）、人乳头瘤病毒（HPV）、单纯疱疹病毒（HSV）、BBV等的检测试剂盒所占市场份额为62%，传统微生物诊断样本（血、唾液等）培养占比20%，传统鉴定和药敏耗材占比6%，传统微生物分析仪器占比5%，免疫、核酸提取、分子诊断仪占比5%。随着全球微生物检测技术的深入发展，传统检测领域也会得到进一步发展。

聚合酶链式反应（PCR）产业市场快速发展。其中实时定量PCR占据最大的市场份额。此外，数字PCR有望在未来以12.2%的复合年增长率增长。PCR产品中，试剂和耗材占据最大的市场份额，而PCR相关服务也以最高的增长率稳步增长。北美等发达地区控制着最大的市场份额。随着经济快速增长，人们健康意识提升、可支配收入增加，亚太地区PCR市场份额有望在未来以12.3%的复合年增长率快速增长。今后，大规模的并购、协作、合资、新产品上市将会成为市场发展的主要形式。

（2）中国微生物检测产业市场状况

2017年，中国微生物检测行业的市场规模维持在14亿美元左右，预测到2025年增速为

4.59%，如图2-4所示。目前，受国内微生物检测行业发展较为滞后的状态影响，其市场份额历年增速明显低于国外。但随着近年来国家政策层面对其的日益重视，国内市场未来增速将会加快。

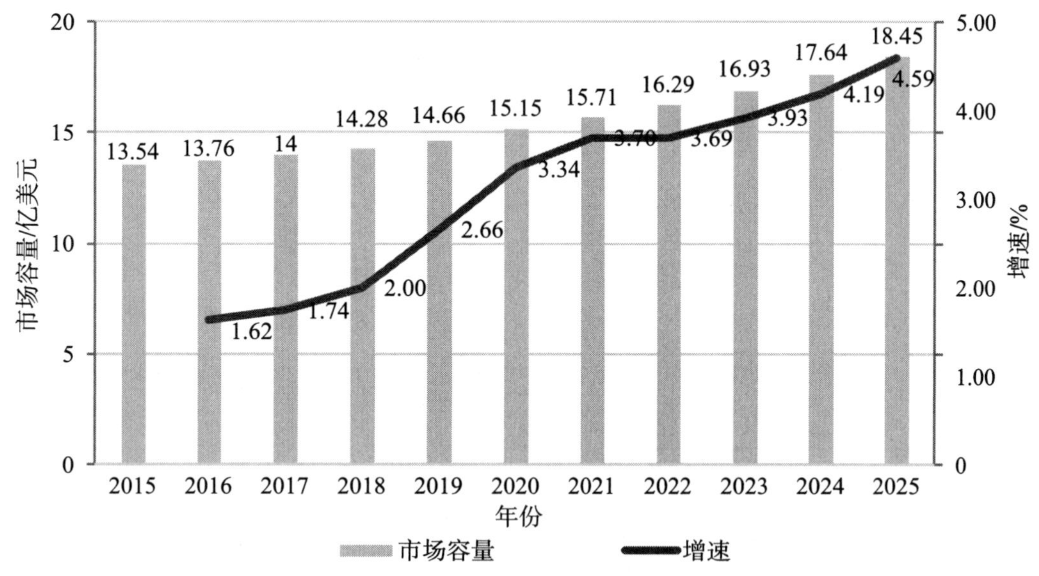

图2-4 中国微生物检测产业市场规模及增速

数据来源：https：//www.chyxx.com/industry/201903/721501.html

在细分领域方面，国内的微生物检测仍处于发展初期，因此大部分诊断都集中在低值、刚需的领域。检测试剂盒占据市场份额的80%，传统微生物诊断样本（血、唾液等）培养占比10%，传统鉴定和药敏耗材占比4%，传统微生物分析仪器占比3%，免疫、核酸提取、分子诊断仪占比2%，感染类型的判定诊断仅占1%。

近年来，国内微生物检测领域的市场快速增长。随着分子诊断技术不断成熟、应用微生物基因检测产业快速发展，有数据显示，临床微生物检测产业的市场空间达到400亿元人民币。

2.2.1.3 全球食源性致病微生物快速高通量检测技术专利分析

（1）全球技术创新发展趋势分析

从图2-5、图2-6中可以看出，全球食源性致病微生物快速高通量检测技术专利数量和专利申请人数量整体呈现上升趋势，1974—1986年，专利申请数量及专利权人数量都低于10，技术处于萌芽阶段；1987—1997年，专利数量及专利申请人数量都少于100，且专利申请人数量大于专利数量，表明多个研究机构合作开发技术的情况较多，技术进入发展期；1998—2001年，专利数量迅速增长，专利申请人数量小于专利数量，技术进入快速发展期；2002—2007年，专利数量和专利申请人数量增长量变化不大；2008—2018年，专利数量和专利申请人数量呈现快速增长，表明随着信息技术的迅速发展，食源性致病微生物快速高通量检测技术处于高速发展期。

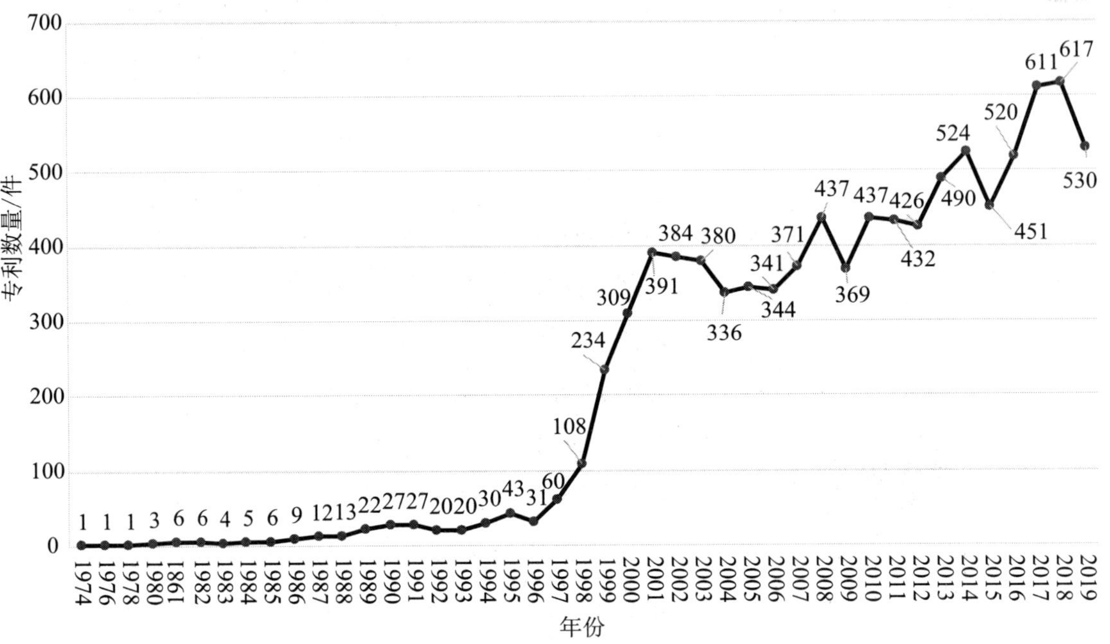

图2-5　全球食源性致病微生物快速高通量检测技术专利申请趋势图

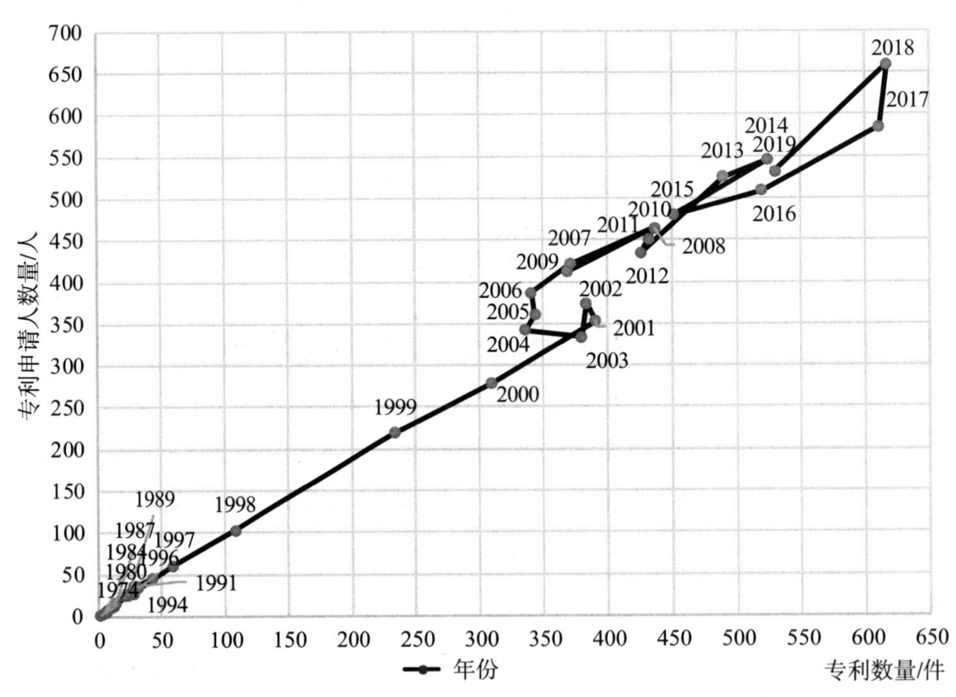

图2-6　全球食源性致病微生物快速高通量检测技术生命周期

（2）技术创新地域分析

各国及地区研发实力分析。从专利优先权国家或地区（组织）分布情况来看，食源性致病微生物快速高通量检测相关技术主要来源于美国、中国、加拿大、欧洲专利局（EPO）、韩国、日本、澳大利亚、英国、德国等国家和地区（组织）。其中美国和中国作为专利优先权所属国的专利数量比较多，说明美国和中国针对食源性致病微生物快速高通量检测技术研发实力最强，美国和中国是食源性致病微生物快速高通量检测技术的主要来源地和技术原创地，如图2-7所示。

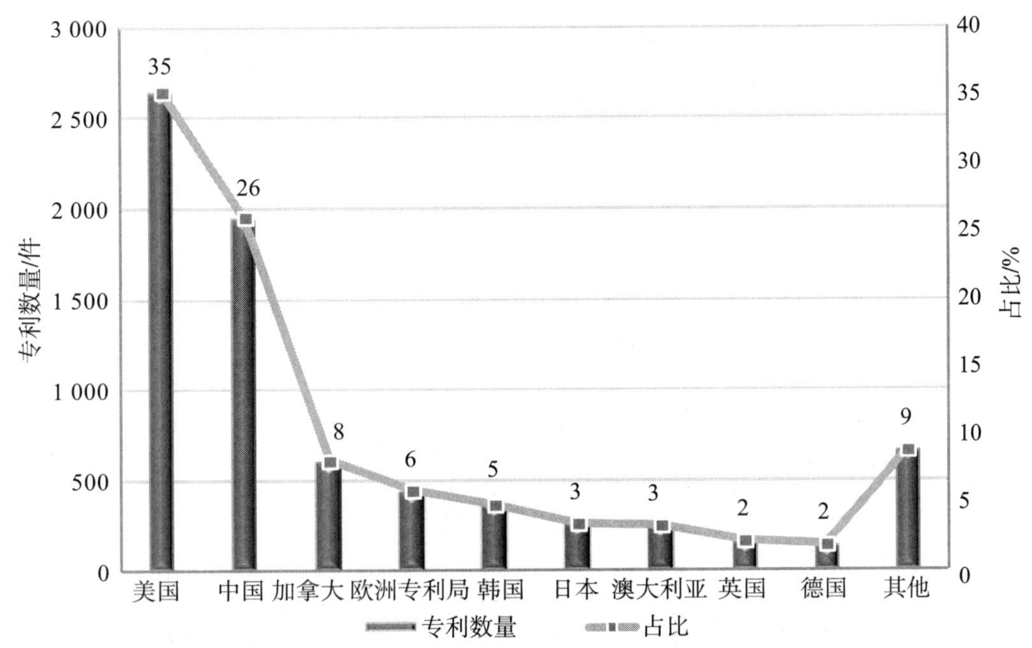

图2-7　食源性致病微生物快速高通量检测技术专利优先权国家/地区（组织）分布

技术市场地域布局分析。分析全球致病微生物快速高通量检测技术相关专利的同族专利国或专利组织，可以看出全球致病微生物快速高通量检测技术同族专利布局最多的是世界知识产权组织，其次是美国、中国、欧洲专利局、澳大利亚、日本、加拿大。说明申请人非常注重这些国家和地区（组织）的专利布局。美国和中国已经形成并将继续呈现较强的食源性致病微生物快速高通量检测技术研发的竞争格局。中国、美国、欧洲等国家或地区不仅是食源性致病微生物快速高通量检测技术的主要技术原创地，也是主要技术保护市场，如图2-8所示。

（3）重要研发机构分析

重要研发机构研发趋势分析。从研发机构的专利申请历史可以预测其未来研发趋势。从图2-9可以看出，排名靠前的几家机构主要分为以下几类。第一类是研发历史较长，专利产出平稳的机构，主要有赛诺菲、罗氏集团、葛兰素史克公司、巴斯德研究所、强生、默克、加利福尼亚大学、辉瑞、雅培实验室等，该类机构早在1996年之前已经开始相关研

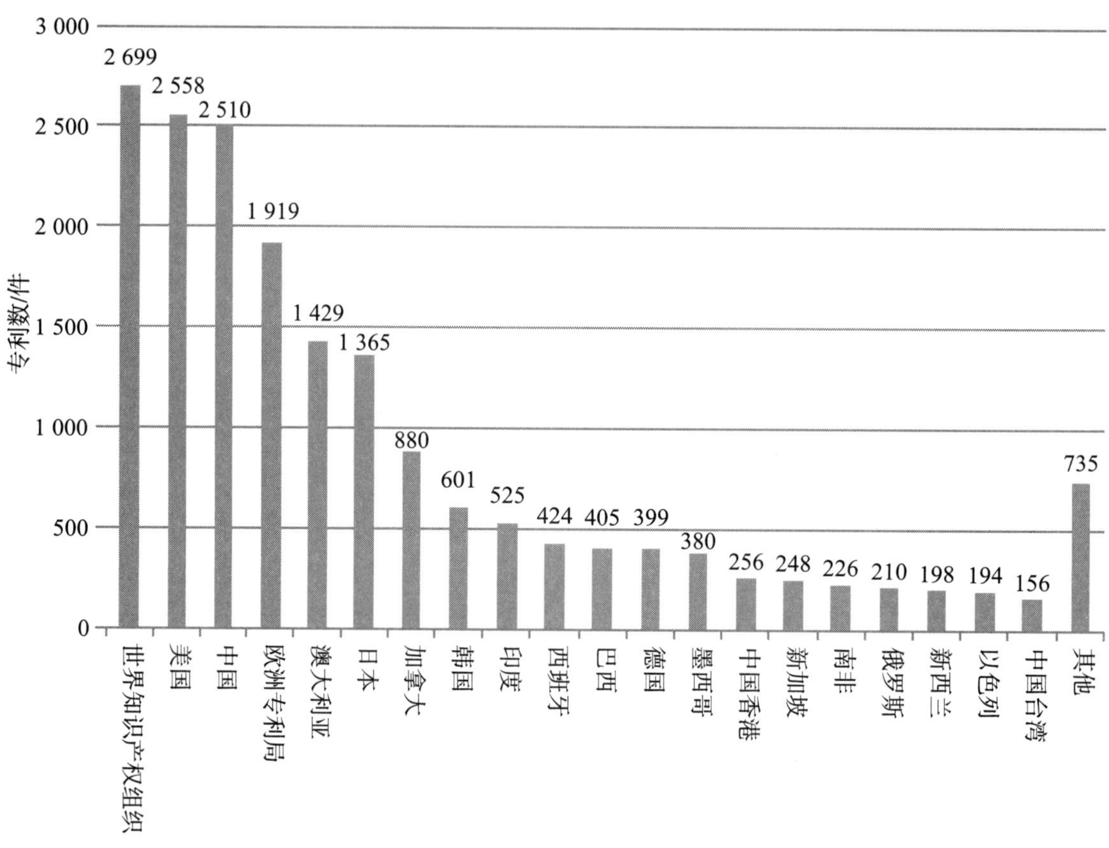

图2-8　食源性致病微生物快速高通量检测技术同族专利国家/地区（组织）布局

究。第二类是入行时间短，研发较活跃，年公开量尚少的机构，主要有中国农业科学院、中国科学院、哈佛大学等。第三类机构已基本退出该研究领域，它们近几年未见公开相关专利，主要有美国因塞特医疗公司等，食源性致病微生物快速高通量检测技术专利最早由通用集团于1974年开始申请，但此领域其专利总量较少。

重要研发机构分析。从图2-10中可以看出，全球食源性致病微生物快速高通量检测技术排在前20位的专利权人大部分是国外大型企业，排在前20位的国内机检只有中国农业科学院和中国科学院两个研发机构。其中葛兰素史克公司专利数量占前20位专利总数的15.3%，排名第一；排名第二的是强生，约占前20位专利总数的10%；辉瑞、默克、加利福尼亚大学、赛诺菲、罗氏集团、中国农业科学院、美国因塞特医疗公司、诺华等专利权人的专利拥有量排在前10位，说明这些研发机构在食源性致病微生物快速高通量检测技术领域创新活动较多，创新能力强。

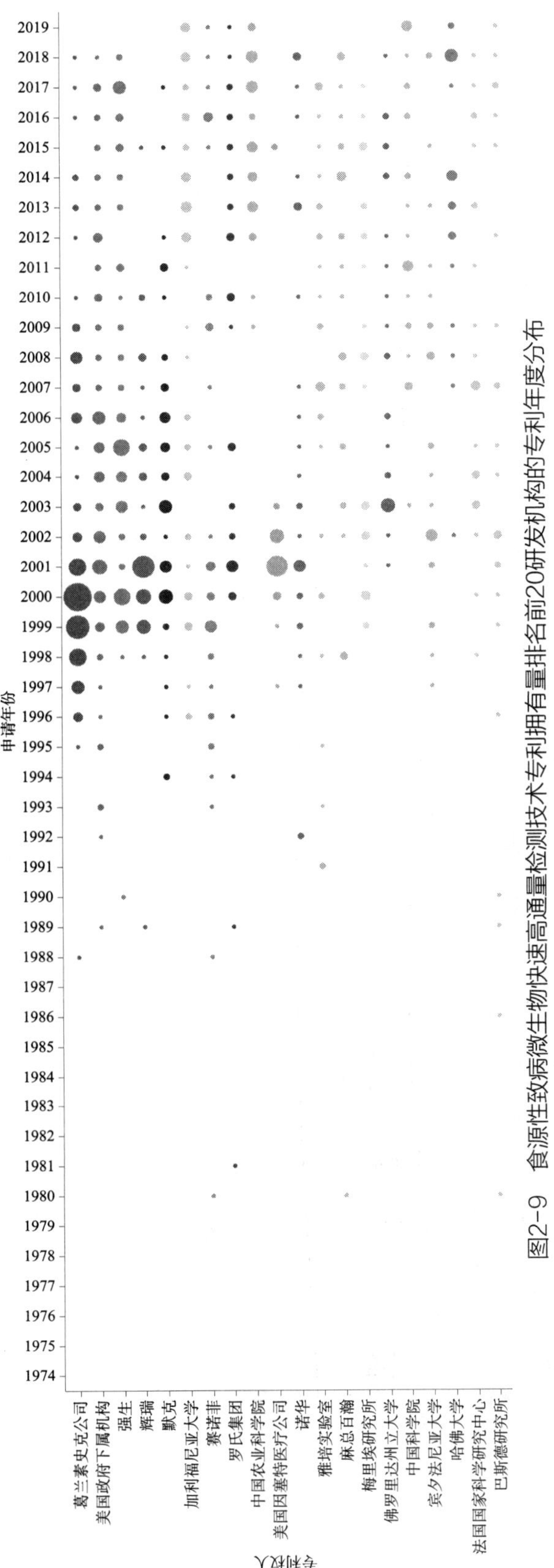

图2-9　食源性致病微生物快速高通量检测技术专利拥有量排名前20研发机构的专利年度分布

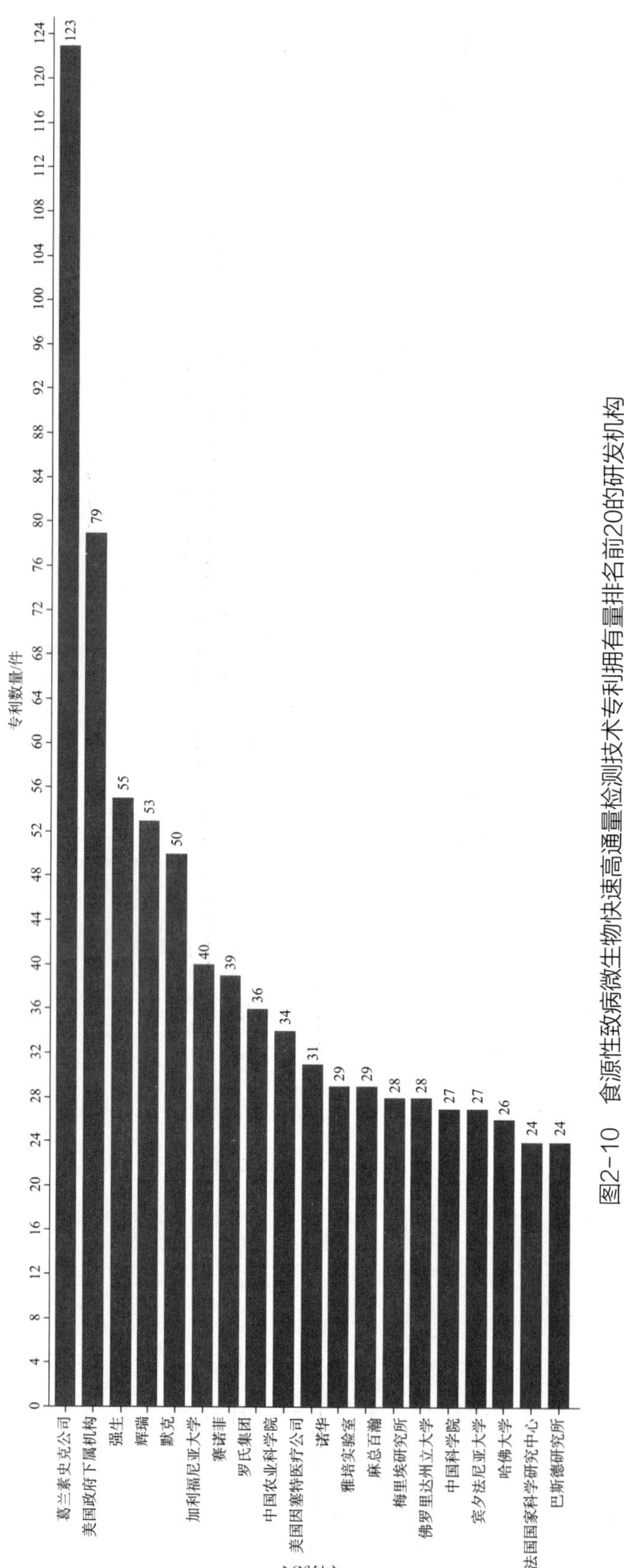

图2-10　食源性致病微生物快速高通量检测技术专利拥有量排名前20的研发机构

从图2-11中可以看出猛玛生物科学专利申请数量少，但是竞争影响力指数相对较高，麻省理工学院专利资产指数最高，其次是哈佛大学、美国博德研究所、强生、加利福尼亚大学、罗氏、诺华、宾夕法尼亚大学、猛犸生物科学、默克等，专利资产指数排名前10的这些研发机构大部分是美国的科研机构和公司，表明美国的研发机构在食源性致病微生物快速高通量检测技术方面进行了深度研究，处于业内前沿位置。

√	专利权人	专利资产指数	竞争影响力指数（CI）	技术相关度（TR）	市场覆盖率（MC）	专利数量/件
1	麻省理工学院	1 199	57.1	22.5	1.8	21
2	哈佛大学	1 179	45.3	16.6	1.9	26
3	美国博德研究所	1 149	67.6	26.5	1.8	17
4	强生	282	3.6	2.7	1.0	79
5	加利福尼亚大学	197	3.9	2.8	0.8	50
6	罗氏集团	194	5.0	5.2	0.9	39
7	诺华	148	4.8	3.2	0.5	31
8	宾夕法尼亚大学	136	5.0	3.9	1.0	27
9	猛玛生物科学	128	64.2	33.0	1.6	2
10	默克	123	2.3	2.0	0.5	53
11	费城儿童医院	121	11.0	4.4	1.7	11
12	麻总百瀚	109	3.8	4.9	0.7	29
13	CureVac	109	21.8	11.2	1.4	5
14	吉利德科学公司	101	6.3	5.1	0.8	16
15	辉瑞	85	1.6	1.4	0.3	55
16	葛兰素史克公司	78	0.6	1.1	0.3	123
17	美国政府下属机构	76	0.9	1.5	0.5	82
18	赛诺菲	76	1.9	2.4	0.6	40
19	百时美施贵宝	76	4.0	3.0	0.6	19
20	礼来公司	75	12.5	5.1	0.5	6

图2-11 专利资产指数排名前20研发机构的食源性致病微生物快速高通量检测技术专利质量信息

（4）技术构成及研发热点分析

技术构成分析。由图2-12可知，全球食源性致病微生物快速高通量检测技术专利申请最多的10个技术领域有微生物检测培养基（C12N）、微生物及核酸或酶的测定过程（C12Q）、吸收垫或手术用品等医用配制品（A61K）、微生物的测量测试分析（G01N）、肽（C07K）、化学化合物或药物制剂的特定治疗活性（A61P）、发酵或酶解过程（C12R）、酶学或微生物学设备（用于发酵肥料的设备）（C12P）等。其中，排名前4位的有关微生物培养保存、微生物测量分析材料等的申请量远远大于其他技术领域，说明这些技术领域是技术研发重点和市场关注的重点，同时也可以得出，这些领域的技术很全面，技术空白点相对较少。

研发热点分析。对食源性致病微生物快速高通量检测技术专利关键词进行技术归类，如图2-13所示，排在前10的技术分类是等温扩增、环介导等温扩增技术、RT-PCR检测技术、抗原、基因治疗技术 、假丝酵母原生质体、微生物快速高通量检测引物、融合蛋白、多核苷酸编码技术、硝化纤维素膜，说明这些领域是食源性致病微生物快速高通量检测技术的研发热点。

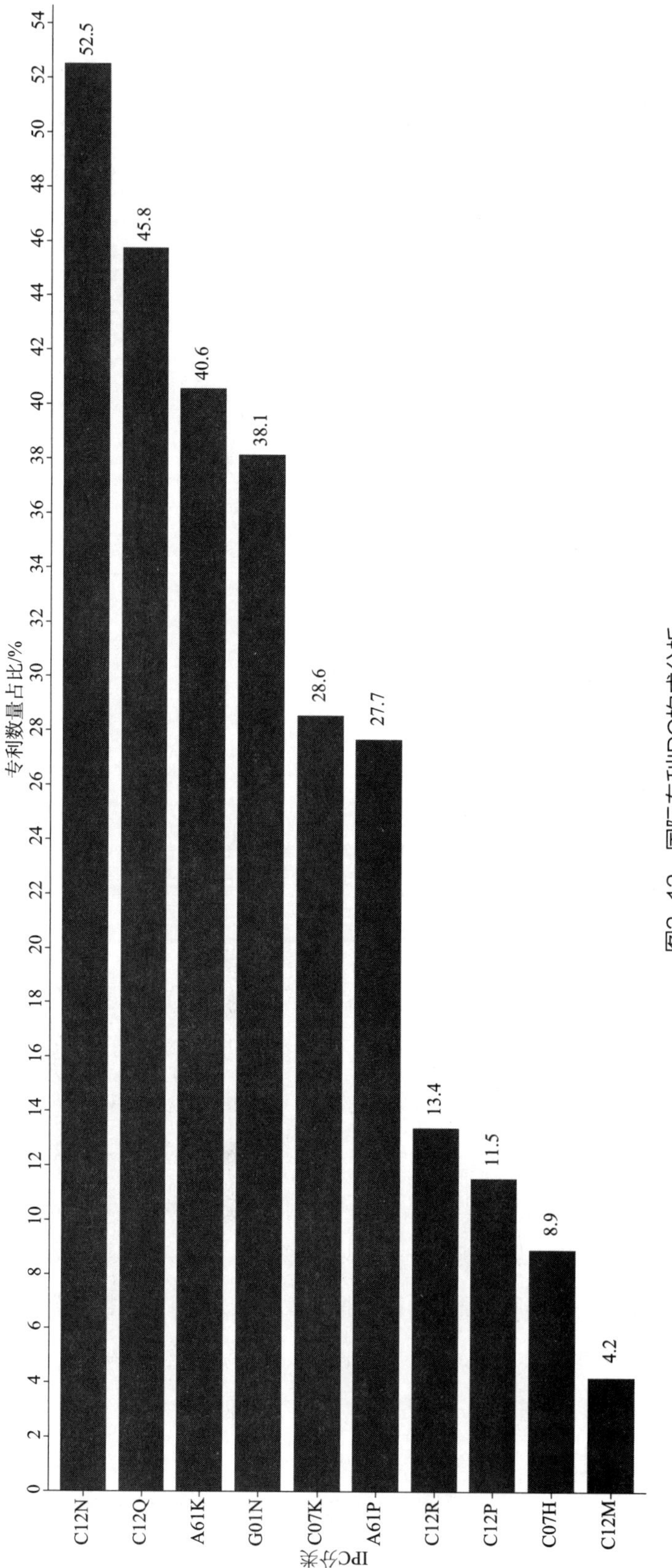

图2-12　国际专利IPC构成分析

专利数量/件
0
10
20
30
40
50
60
70
80
90
100
110
120
130
140
150
160
170
180
190
200
技术类别
等温扩增
200
环介导等温扩增技术
197
RT-PCR检测技术
172
抗原
125
基因治疗技术
110
假丝酵母原生质体
108
微生物快速高通量检测引物
106
融合蛋白
102
多核苷酸编码技术
101
硝化纤维素膜
84
试剂盒
83
逆转录病毒载体
71
免疫球蛋白
68
免疫原性成分
63
单克隆抗体
51
寡核苷酸
49
膜蛋白
48
免疫球蛋白类
47
免疫测定法
46
探测
46

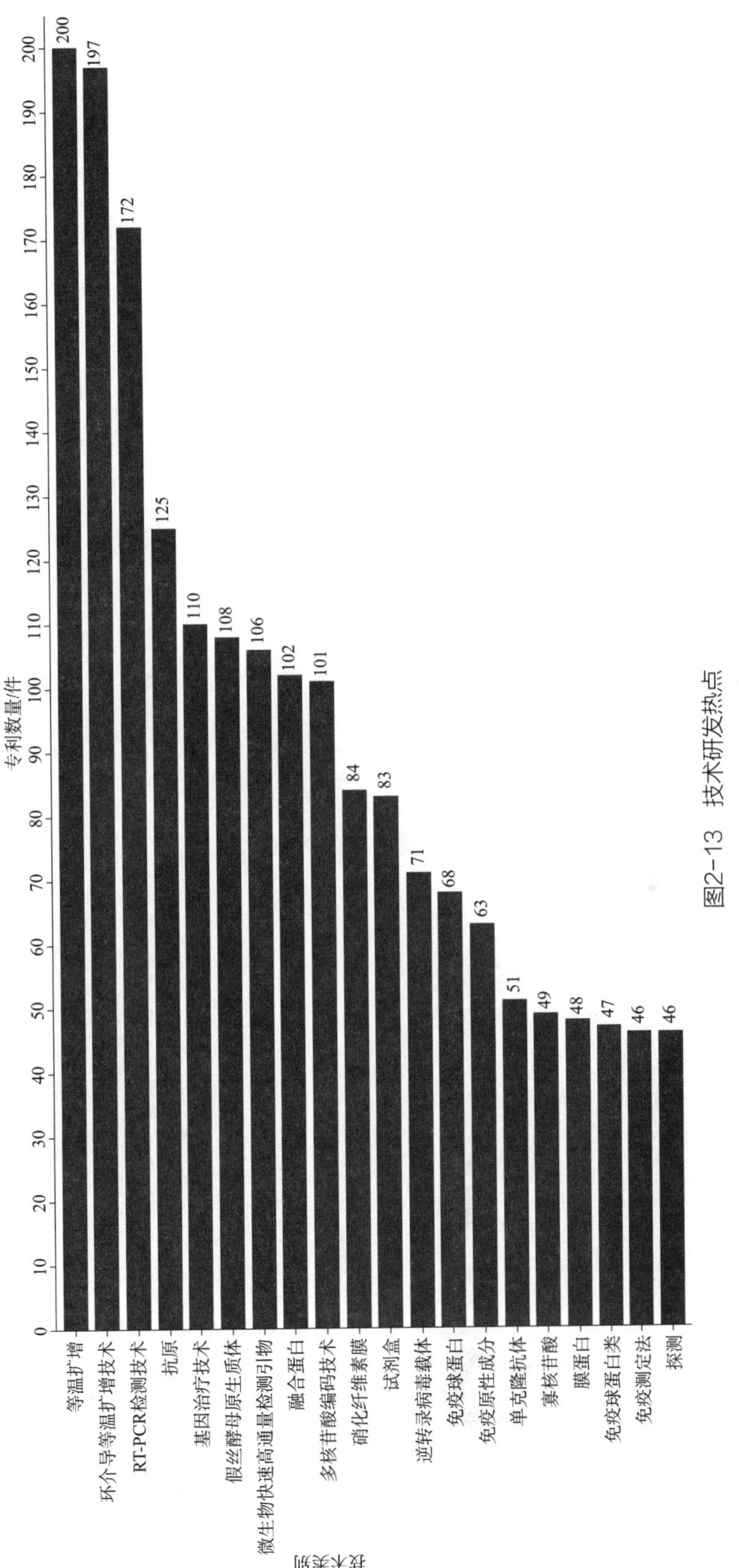

图2-13　技术研发热点

2.2.1.4 中国食源性致病微生物快速高通量检测技术专利分析

（1）中国专利区域分布分析

统计食源性致病微生物快速高通量检测技术相关的专利数据，分析在中国布局的食源性致病微生物快速高通量检测技术专利的专利权人构成，进一步分析食源性致病微生物快速高通量检测技术在我国的区域分布状况。通过分析我国各省（市）专利数量，了解各省（市）的技术创新能力和活跃程度。

在中国申请的专利有2 993件，其中国外企业在华申请专利1 221件，主要为来自美国、法国、荷兰、日本、德国等国家的外企。其中来自美国的外企在华专利申请数为610件，占中国专利数量的20.38%，美国的食源性致病微生物快速高通量检测技术在世界上遥遥领先，同时比较注重在中国市场的发展。中国研发机构或个人申请专利有1 772件，占59.2%，其中包含1 683件发明专利申请，61件实用新型专利。如图2-14所示。

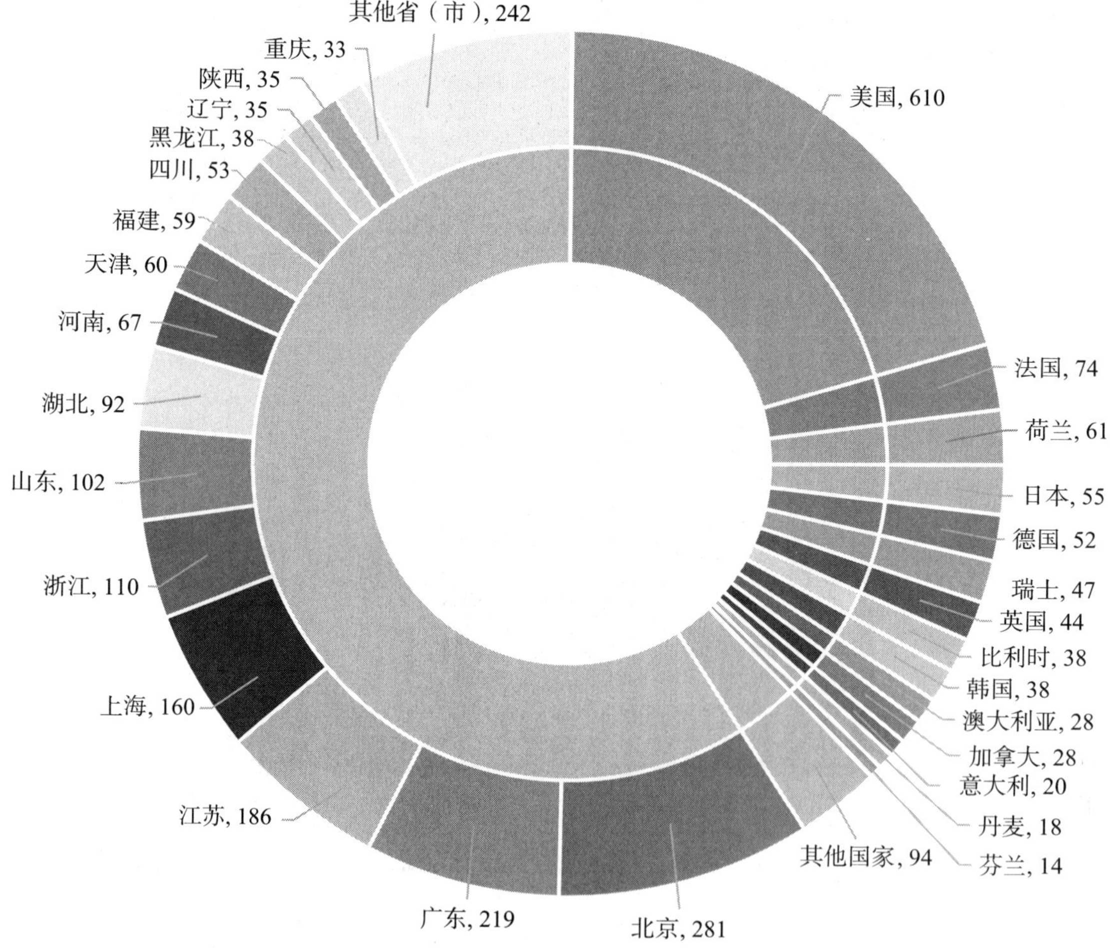

图2-14 中国食源性致病微生物快速高通量检测技术专利区域分布（单位：件）

从中国各省专利数量排名来看，中国专利申请人主要分布在北京、广东、江苏、上海、浙江、山东、湖北等。广东省的食源性致病微生物快速高通量检测技术专利申请量位居全国第二，表明其技术创新能力和研发实力比较强。

（2）专利申请趋势分析

从图2-15中可以看出，国内首件食源性致病微生物快速高通量检测技术领域的专利申请出现于1987年，其申请量总体呈增长态势。国内该领域的专利申请大致经过了以下几个发展阶段：第一阶段（萌芽期，1987—1999年），年申请量低于50件；第二阶段（发展初期，1999—2007年），年申请量逐渐增长，年申请量低于100件；第三个阶段（高速发展期，2008年至今），年申请量快速增长。随着我国经济的快速发展，食品安全局势日益严峻，急需提高检测效率，节约人力资源成本，此外企业市场销售环节要求快速出货，减轻物流的压力，尽可能减少仓存，加快资金周转。在此背景下，快速检测变得尤其重要，人们需要快速检测原料及半成品的污染情况，从而采取相应的措施控制最终产品的微生物超标情况。与全球食源性致病微生物快速高通量检测技术相比，国内微生物快速高通量检测仍处于发展早期，大部分诊断都集中在低值且刚需领域，如结核杆菌、肺炎、HPV等。

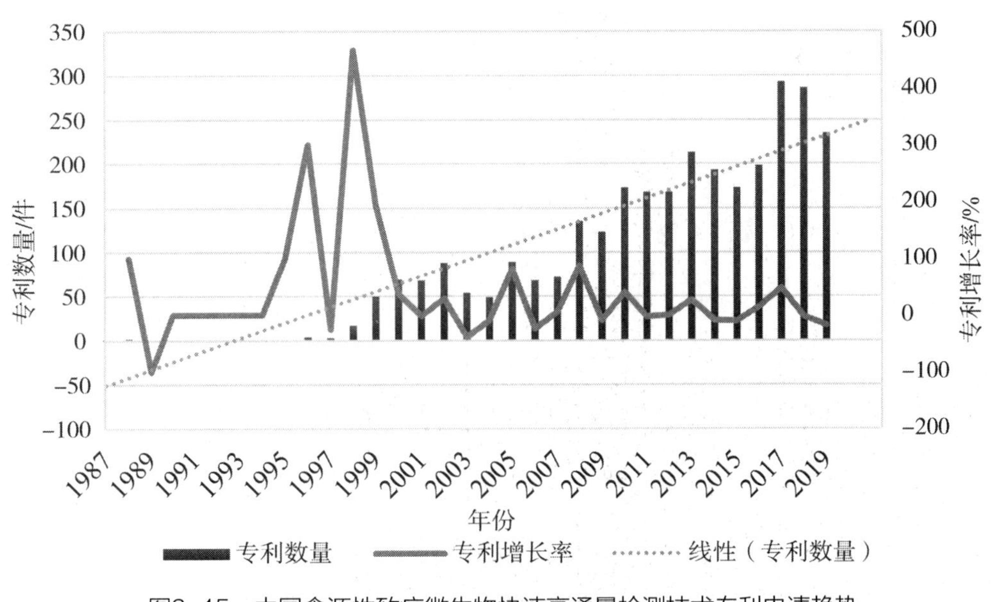

图2-15　中国食源性致病微生物快速高通量检测技术专利申请趋势

（3）中国专利技术创新主体分析

将食源性致病微生物快速高通量检测技术的中国专利申请人进行专利数量排名，如图

2-16所示。从图中可以看出，全球最大的以研发为基础的强生集团在中国的专利申请量排名第一，该公司的专利技术主要在抗原、免疫球蛋白、基因治疗、病毒载体等领域；葛兰素史克公司、中国农业科学院排第二位，其次是中国科学院、浙江大学、扬州大学、南京农业大学等。

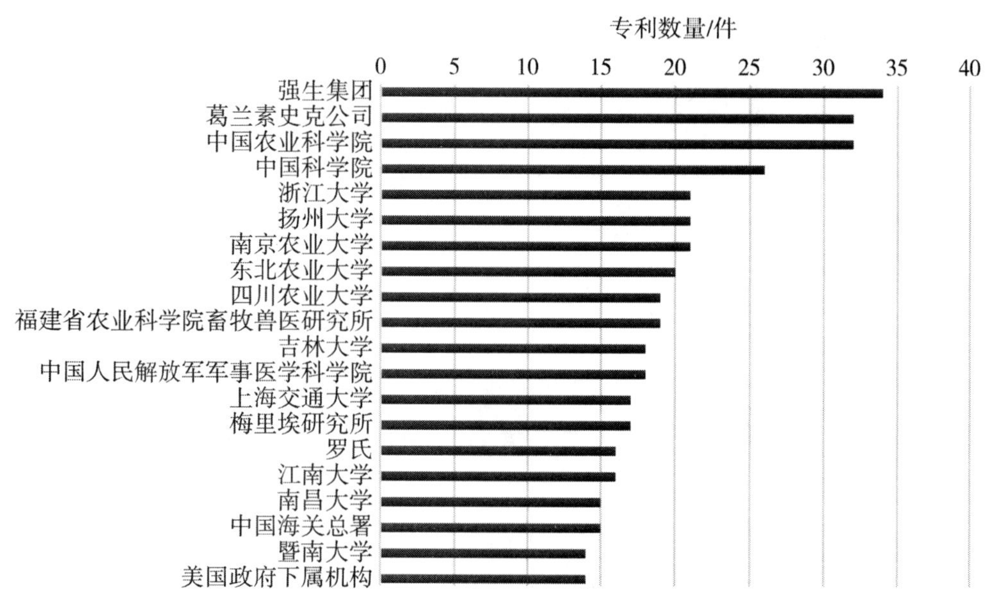

图2-16　中国专利申请人专利数量排名

（4）中国专利技术构成分析

通过分析食源性致病微生物快速高通量检测技术领域内的中国专利涉及的所有IPC分类号，以及这些IPC分类号下分别包括的专利数量，就能够获知该领域的技术构成情况，以及该领域内国内市场经营主体关注的技术点。

图2-17为中国食源性致病微生物快速高通量检测技术相关专利申请的IPC构成。依然是微生物快速高通量检测培养基以及微生物及核酸或酶的测定过程相关的专利占了很大比重。通过确定其化学或物理性质研究或分析材料（除免疫测定外的涉及微生物或酶的测量或测试过程）（G01N）及医用配制品、化学化合物或药物制剂的特定治疗活性、与微生物相关的索引（C12R）、肽（C07K）相关的专利也占了相当大的比重。在中国申请的专利技术IPC与全球食源性致病微生物快速高通量检测技术专利的IPC构成基本一致，且专利数量呈现逐年增加趋势，如图2-18所示。

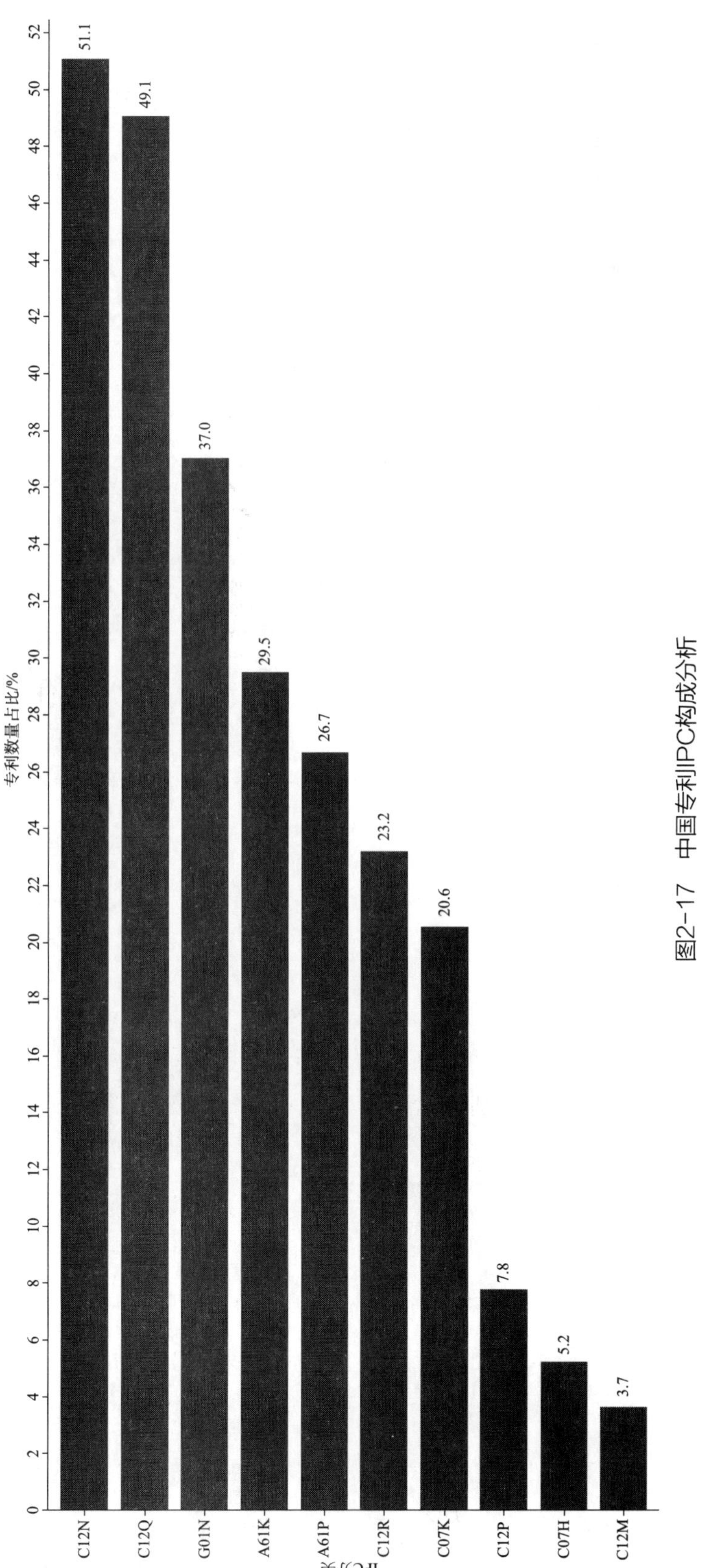

图2-17　中国专利IPC构成分析

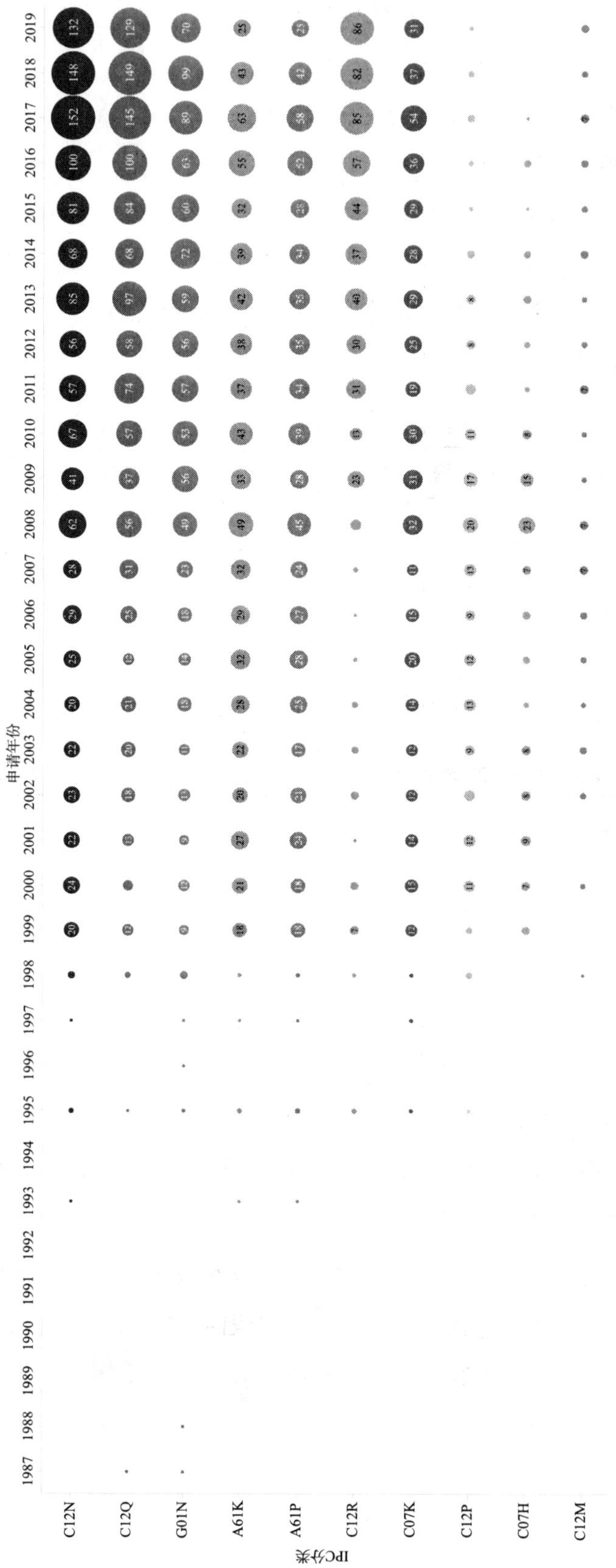

图2-18 中国专利IPC分类技术发展分析

2.2.1.5　“基于组学的食源性致病微生物快速高通量检测技术与装备研发”项目专利风险预警分析

（1）项目立项决策的时机风险预警

1）与项目技术相关的所有自主专利分析。

截至2020年8月，广东省科学院微生物研究所拥有的食源性致病微生物快速高通量检测技术专利共107件，属77个专利族。其中，3个专利族在审中，74个专利的竞争影响力指数平均值为0.5，市场覆盖率平均值为0.5，技术相关度平均值为0.9，衡量整体专利组合的实力指标专利资产指数为38，如表2–1所示。

表2–1　广东省科学院微生物研究所专利总体质量

专利数量/件	专利资产指数	竞争影响力指数	市场覆盖率	技术相关度
74	38	0.5	0.5	0.9

广东省科学院微生物研究所食源性致病微生物快速高通量检测技术发明专利数量（图2–19）和专利资产指数的时间分布图表（表2–2）显示，2016—2019年的专利数量持续增加，表明近几年广东省越来越重视相关专利的申请和布局，技术研究处于发展期。

表2–2　广东省科学院微生物研究所专利数量与专利资产指数的时间分布

申请年份	1999	2002	2004	2005	2006	2007	2008	2009	2010	2011	2012	2013	2014	2015	2016	2017	2018	2019	2020
专利数量/件	1	1	1	2	2	2	2	6	2	2	6	2	2	3	5	5	8	17	8
专利资产指数	0	0	1	0	1	1	1	2	2	1	2	1	0	3	1	4	3	12	5

2）与项目技术相关的所有自主专利法律状态。

将广东省科学院微生物研究所食源性致病微生物快速高通量检测技术专利按照申请年份统计，可看出其不同申请年份法律状态的分布情况（图2–20）。从法律状态来看，1999—2005年的申请且目前仍在专利保护期内的授权专利数量较少，说明早期的专利整体维持度不高，失效专利17个，包括专利族中11个被驳回，3个撤回，3个期限届满；2017—2020年专利申请量增大，授权专利较少，这是由于大多数都处于在审状态，即实质审查或公开阶段尚未授权（图2–21）。

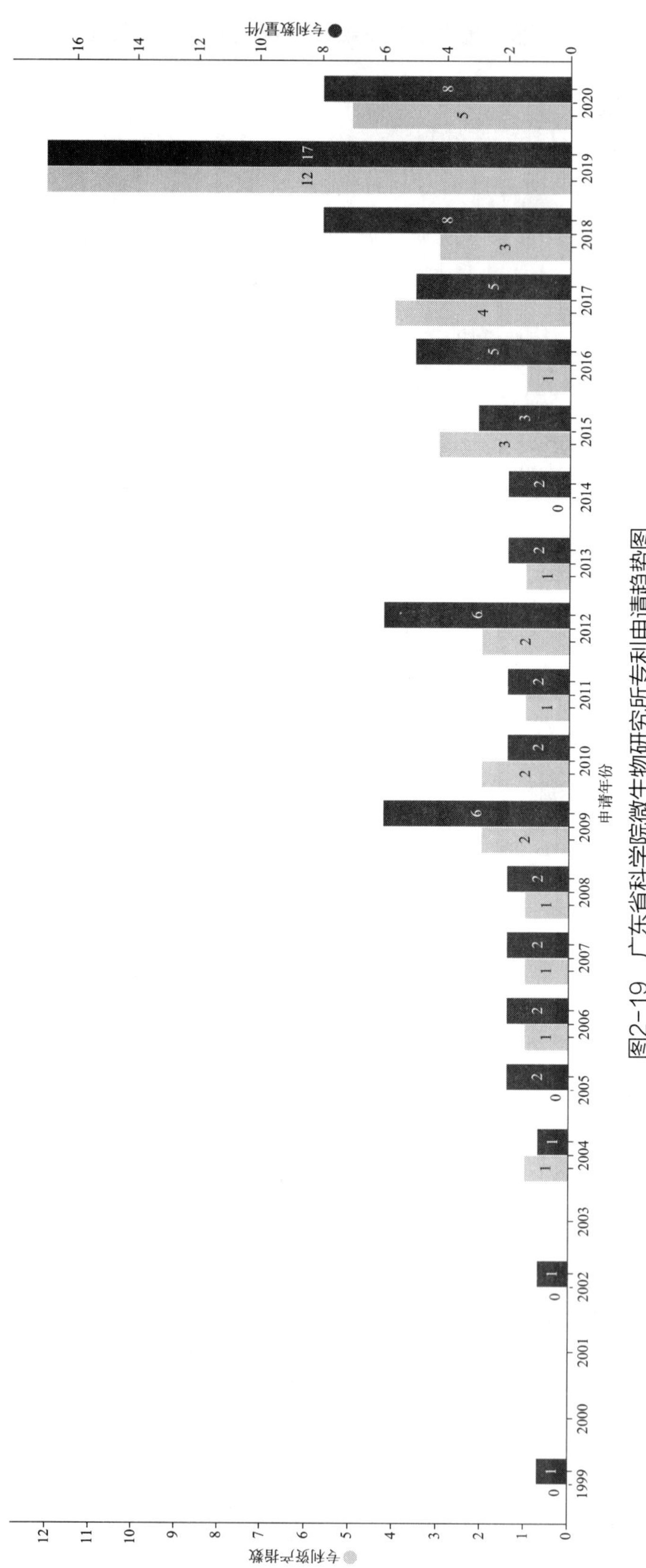

图2-19 广东省科学院微生物研究所专利申请趋势图

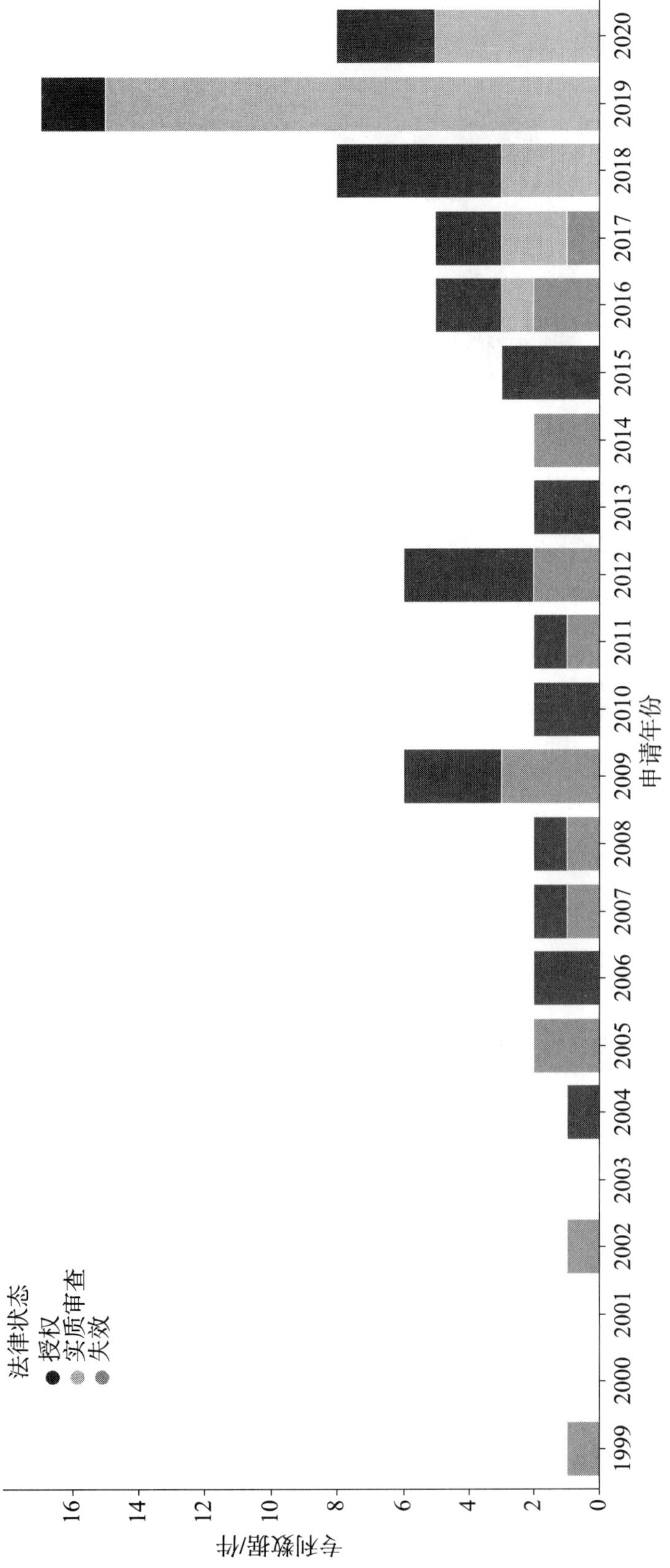

图2-20　广东省科学院微生物研究所专利法律状态趋势图

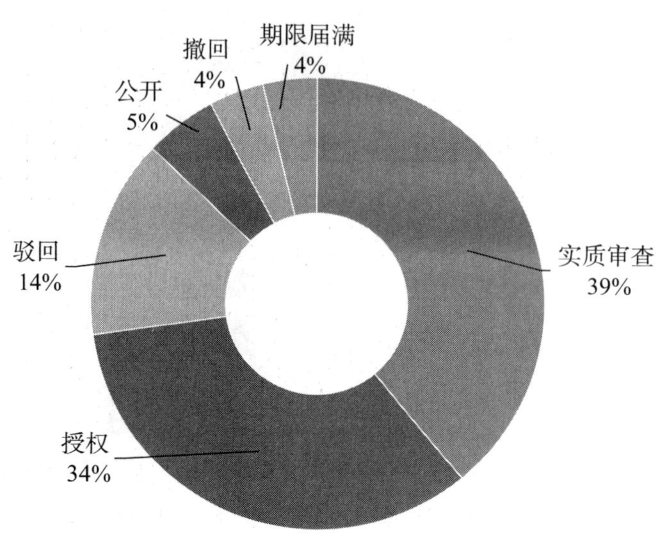

图2-21 广东省科学院微生物研究所专利法律状态

综上所述，从全球技术总体发展趋势研究可看出食源性致病微生物快速高通量检测技术处于高速发展期。而广东省科学院微生物研究所2018—2020年食源性致病微生物快速高通量检测技术专利申请量持续增长，大多数在审查中，早期专利维护度低，表明其技术处于发展期，时机风险较低。

（2）地域风险预警

通过分析特定区域的相关专利规模即可确定该地区的技术竞争强度和技术保护壁垒。为了全面衡量技术项目的地域风险，本研究选择非优先权申请地域作为原始数据源。在此基础上，对通过时机风险评估的立项评估其地域风险：①若目标地的市场大但相关专利申请少，即属于基本空白区域，地域风险小，则可以直接考察侵权主体风险。②若目标地的市场大、相关专利申请总量适中，即属于新晋热区，地域风险中等，则可以继续考察侵权主体风险。③若目标地的相关专利申请量持续领先，即属于持续热点区域，地域风险高，则需重新定位目标市场。（周磊 等，2018）

1）全球与项目技术相关的所有专利地域分布。

从全球食源性致病微生物快速高通量检测技术所有专利地域分布情况可以看出，世界知识产权组织、美国、中国、欧洲专利局、澳大利亚、日本、加拿大等国家或组织拥有大量的食源性致病微生物快速高通量检测技术专利族（图2-8）。同时，美国还是该技术创新的主要来源地，领先优势显著；中国超过欧洲专利局和澳大利亚、日本，成为技术研发第二强国。因此，中国是食源性致病微生物快速高通量检测技术的目标市场及主要发明国之一。

2）自主专利申请地域布局。

如图2-22所示，广东省科学院微生物研究所的食源性微生物快速高通量检测技术专利主要在国内布局，有极小比例的专利到海外进行布局，并集中在美国和世界知识产权组织，适当回避来自欧洲专利局、澳大利亚和日本等市场的地域风险。从专利价值指标上来看，海外申请的专利市场覆盖率较高，专利技术相关度也较大，因此竞争影响力指数相对较高。

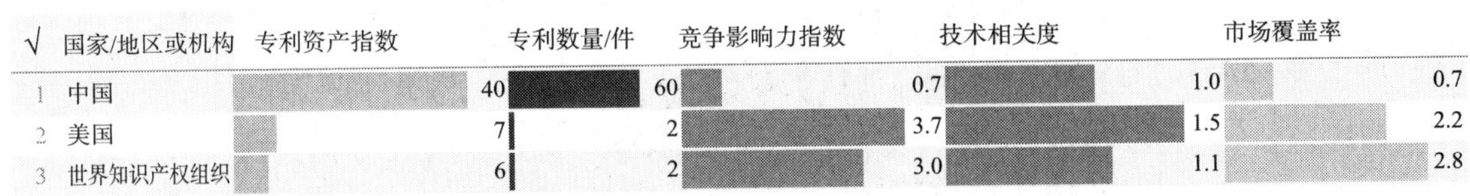

图2-22　广东省科学院微生物研究所专利申请专利地域布局

（3）侵权主体风险预警

1）基于高价值专利分析的侵权主体风险预警。

预警侵权主体风险时，应重点关注行业内的重要专利及其专利权人，重要专利的专利权人往往是高风险侵权主体。针对不同的高风险主体可采取不同的防范策略。本研究应用PatentSight分析项目研发中涉及的重点技术的重要专利，找出重要专利的专利权人，从而对重点技术的侵权主体进行分析。

风险预警及处置方式：①若侵权主体是完全受好奇心驱动的自然人，则侵权主体风险低，可以通过专利收购的方式避免纠纷。②若侵权主体是高校、科研院所等纯许可人，则侵权主体风险中等，可通过专利收购、专利转让或技术孵化的方式避免纠纷。③若侵权主体是企业，则侵权主体风险高，可采取技术回避或技术许可、交叉许可等策略。④若涉及的专利已被“专利海盗”或专利池收入，则项目将面临最高的侵权主体风险，可根据FRAND原则争取可接受的许可费率水平，或利用技术互补性争取交叉许可，甚至加入专利池。（周磊 等，2018）

2）广东省科学院微生物研究所重点研发技术侵权主体风险分析。

通过解读广东省科学院微生物研究所近年来申请的专利，得出广东省科学院微生物研究所食源性致病微生物快速高通量检测技术研究重点，通过对其重点研究技术近年来申请专利的相似度90%以上的专利的检索分析，对其侵权主体进行风险预警。得出“基于组学的食源性致病微生物快速高通量检测技术与装备研发”项目的时机风险和地域风险预警级别较低，侵权主体风险预警级别较高，但总体风险尚可控，可采取专利收购、专利转让、技术孵化或技术回避、技术许可、交叉许可等策略避免侵权风险的结论。

2.2.1.6 “基于组学的食源性致病微生物快速高通量检测技术与装备研发”项目知识产权战略建议

（1）对于政府层面的建议

1）完善制度建设，提升专利质量。

目前我国食源性致病微生物快速高通量检测技术专利的现状为重数量、轻质量的非均衡发展，不利于我国参与国际技术竞争并取得竞争优势。因此，必须把提升专利质量当作重要任务。应将专利质量纳入法制化建设轨道，加快专利质量控制前瞻性政策条款的制订；加大专利审查投入力度，提高专利审查质量；对专利技术建立健全的保护机制，逐步实现我国在食源性致病微生物快速高通量检测技术专利方面从“专利大国”向“专利强国”转变。

2）加大科研投入和扶植力度，鼓励研发机构自主研发和改进技术。

针对我国食源性致病微生物风险不明、检测技术与装备国际竞争力弱的现状，国家应出台相应的政策，加大技术研发奖励力度，为科研人员提供申报知识产权优惠政策，如减免申请费用、缩短审批时限等，鼓励研发机构自主研发或改进相关高效富集和快速高通量检测核心技术和装备，打破发达国家技术垄断，提高我国技术与装备自给率。

3）实行多元化的知识产权战略，鼓励研发机构进行全球化知识产权布局。

制订多元化知识产权战略，鼓励研发机构原始创新、二次创新，与跨国集团抗衡，不仅争抢本土专利，还鼓励国内的企业、科研院所、高校等研发机构到国际市场上进行知识产权布局。帮助创新能力弱的中小企业积极使用公用专利，使国内企业打破跨国集团的专利权垄断，从长远角度提升企业实力。

4）建设专利池和覆盖全国的食源性致病微生物风险识别数据库。

我国企业的专利池建设尚处于起步阶段，专利池提供的许可形式，使技术能够被使用而不侵犯专利池中专利的专利权人，因此大大提升了未来几年的智力创新的市场效率与资源。建设专利池的目的是促进联合开发创新，推进专利应用，集体谈判，以提高研发机构技术竞争能力。针对我国食源性致病微生物风险不明、地域性菌种资源分散，尚未研发高分辨力分子溯源系统等现状，构建我国食源性致病微生物风险识别数据库、菌种资源库、全基因组数据库和高分辨力的基于核心基因组的分子溯源数据库。

5）鼓励国际合作，扩大我国研究领域影响力。

我国在食源性致病微生物快速高通量检测领域基础研究及应用基础研究成果数量方面居世界前列，但是在国际合作方面仍存在一定的局限性。可通过举办国际会议、设立国际合作专项等方式与国外研发实力较强的机构针对前沿技术进行合作，加强我国在食源性致病微生物快速高通量检测技术领域的国际影响力。

（2）对于项目承担单位的建议

1）研发过程中注重利用相关专利，降低研发成本。

建议项目承担单位在重点技术攻关过程中充分研究国内外已有的专利技术，了解已有专利布局状况以便掌握技术研发趋势和当前最新技术进展，拔高技术创新的起点，避免低水平研发，同时还可以起到专利预警的目的，防范知识产权侵权风险。

2）重视核心专利技术布局和保护，防范侵权风险。

项目承担单位食源性致病微生物快速高通量检测技术专利大部分在中国进行了布局，只有少数在美国和世界知识产权组织进行了布局，因此应注重重点攻关技术的核心专利的申请和海外布局。在国际市场布局前做好防止侵权分析，及时为重点攻关技术成果申请专利获得保护，建立自主的技术体系，避免因知识产权问题受制于人。

项目承担单位主要集中在国际大公司的，侵权主体风险较大，可采取技术回避或技术许可、交叉许可等策略。而对于侵权主体属于中等风险的，可通过专利收购、专利转让或技术孵化的方式避免纠纷。

3）积极与国外技术前沿接轨。

项目承担单位食源性致病微生物快速高通量检测技术的创新布局集中在某些技术，这些技术与国外研发机构的技术还存在很大差距，因此应加强与国外研发实力较强的机构针对前沿技术的合作。

4）加强与企业合作，重视专利成果的转化。

项目承担单位的相关专利与其孵化企业广东环凯生物科技有限公司及广东环凯微生物科技有限公司合作较多，合作网络广泛度较低，专利创新方式以独立研发为主，在一定程度上阻碍科技资源优化配置和知识溢出。项目承担单位应积极搭建科研院所与优质企业的专利合作平台，尤其可以加强与该领域国际知名企业的合作与交流，充分整合优势资源，通过产学研合作，促进科研成果的转化。

5）充分利用公知公用专利，防范潜在的风险。

公知公用专利包括已经失效的中国专利，法律状态为驳回、撤回、放弃、视为撤回、无效，且未以该专利为基础要求优先权提出后再申请的专利申请或专利，已过优先权期限且未进入中国的国外专利。这些专利对于中国的企业来说是一个巨大的知识宝藏。在开发与利用公知公用专利技术情报时注意防范潜在风险。

2.2.2 高层次科技人才调研及引进评价研究

2.2.2.1 高层次科技人才调研及引进评价研究背景

党的十九大报告强调："创新是引领发展的第一动力，是建设现代化经济体系的战略支撑。"人才是创新的根基，创新驱动实质上是人才驱动，谁拥有一流的创新人才，谁就拥有了科技创新的优势和主导权。为适应国际人才竞争新形势，我国实施了人才强国战略，坚持"择天下英才而用之"，制定了一系列人才政策，大力推进人才体制机制改革和创新，为我国人才发展和引进人才创造了良好的环境。

随着中国企业走出去的步伐加快和中国产业升级需求的增加，企业对于科技人才尤其是高层次科技人才的需求逐渐增加，以产学研为主体的创新生态体系需要引进更多的高层次科技人才，甚至考虑从海外引进高层次科技人才。在这个过程当中，需要考虑的问题有很多，例如包括引进谁、如何引进、引进后是否存在相关风险等。高层次科技人才的引进无论是对于企业的整体经营还是对于高校和科研院所的技术研究都有较大的影响，如果以上这些问题没有处理好，有可能在人才引进过程中因知识产权问题惹上了纠纷官司，或引入的人才因知识产权问题或创新能力等不能很好地发挥作用等，为企业经营和高校与科研院所带来困扰。

新形势下高层次科技人才引进工作中存在人才引进机制不健全、人才引进缺乏科学论证等问题，对于高层次科技人才的引进工作存在盲目性，并不能达到高层次科技人才引进工作的既定标准，不能满足高层次科技人才发展的实际需要，也不能达到人才引进的预期效果（杨庆，2017）。必须有针对性地提高对高层次科技人才引进工作的正确认识，进行科学合理的人才引进评价，以有针对性地实施更加积极的创新人才引进政策，推动人才分配激励制度改革，打造良好的人才发展环境，从而集聚处于行业科技前沿、具有国际视野和能力的领军人才，进一步提高高层次科技人才引进工作的效率和水平。

中共中央《关于深化人才发展体制机制改革的意见》要求，坚持德才兼备、以德为先，注重凭能力、实绩和贡献评价人才，克服"唯学历、唯职称、唯论文"等倾向。过去的人才评价标准已不适应新时代发展的要求，对不同类型人才"一把尺子量到底"，"重学历轻能力、重资历轻业绩、重论文轻贡献、重数量轻质量"等现象亟待改变。

人才评价是发现人才的重要方式，也是激励人才干事创业的重要导向。人才调研分析及引进评价能够对人才的知识产权及具体科研成果转化能力进行有效评价。只有客观认识人才的能力及品格，才能确保引进人才的能力得到充分的发挥，确保人才引进符合项目具体需求，从而推动区域经济发展。从多方面衡量人才申报项目的知识产权价值，提早消除项目实施可能面临的法律风险，并对后续企业的知识产权工作给出建议，提升其自身的知识产权管理运营能力。

2.2.2.2　我国高层次科技人才引进评价存在的不足

（1）人才引进目标缺乏靶向精准性

因为缺少对市场需求与产业发展目标的深入研究，缺少对产业发展关键共性技术的跟踪分析，人才开发缺乏系统性、主动性、针对性，只能以“撒网捕鱼”“被动等才”的模式引进人才，未能实现“主动出击”“靶向精准”。

（2）人才引进评价缺乏科学系统性

人才引进评价是一个综合性强、认知度广、评判度复杂的系统性工程。人才引进评价过程中从论文、专利、项目、职称、人才称号等不同角度，采用不同的指标体系，得出的结果完全不同，目前我国高层次人才引进评价从“破四唯”（“唯论文、唯职称、唯学历、唯奖项”）到弘扬科学家精神、加强作风和学风建设、建立科学的评估体系，一直在探索中优化。在引进人才时应建立科学合理的评价指标体系，不简单以论文、头衔和奖项作为评判依据，而是以代表性科研成果和同行评议作为参考。

（3）缺乏对人才的动态评价

人才奖励政策大部分只针对人才引进前期，缺乏对引进后的人才的监管和考核，“重引进，轻管理”致使高端人才引进后成效不佳。应发挥人才头衔和奖项的荣誉性和激励性作用，避免把人才头衔、奖项和论文数量作为人才的“终身制”光环。

2.2.2.3　粤科图高层次科技人才调研及人才引进评价服务

近年来，作为重要的科技知识资源提供平台，粤科图建设规模不断扩大，服务能力不断提升，为科研工作者及社会群众提供了重要的信息资源。随着信息化的飞速发展，科技型图书馆正处于“转型与发展”的重要历史时期，知识产权信息服务与决策咨询呈现出高层次化趋势，服务逐步由信息咨询拓展到科研管理与决策中，科技型图书馆需要不断加强与科研院所科研管理、人力资源管理及科研发展规划管理部门的合作。其中辅助科技人才引进评价成为科技型图书馆深化服务和服务转型的重要方向。粤科图作为广东省科学院与粤港澳大湾区战略研究院的智库机构，根据广东省《关于我省深化人才发展机制体制改革的实施意见》的精神，积极响应广东省科学院高水平科技创新人才队伍建设，实施人才强院战略，以丰富的论文和专利数据库资源为基础，基于各种分析方法和工具的内容挖掘、知识发现和知识组织及知识产权分析，紧密配合广东省科学院及广东省科学院下属研究所高层次科技人才引进计划，开展高层次科技人才调研及引进评价工作，承担了多个研究所的人才评价项目，如基于研究所现有人才结构及研究现状进行的研究所人才竞争力评估、以产业发展为指引的产业人才开发路线图研究、根据研究所专业技术发展需求进行的技术领域人才挖掘评估、基于广东省科学院人才引进计划进行的人才引进综合评估等。根据项目研究需求形成了不同的高层次科技人才评价体系，从科技人才的基本信息、科研基础水平、学术影响力、科研管理能力等方面对科技人才信息进行分析，为广东省科学院及其下属研究所人才引进提供参考，促进其靶向引进人才，减少盲目引进人才带来的风险，为把广东省科学院及其各个研究所建设成为国内一流研究机构提供高端人才引进决策支持，为粤港澳大湾区科技发展提供智力支撑。

粤科图有情报学研究背景，可以借助情报学准确、全面、动态地获得高层次科技人才的特征信息，特别是大数据环境下的情报学研究可以提高人才选拔的质量和效率。通过建立科学、合理的指标体系统一对高层次科技人才进行评价，为人才的选拔提供有价值的参考。情报学研究在辅助高层次科技人才引进评价方面具有以下优势。

1）能够确保人才评价体系的科学合理性。

由于人才具有流动性和可变性，对科技人才的评价是一个全面系统的过程，需要对人才信息进行动态的、全面的跟踪监测和系统分析，了解与人才相关的全部属性后才能给出科学、合理的评价。而情报学研究中的跟踪研究便是针对研究对象的特征信息开展的多维度、全方位、动态信息的跟踪分析，能够确保人才评价体系构建的全面化。同时，经过专业情报分析工具和情报分析人员分析处理后的指标，大大减少了人才评价过程中信息量过多、信息更新不及时等问题，保证了人才评价体系的科学合理性和可行性。

2）能够做到对科技人才进行动态评价。

人才奖励政策大部分只针对人才引进前期，缺乏对引进后的人才的监管和考核，“重引进，轻管理”致使高层次人才引进后成效不佳。人才是流动的、可变的，通常的评价方法多为针对人的学术能力开展的定性或定量的评价，是某一时间点上的评价，而该时间点之后的人才变化特点无法进一步跟踪，对于可变化的人才来讲，这样的评价结果效度较弱。而粤科图的情报学研究则能够对人才的整个成长历程进行跟踪分析，可开展人才发展趋势的预测分析，很好地解决了难以动态评价人才的问题。

3）可以使人才评价更具有靶向精准性。

人才评价的最终目的就是要满足不同机构对人才的需求，而不同机构、不同岗位对人才的需求则不尽相同。人才引进过程中通常缺少对市场需求与产业发展目标的深入研究，缺少对产业发展关键共性技术的跟踪分析，人才引进缺乏系统性、主动性、针对性，只能以“撒网捕鱼”“被动等才”的模式引进人才。情报学研究可以针对不同用人机构的需求，通过广泛搜集同行业、同领域相似类型的人才的相关信息进行评价分析和比较分析，分析拟选人才的优劣势，然后从中选出最优的、最适合用人单位需求的人才，确保用人机构“主动出击”与“靶向精准”选才，满足不同机构个性化的需求。

4）大数据环境下的情报学研究可以提高人才选拔的质量和效率。

大数据技术虽然丰富了用人单位获取人才的特征数据，但数据的可靠性难以保障，如何从泛滥的特征数据中准确找到合适的人才亦比较困难。粤科图利用情报学研究能够帮助用人单位充分利用信息技术和手段，基于大数据挖掘进行学术人才评价，从众多的人才特征数据中获取有效的人才信息，通过建立合理的人才评价体系，帮助用人单位在泛滥的信息中迅速获取有用的、更好更多的人才资源，可以提前预测，发现人才，多维分析，确认人才，记录过程，跟踪人才从而公平判定，辨识人才，提高人才选拔的质量和效率。

2.2.2.4　基于全链条的高层次科技人才引进评价模式

针对我国人才引进评估存在的不足，以产业经济发展为指引，找出产业发展需求和人才供给的瓶颈及薄弱环节，构建“需求链—产业链—技术链—人才链”的全链条的人才引进评价模式，包括机构现有人才评估、产业人才开发路线图、技术领域人才挖掘评估、人才引进综合评估等环节，摸清用人单位及产业发展的人才需求和供给态势，引导科研机构及企业等用人单位在全球范围内有效开发配置人才资源，优化人才结构、突破人才瓶颈、攻克技术壁垒，为实行靶向引才、按需育才、科学用才，推动“需求链、产业链、技术链、人才链”无缝对接，如图2-23所示。

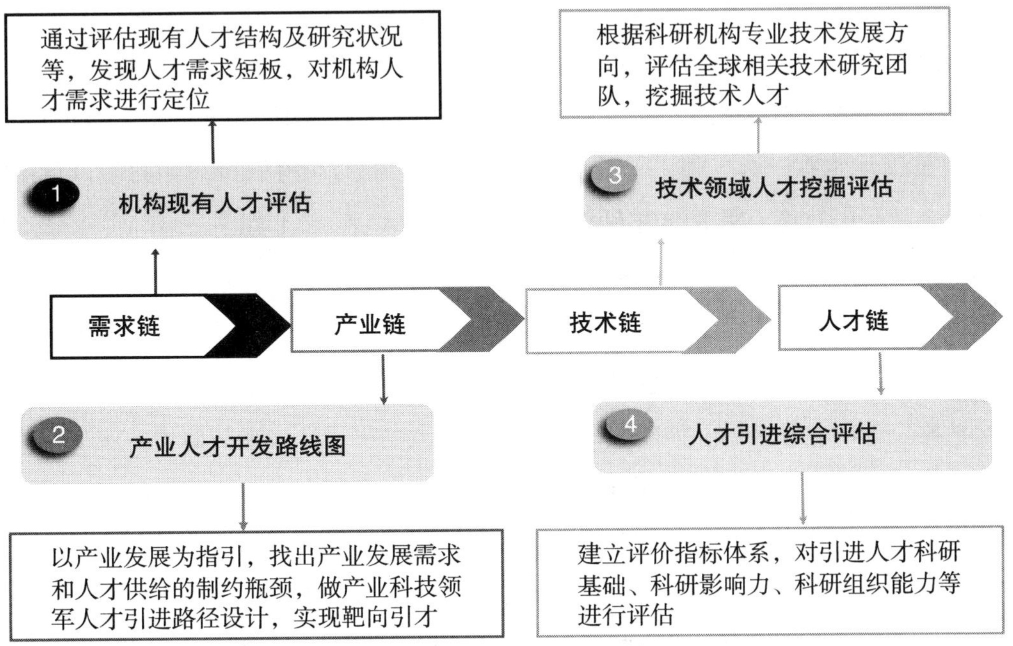

图2-23　基于全链条的高层次科技人才引进评价模式

（1）需求链——机构现有人才评估

评估科研机构现有人才结构及研究状况等，结合其自身功能定位和发展方向，发现人才需求短板，对机构人才需求进行精准定位，为引进科技人才、组建高层次人才科研团队及配置学术资源提供依据，为提升科研机构的整体科研实力及创新效益打好基础。

（2）产业链——产业人才开发路线图

制订产业人才开发路线图，以满足产业发展的重大需求和攻克产业关键共性技术为目标，有针对性地对产业发展所需人才进行定性和定量评价，对人才资源在全球分布状况进行系统考察，做好产业科技领军人才引进的路径设计，实现靶向引才。

（3）技术链——技术领域人才挖掘评估

根据科研机构专业技术发展方向，以专业核心技术和前沿技术领域为研究对象，将相关技术体系进行分解，拟定重点产业关键技术列表，运用文献计量法及情报分析法，探寻全球相关技术领域研究团队，挖掘可引进的技术人才。

（4）人才链——应聘人才综合评估

人才链主要是指科研机构通过发布人才需求信息及招聘启事，公布机构所需人才，对应聘人才进行评估。建立科技人才分类评价体系，按照基础研究人才，应用研究与技术开发人才，社会公益研究、科技管理服务和实验技术人才等科技人才进行分类。针对不同的应聘人才采用不同的评估方法：对基础性研究人才，以文献计量法及同行学术评价为主；对应用研究与技术开发人才，以市场评价及技术开发能力评价为主；对社会公益研究、科技管理服务和实验技术人才，统筹同行评价、服务对象评价、社会评价等方式；对承担国家重大工程任务或国防科技涉密领域人才，采取针对性评价措施；对综合性科技人才，构建综合评价指标体系，对应聘人才科研基础、科研影响力与科研组织能力等进行系统评估，对标人才引进政策，明确引进人才待遇。

2.2.3 高价值专利培育研究

党的十九大报告明确提出“倡导创新文化，强化知识产权创造、保护、运用”。这是党中央放眼全球、立足全局、面向未来作出的重大战略决策。未来如何进一步巩固我国科技实力、提升专利质量，并在关键核心技术领域拥有大量高水平自主知识产权，对国家经济社会发展具有重要现实意义。面对世界百年未有之大变局，我国经济社会发展在新冠肺炎疫情、中美贸易摩擦、“科技战”等事件的真实映照下，暴露出了关键核心技术受制于人等问题，破解“卡脖子”技术难题已经到了刻不容缓的地步。在此之中，从知识产权视角看，培育高价值专利不仅是助力我国经济社会发展的需要，也是贯彻实施创新驱动发展的需要，更是建设知识产权强国的需要。只有努力培育高价值专利，才能筑牢知识产权强国、科技强国建设的根基，从根本上化解科技创新痛点，为全面深化改革、开拓创新活力之源提供有力支撑。那么，究竟何谓高价值专利，高价值专利又具备何种内涵？目前学界尚未形成明确和统一的概念界定，本节尝试对不同的见解和观点予以阐述和总结。

在国内学界，有关“高价值专利”的正式论述最早来自2008年刊登于《知识产权》的《高价值基本专利的申请策略》（龙华明裕　等，2008）一文。从狭义层面看，高价值专利是指具备高经济价值的专利。然而，这一理解未能考虑到部分具备高市场价值或者其他价值的专利因受多种主客观因素的影响，无法充分激发自身经济性价值的情况。有鉴于此，广义层面的高价值专利则更加突出高市场价值、高技术价值、高战略价值、高潜在价值等之间的集合关系，即在高市场价值专利、高技术价值专利和高战略价值专利等之间拥有并集关系的专利，均可被纳入广义上的高价值专利（马天旗　等，2018）。除此之外，若从产业发展视角出发，高价值专利亦可指在战略性新兴产业及特色优势产业中，以企业为主体整合各类创新资源，积极开展“产学研服”（高端服务机构）紧密协作创新，并将创新成果形成具有较强前瞻性、能够引领产业发展、有较高市场价值的高质量、高水准专利或者专利组合（支苏平，2018）。

综合对比以上基础性概念解释，总体而言，高价值专利中的“高价值”，不能将其简单地割裂为某一技术价值或经济价值层面的“高价值”，而应该将其科学解读为一个综合性的要素集成，需要结合技术、法律和市场等多个维度进行全面评估，进而凝练出高价值专利的核心内涵。为此，下文将选取我国代表性科研机构开展高价值专利培育的实践案例予以分析，并结合广东省科学院实施高价值专利培育的实践经验，对国内现有高价值专利培育理论体系予以补充和完善。

2.2.3.1　国内科研机构高价值专利培育实践案例

近几年来，国内已有不少高校、科研院所、企业、知识产权服务机构等积极开展高价值专利培育，在多个重要技术领域谋划布局了一批创新水平较高、市场竞争力较强、权利状态较稳定的高价值专利组合，探索出了一套具有可复制性、可推广性、可应用性的高价值专利培育路径。中国科学院苏州纳米技术与纳米仿生研究所（简称“中科院苏州纳米所”）是首批入选省级政府高价值专利培育项目的科研机构，其理论探索与实施经验具有较强代表性。因此，本节从案例背景、实践成效两个方面进行论述，剖析其在高价值专利培育与管理中的独特要领，总结并归纳高价值专利培育过程中的经验和依据。

（1）案例背景

早在2015年4月，江苏省知识产权局就已对外发布《江苏省高价值专利培育计划组织实施方案（试行）》（简称《方案》），在国内率先启动高价值专利培育计划，此文件也是地方政府部门较早使用“高价值专利”这一新术语的政策文件。《方案》明确提出“建成一批集企业、高校科研院所、知识产权服务机构三位一体的高价值专利培育示范中心，为建设知识产权强省、加快我省产业转型升级提供强有力支撑”。2015年12月，国务院印发了《国务院关于新形势下加快知识产权强国建设的若干意见》，要求“实施专利质量提升工程，培育一批核心专利”。在此背景下，中科院苏州纳米所牵头并联合苏州锦富新材料股份有限公司（简称“锦富新材料”）、苏州格瑞丰纳米科技有限公司（简称“格瑞丰纳米”）、苏州捷迪纳米科技有限公司（简称“捷迪纳米”）、广州奥凯信息咨询有限公司（简称“广州奥凯”）、南京利丰知识产权代理事务所（简称“南京利丰”）等多家企业和知识产权服务机构，致力于打造集“产学研服”于一体的新型高价值专利培育体系，充分发挥高水平科研机构的研发优势、高水平企业的产业技术优势、高水平知识产权服务机构的信息资源优势，为纳米碳材料及其规模化应用技术产学研高价值专利培育体系的顺利构建提供了完备资源保障。

（2）实践成效

自2015年6月高价值专利培育项目实施以来，中科院苏州纳米所已经取得了不少显著的实践成效。具体包括四大方面：其一，重点围绕石墨烯、碳纳米管、半导体光电子集成器件等重点相关领域，形成专利态势分析报告与专利布局预警报告；其二，打造知识产权全生命周期管理平台以及专利信息共享平台，实现线上标准化管理与线下检索分析；其三，基于专利态势分析报告与专利布局预警报告，部署一批面向市场的纳米碳材料、半导体光电子集成器件及其规模化应用技术的高价值专利申请，逐步构建高价值专利运营体系；其四，建立一套可复制、可应用的高价值专利培育规范。如图2–24所示。

1）专利研究报告。

在专利研究及分析过程中，专利分析师通过与技术骨干、团队专家全方位沟通与交流，基于中科院苏州纳米所自身定位、特点与优势，对纳米碳材料、半导体光电子集成器件及相关领域的国内外专利发展态势及市场概况开展全面调研，进而梳理主要技术领域的研发现状与未来进展，识别具有技术空白点、市场空白点的高价值区域和存在侵权风险的预警区域，最终形成完备的专利态势分析报告与专利布局预警报告。

截至2018年6月，专利分析师根据纳米碳材料的产业发展概况与研究所现有技术优势，选取了石墨烯、碳纳米材料作为未来重点培育壮大方向。其中，总计分析了石墨烯50余项技术分支、碳纳米材料80余项技术分支（支苏平，2018），产出一批高质量专利态势分析报告。在此基础上，剖析出碳纳米材料及相关领域的发展态势与技术空白区域，产出一批高质量专利态势分析报告，最终确定石墨烯、碳纳米材料的多个可布局点，为技术研发团队明晰未来产业方向提供强力决策支撑。

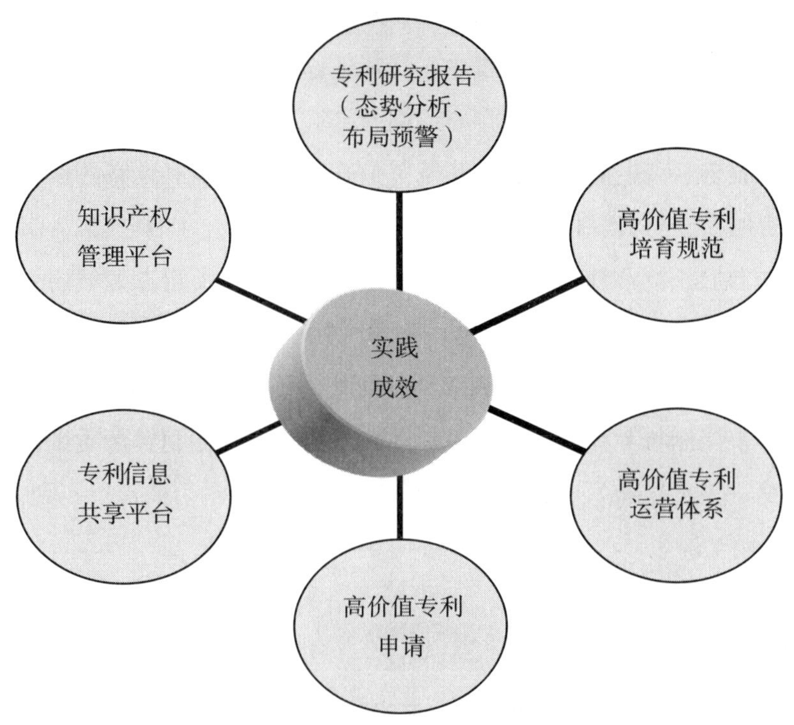

图2-24　中科院苏州纳米所高价值专利培育实践成效

2）知识产权管理平台与专利信息共享平台。

当前，中科院苏州纳米所已初步建立满足内部个性化需求的知识产权全生命周期管理平台，该平台由“专利列表及表单”“数据导入”“费用模块”等功能模块组成。其中，费用模块可根据国家知识产权局的费用减免、地方资助等政策灵活调整，大大提高了知识产权团队的政策信息获取效率。并且，知识产权管理平台可对专利管理流程的各种不同状态，以完整分类信息形式予以完整显示，例如申请文件、第一次审查意见通知书、修改文件、意见答复等系列文件，等等。除此之外，所建立的专利信息共享平台同时支持检索、分析、预警等多样化功能。截至2018年6月，专利信息共享平台在石墨烯领域总计拥有近30个技术分支、2万余件专利，在碳纳米管领域总计拥有近80个技术分支、4万余件专利（支苏平，2018），为专利团队、技术骨干开展科技战略情况分析与技术研发提供了完备资源保障。

3）高价值专利申请与运营体系。

截至2018年4月，中科院苏州纳米所合计申请专利95件，而在专利申请以及专利授权环节过程中，通过派遣专利运营团队与技术专家，对多个技术方向开展产业化、市场化现状调研，共同制订具有实际可操作性的专利运营方案及模式，取得良好成效（支苏平，2018）。截至2019年12月底，中科院苏州纳米所共计申请专利2 191件；交易专利109件，以专利转让、专利许可和专利作价入股为主，交易合同金额超过1.6亿元（董捷，2020）。总体来看，专利产出金额较以往有提升显著，专利运营成效较为明显。

4）高价值专利培育规范。

构建科学、合理、高效的工作标准和规范是开展高价值专利培育的重要保障。中科院苏州纳米所联合锦富新材料、格瑞丰纳米、捷迪纳米等企业，广州奥凯、南京利丰等知识产权服务机构的专家、技术骨干，深入聚焦碳纳米材料及相关重点领域的专利申请评议流程与环节，基于技术、法律、市场3个维度初步构建了高价值专利培育规范，贯穿专利分析、专利提案、专利预检索、专利预审、专利申请、专利运营全流程（图2-25），并且通过制订严格的评审指标与考察重点，督促专利撰写团队提升专利申请质量，为顺利形成一批高价值专利奠定坚实基础。

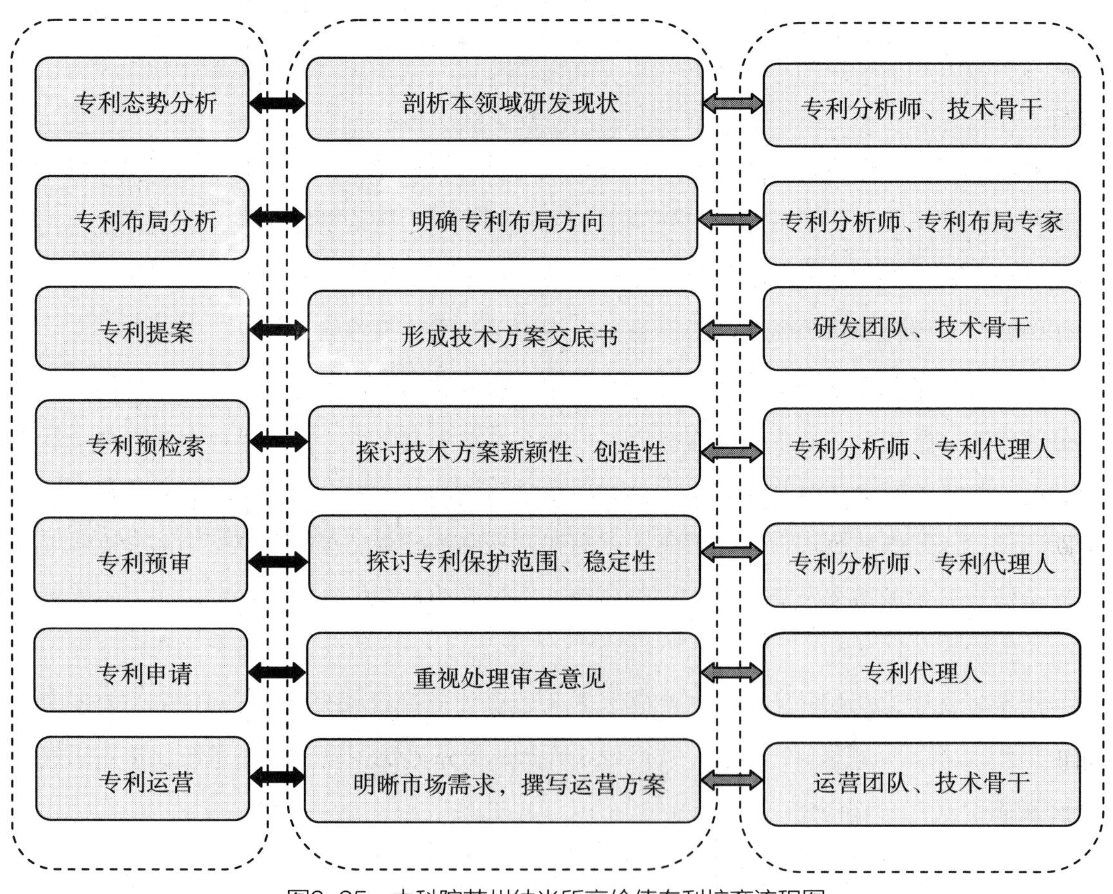

图2-25　中科院苏州纳米所高价值专利培育流程图

2.2.3.2 广东省科学院高价值专利培育实践案例

作为国内一流的省级科学院，以及广东省实施创新驱动发展的一支重要战略科技力量，广东省科学院在助力科技创新强省建设、推动区域创新发展进程中承担不可或缺的关键作用。自2015年6月整合组建以来，广东省科学院凭借独有特色的科技成果运营与管理，取得了较为丰硕的成绩：一是累计获得授权专利约1 400件；二是2018年技术转让（包括转让、许可、作价、投资）、技术开发、技术咨询、技术服务（简称“四技”）收入在全国研究开发机构和高等院校中排名第27位，在研究开发机构中排名第7位，各项指标位居全国地方科学院前列。2020年“四技”收入更是超过8亿元。本节以广东省科学院为例，从高效率发现和布局、高质量管理、高效益运用3个方面，分别论述广东省科学院高价值专利在全链条、全过程管理过程中的实践经验。

（1）高效率发现和布局

近年来，广东省科学院十分注重知识产权成果的高效率发现和布局行动，围绕自身科技成果开展专利技术发现和检索分析，构建多技术领域高价值专利数据库，将专利情报利用融入技术研发过程。自2016年起，广东省科学院着手对院属22家研究所的技术专利数据进行了第一次数据征集，完成1 028项科技成果的数据处理，并上传至“南方双创汇”的广东科技成果转移转化市场交易平台，通过平台撮合、资源共享，实现了专利成果同用户需求的有效对接和交易。同时，由粤科图负责开展技术专利的数据运营，通过剔除部分已经无效的专利，最终筛选出200条高价值专利，在广东省科学院的高价值专利培育和运营工作中发挥了强力支撑作用。

梳理广东省科学院200条高价值专利所处领域可以发现，广东省科学院高价值专利广泛分布于六大研究和支撑服务领域，即生物与健康、材料与化工、资源与环境、装备与制造、电子与信息和智库与服务，其中多数高价值专利属于“材料与化工”板块。而在专利活跃国家（组织）方面，除了中国本土之外，广东省科学院高价值专利在海外市场布局主要以美国、日本、澳大利亚等为主，专利活跃范围较为广泛。

（2）高质量管理

广东省科学院通过建立健全知识产权管理机构、管理制度，切实提升院属科研机构的知识产权管理信息化水平，探索实施知识产权分级分类管理机制、知识产权权益分配机制，逐步构建符合自身定位的知识产权战略管理体系。

（3）高效益运用

广东省科学院以建设科技成果转化和知识产权交易平台、科技信息与战略咨询服务平台两大平台为重要抓手，为具有专利运用需求的课题组和科研人员实时提供与行业密切相关的最新专利资源，并为其开展战略情报分析、科技创新咨询提供决策辅助支持。

1）广东省科学院科技成果转化与知识产权交易平台。

广东省科学院科技成果转化与知识产权交易平台，由广东省科学院佛山产业技术研究院（简称“佛山产研院”）独立运营，依托广东省科学院及各研究院所，以及在佛山开展合作的科研院所、孵化机构、协会等单位，采用“推荐”制度，择优挑选符合佛山产业特色情况的科技成果与知识产权并在平台中展现。

目前，科技成果转化与知识产权交易平台已全面接通粤科图180多个数据库，具备科技人才及项目评价、科技信息咨询及战略咨询服务能力。2019年10月至2020年9月，项目成果库共导入科技成果42个，其中广东省科学院、佛山产研院相关的11个，佛山社会推荐31个；收录聘用专家11名；收到89次企业或个人的合作意向申请。在科技成果运营方面，科技成果转化与知识产权交易平台（图2–26）共导入知识产权751件，其中发明专利506件、实用新型专利223件、软件著作权22件，其中与广东省科学院、佛山产研院相关的144个，佛山社会推荐607个；平台共收到150次企业或个人的交易申请，通过佛山产研院的服务完成了交易23件，形式包括技术转让、技术授权、技术入股等。

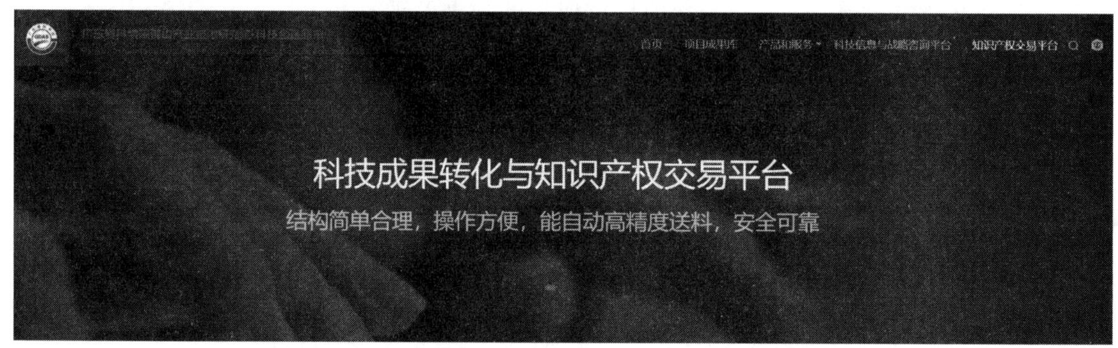

图2–26　广东省科学院科技成果转化与知识产权交易平台

2）广东省科学院科技信息与战略咨询服务平台。

广东省科学院科技信息与战略咨询服务平台（图2–27），由佛山产研院与粤科图、“南方双创汇”共同承担建设和服务，充分发挥科技创新孵化专业机构和科技情报与科技创新服务专业机构的优势，具备科技情报与战略咨询、产业基金的咨询与评估、孵化赋能以及文献信息与大数据等服务能力。在具体功能上，一是科技信息服务，包括原文传递、高新技术专题数据库、科技查新、论文查引等；二是战略咨询服务，包括竞争情报、产业技术情报、企业创新动态监测、科技人才评价、项目/高新企业资格申报指导等。

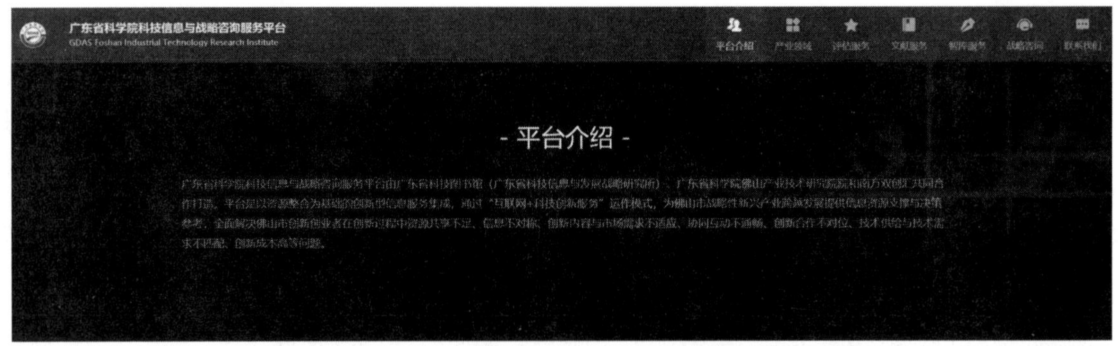

图2-27 广东省科学院科技信息与战略咨询服务平台

该平台目前与粤科图实现了信息资源共享，并且已逐步开展高端人才引进、项目评估等工作，成效显著。2019年10月至2020年9月，平台共收到120次服务申请，其中包括35家单位的“科技评估服务”需求、32家单位的“人才评价”需求、21家单位的“企业认证”需求、32家单位的“技术转移”需求。上述服务申请中，服务佛山产研院以及入孵团队的服务申请占33%，服务佛山社会企业、人才团队的服务申请占63%，服务粤港澳大湾区社会企业的服务申请占4%。

参考文献

陈宇萍，魏庆华，袁攀，2011．广东知识产权服务业发展现状及对策研究［J］．广东科技，20（22）：1-3．

董捷，2020．为创新撑起知识产权“远航风帆”［EB/OL］．［2021-01-15］．http://www.sinano.cas.cn/news/mtcf/202008/t20200824_5674379.html.

冯君，2017．美国大学图书馆知识产权服务实践及启示——基于被认定为PTRC的大学图书馆的研究［J］．图书情报工作，61（21）：56-63．

广东省科学院，2021．单位简介［EB/OL］．［2021-01-15］．http://www.gdas.gd.cn/zzjg/dwjj_50681/.

广东省科学院，2021．科技成果转化与知识产权交易平台［EB/OL］．［2021-01-15］．http://techfinmall.gdasfs.gd.cn/tradingPlatform.php.

广东省科学院，2021．科技信息与战略咨询服务平台［EB/OL］．［2021-01-15］．http://techfinmall.gdasfs.gd.cn/consultingIntro.php.

国务院，2017．国务院关于印发“十三五”国家知识产权保护和运用规划的通知［EB/OL］．［2021-01-15］．http://www.gov.cn/zhengce/content/2017-01/13/content_5159483.htm.

国家知识产权局，2019．国家知识产权局印发《关于新形势下加快建设知识产权信息公共服务体系的若干意见》的通知［EB/OL］．［2021-01-15］．http://www.gov.cn/zhengce/zhengceku/2019-11/25/content_5455154.htm.

国家知识产权局办公室，2020．国家知识产权局办公室关于印发《知识产权信息公共服务工作指引》的通知［EB/OL］．［2021-01-15］．http://www.gov.cn/zhengce/zhengceku/2020-11/14/content_5561480.htm.

江苏省知识产权局，江苏省财政厅，2015．关于印发江苏省高价值专利培育计划组织实施方案（试行）的通知［EB/OL］．［2021-01-10］．http://www.czzht.com/index.php?c=content & a=show &

id=21043.
李玉玲，2018．面向科研过程的高校图书馆知识产权服务研究——以华南理工大学为例［J］．中国高新科技（18）：115–117.
龙华明裕，侯艳姝，2008．高价值基本专利的申请策略［J］．知识产权（3）：90–97.
全丽娟，王云祥，李洁，2021．高校图书馆在高价值专利培育中的信息服务模式构建［J］．图书馆论坛，41（6）：75–84.
马天旗，马新明，赵星，等，2018．高价值专利培育与评估［M］．北京：知识产权出版社.
慎金花，张更平，2016．高校图书馆知识产权服务的趋势与思考［J］．大学图书馆学报，34（6）：51–55.
田雅娟，雷琴，陆颖，等，2019．科研机构图书馆知识产权信息服务机制研究［J］．图书馆学刊，41（12）：99–102.
王丽萍，黎子辉，秦霞，等，2020．高校知识产权信息服务培训体系设计研究［J］．图书情报工作，64（4）：43–51.
王丽萍，杨波，秦霞，等，2015．高校图书馆知识产权服务内容、模式与趋势［J］．图书情报工作，59（6）：113–119.
王玲，王丽丹，李文兰，2015．面向科研全过程的高校图书馆专利情报服务初探［J］．图书馆工作与研究（5）：82–85.
吴建中，2019．追求同步：图书馆新一轮发展的机遇与挑战［J］．图书馆杂志，38（12）：4–10.
杨庆，2017．海外高层次人才引进效能评估与提升研究［D］．天津：天津大学.
佚名，2019．2019年微生物检测企业竞争格局及发展趋势分析．［EB/OL］．［2021-03-14］．https://www.chyxx.com/industry/201903/721501.html.
曾召，2009．科技查新报告质量控制探析［J］．图书馆论坛，29（2）：109–111.
张立昆，季叶克，2018．面向科研团队的高校图书馆嵌入式知识产权服务实践与探索［J］．图书馆工作与研究（11）：88–93.
赵瑞雪，2013．面向科研机构的知识服务支撑体系建设研究［J］．数字图书馆论坛（11）：51–55.
江苏省知识版权局，支苏平，2018．高价值专利培育路径研究［M］．北京：知识产权出版社.
国务院，2015．国务院关于新形势下加快知识产权强国建设的若干意见［EB/OL］．［2021-01-10］．http://www.gov.cn/zhengce/content/2015-12/22/content_10468.htm.
中国科学院苏州纳米所，2021．创新知识产权转化模式，打造产业链闭环［EB/OL］．［2021-01-10］．http://yczx.sipac.gov.cn/news/news_info.php?id=777.
周磊，王芮，杨威，2018．专利视角下高技术项目立项决策的技术风险预警研究——以长江存储3DNAND立项决策为例［J］．情报探索（6）：7–14.
朱华顺，2016．大数据下的图书馆知识产权服务思考［J］．东莞理工学院学报，23（1）：10–14.
支苏平，2018．高价值专利培育路径研究［M］．北京：知识产权出版社.
EUROPEAN PATENT OFFICE，2018.Patent information centres（PATLIB）．［EB/OL］．［2019-01-20］．https://www.epo.org/searchingfor-patents/helpful-resources/patlib.html.

第3章

面向广东省重点产业的知识产权研究与服务

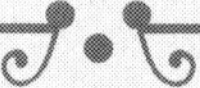

3.1 广东省重点产业知识产权研究概述

《国务院关于新形势下加快知识产权强国建设的若干意见》指出，加强重点产业知识产权布局规划；围绕战略性新兴产业等重点领域，建立专利导航产业发展工作机制，实施产业规划类专利导航项目，推动我国产业深度融入全球产业链、价值链和创新链。

广东省聚焦创新驱动发展和知识产权强省战略中心任务，推动一系列政策措施密集落地，强化知识产权协同保护和公共服务，打通知识产权服务全链条，建设专利预审快速通道，提升商标审查质量和效率，推进地理标志产品专用标志使用核准工作，构建纠纷多元解决机制，化解企业困扰。坚持以推进重点产业知识产权发展为支撑，促进知识产权服务区域及产业全覆盖。广东省初步构建了知识产权全链条保护格局，知识产权创造和运用水平显著提升，知识产权行政保护绩效考核连续3年排名全国第一，区域创新综合能力位居全国第一。2020年，全省商标注册量108万件、发明专利授权量7.1万件、PCT国际专利申请数量2.8万件，同比分别增长19.4%、18.3%和13.6%，数量均保持全国首位。全省累计注册地理标志商标85件，获批地理标志保护产品155个（王佳欣 等，2021）。

3.1.1 广东省重点产业发展现状

广东省人民政府以习近平新时代中国特色社会主义思想为指导，深入贯彻习近平总书记对广东重要讲话和重要指示批示精神，落实新发展理念，发布《广东省人民政府关于培育发展战略性支柱产业集群和战略性新兴产业集群的意见》文件并提出广东省重点发展十大战略性支柱产业集群和十大战略性新兴产业集群，到2025年，培育若干具有全球竞争力的产业集群，打造产业高质量发展典范。战略性支柱产业集群主要是指产业关联度高、链条长、影响面广、具有相当规模且继续保持增长的产业集群，是广东省经济的重要基础和支撑，对全省经济稳定发展具有促进作用。广东省结合产业发展实际，选择产值5 000亿元以上、具有坚实发展基础和增长趋势、对全省经济具有重要支撑作用的有关产业集群作为十大战略性支柱产业集群。具体包括：新一代电子信息、绿色石化、智能家电、汽车产业、先进材料、现代轻工纺织、软件与信息服务、超高清视频显示、生物医药与健康、现代农业与食品。战略性新兴产业集群是指以重大技术突破和重大发展需求为基础、对经济社会全局和长远发展具有重大引领作用、成长潜力巨大的产业集群，具有前瞻性、战略意义突出、附加值高、技术先进、增长潜力大、产业带动强等特征。选择辨识度高、切口小（产值在2 000亿元以内）、成长性高、可以推动未来发展的有关产业集群作为十大战略性新兴产业集群。具体包括：半导体与集成电路、高端装备制造、智能机器人、区块链与量子信息、前沿新材料、新能源、激光与增材制造、数字创意、安全应急与环保、精密仪器设备。

3.1.2　广东省重点产业知识产权概述

为积极发挥专利制度促进产业发展的作用，贯彻落实《中共广东省委广东省人民政府关于加快建设知识产权强省的决定》精神，广东省聚焦重点培育发展的战略性支柱产业和战略性新兴产业，在充分了解广东省战略性“双十”产业集群的发展历程、政策依据、社会基础、特点优势等情况，总结经验和分析不足的基础上，梳理“双十”产业集群知识产权发展的关键环节和风险点；针对广东省知识产权工作现状，提出促进“双十”产业集群知识产权发展的发展路径建议，并从如何发挥行政管理部门引导服务功能角度，重点解答“双十”产业集群知识产权发展的基础条件、难点和风险点、操作实务等问题；开展高质量知识产权布局，促进产业由集聚发展向集群发展转变，提升产业链、供应链的稳定性和竞争力，实现集群质量变革、效率变革、动力变革，发挥知识产权导航作用，为广东省经济高质量发展奠定坚实基础。

在知识产权创造方面，据广东省知识产权部门组织开展的行业专利统计分析，截至2019年年底，全省战略性新兴产业有效发明专利量为16.39万件，占全国战略性新兴产业有效发明专利量的15%，位居全国前列，占全省有效发明专利的55%，专利已成为广东省新兴产业高质量发展极其重要的创新资源和核心竞争力。

在知识产权服务方面，为贯彻落实《国务院办公厅关于推广第三批支持创新相关改革举措的通知》要求和广东省政府工作部署，大力推进“以产业数据、专利数据为基础的新兴产业专利导航决策机制”改革事项，并组织开展了新一代信息技术、高端装备制造、数字经济、新材料、生物医药、现代农业、绿色低碳、海洋经济八个产业领域的专利导航分析。广东已建成62个战略性新兴产业、重点产业和地方特色产业专利数据库，发布专利导航报告120余份；建立224家高价值专利培育中心，产出一批关键技术领域核心专利；全省专利和商标质押登记金额达347.3亿元，位居全国第二；累计发行10支知识产权证券化产品，发行规模逾50亿元，知识产权证券化规模居全国第一。建立了一系列的区域知识产权分析评议中心，培育知识产权分析评议专业人才，开展重大经济科技活动知识产权分析评议，建立重点产业专利信息专利数据库，为广东省重点产业提供高契合度、高精准度的知识产权分析评议研究和知识产权运用咨询服务，加快开展知识产权运营服务体系建设，充分发挥知识产权综合运用效应，让知识产权成为企业核心竞争力，推动创新成果的流通转化，实现知识产权价值，助推广东省“双十”产业集群提质增效和创新发展。通过举办粤港澳大湾区知识产权交易博览会和粤港澳大湾区高价值专利培育布局大赛等活动推动粤港澳大湾区知识产权向更高质量创造、更高水平保护、更高效益运用方向发展，为产业创新驱动和高质量发展提供支撑。2020年粤港澳大湾区知识产权交易博览会成功举办，促成知识产权合作意向金额128.5亿元。深化粤港澳大湾区知识产权合作，开展粤港、粤澳合作项目282项。

在知识产权保护方面，保护知识产权就是保护创新。在中共中央办公厅、国务院办公厅印发的《关于强化知识产权保护的意见》的指导下，广东省审议通过了《关于强化知识产权保护的若干措施》（简称《若干措施》），为广东省知识产权保护工作提供具体遵循。《若干措施》提出了24条贯彻措施，并针对省内知识产权保护难点、痛点问题，提出了打击侵犯知识产权犯罪三年专项行动等8项重点任务和具体分工方案。深入开展2020年知识产权“铁拳”“蓝天”行动，查处商标侵权案件1 645宗，案值1.9亿元。以高标准打造知识产权保护新高地为重要抓手，在完善顶层设计、强化知识产权全链条保护等方面狠下功夫，为广东实现“四个走在全国前列”、当好“两个重要窗口”提供有力支撑。强化知识产权全链条保护，致力于构建“严、大、快、同”的知识产权大保护工作格局。建成6家国家级知识产权保护中心，7家国家级知识产权快速维权中心和一批省级知识产权维权分中心，实现知识产权维权援助机构各地市全覆盖。不断提升知识产权保护水平，助力知识产权保护，为实施创新驱动发展战略、构建新发展格局提供活力源泉。进一步推动知识产权保护工作重点任务落实、落细。广东省以健全知识产权法律法规和严格执法为重点，强化知识产权侵权假冒高压严打态势，打造全方位知识产权保护网络。为进一步加强知识产权保护法制保障，广东省通过修订《广东省专利奖励办法》等地方规章，推动《广东省知识产权保护条例》纳入省人大立法计划，以及出台加强知识产权海外保护、商业秘密保护等系列政策性文件，不断完善知识产权法律制度，加快推进知识产权保护地方立法进程。

3.2 面向广东省重点产业的知识产权服务案例

3.2.1 碳纤维复合材料专利发展态势分析及产业发展建议

碳纤维是一种在物理性能上强度大、模量高和质量小，化学性能稳定、耐高温与低温、耐腐蚀以及耐辐射的新型纤维材料（张鹿，2016），被誉为“黑色黄金”。以碳纤维为增强材料，树脂、金属、陶瓷等为基体，复合制成的结构或功能材料被称为碳纤维复合材料。这种复合材料不仅可应用于航空航天、国防等军工领域，而且被广泛应用于汽车、能源开发、建筑业和体育运动等众多产业。

近年来，国家大力推进碳纤维行业发展，其未来市场前景广阔。本节以碳纤维复合材料为研究对象，从政策规划、市场趋势和专利发展态势分析3个层面揭示该领域的发展现状，并挖掘该领域的相关技术信息。

3.2.1.1　碳纤维复合材料行业发展趋势

政策规划方面，我国陆续推出多项政策，促进碳纤维复合材料关键技术突破，推动我国碳纤维复合材料发展。工业和信息化部于2013年发布了《加快推进碳纤维行业发展行动计划》，要求到2020年，我国碳纤维技术创新、产业化能力和综合竞争能力达到国际水平。2016年11月，国务院印发的《“十三五”国家战略性新兴产业发展规划》提出，在碳纤维复合材料领域开展协同应用试点示范，搭建协同应用平台。2018年12月，工业和信息化部印发的《重点新材料首批次应用示范指导目录（2018年版）》将高性能碳纤维、汽车用碳纤维复合材料列入指导目录，鼓励碳纤维复合材料的下游企业使用该类新材料。2019年10月，国家发展和改革委员会印发《产业结构调整指导目录（2019年本）》，将碳纤维（拉伸强度≥4 200MPa，弹性模量≥230GPa）等高性能纤维及制品的开发、生产和应用列入国家产业架构调整指导目录中的鼓励类项目。

市场趋势方面，2018年全球碳纤维复合材料的年需求量约为15.47万吨，销售收入约为231.5亿美元（图3–1）（Sauer et al.，2018）。碳纤维复合材料一般分为树脂基复合材料（CFRP）、金属基复合材料（CFRM）、陶瓷基复合材料（CFRC）等。2018年全球不同基体碳纤维复合材料的需求量和销售收入如图3–1所示。可见，树脂基复合材料的需求量和销售收入都占很大比例，分别为82.6%和71.2%，在树脂基复合材料的销售收入中，热固性树脂占69.0%，而热塑性树脂占28.8%。2010—2018年，树脂基复合材料需求量逐步加速增长，年平均增长率达到16.8%（图3–2），2019年全球需求量达到14.15万吨，预计2023年全球总需求量将达到19.7万吨（Sauer，2019）。

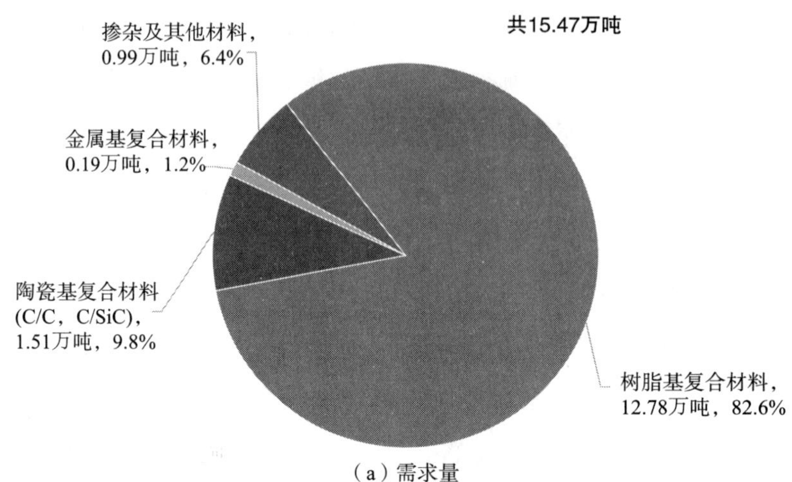

（a）需求量

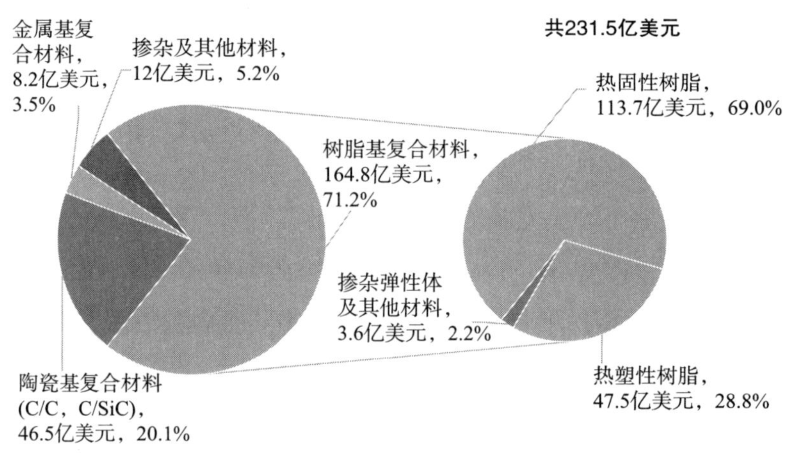

（b）销售收入

图3-1　2018年全球不同基体碳纤维复合材料的需求量和销售收入

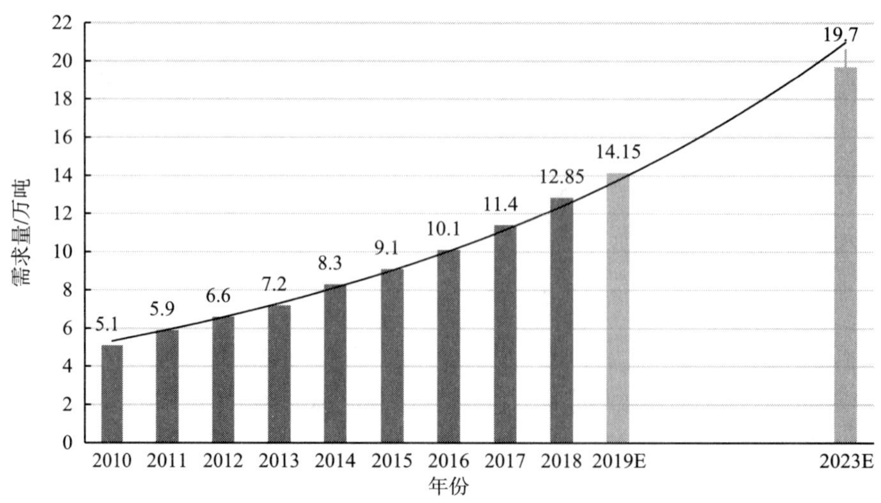

图3-2　全球树脂基复合材料的需求量（2019年9月）

注：含E的年份数据为预估数据。

从不同应用市场的角度分析（图3-3），航空航天（包括国防）应用市场对碳纤维复合材料需求量最大，其需求量占全球碳纤维复合材料需求量的36%（5.531万吨），销售收入为129.1亿美元，占56%；汽车应用市场排名第二，需求量占24%（3.713万吨），销售收入占18%（41.7亿美元）；另外，体育休闲和风能两大应用市场所占市场份额也较大，体育休闲应用市场的需求量占13%（2.011万吨），销售收入占11%（25.5亿美元），而风能应用市场需求量占13%（2.088万吨），销售收入占8%（19.1亿美元）。

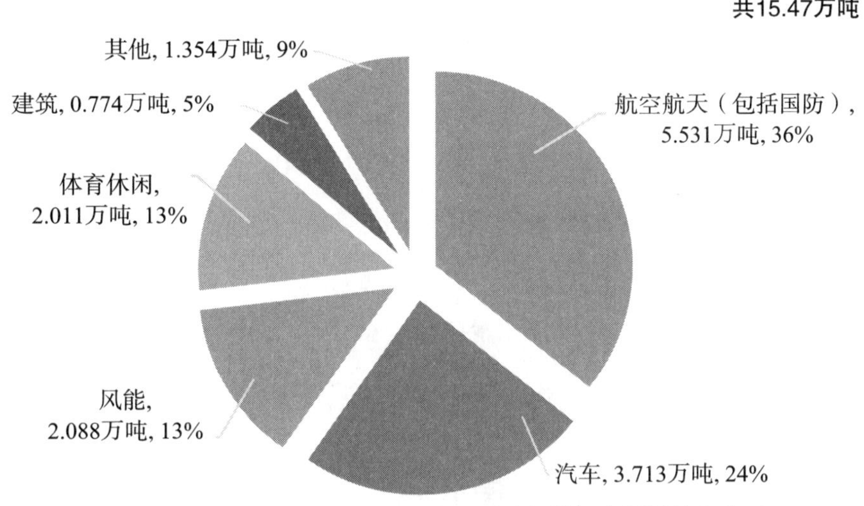

图3-3　2018年全球不同应用市场对碳纤维复合材料的需求量

3.2.1.2　碳纤维复合材料领域专利发展态势分析

运用incoPat专利分析平台,通过制定关键词检索式TIAB=((((“carbon fiber*” or “carbon fibre*” or 碳纤维)(5W)(“composite*” or “reinforced polymer*” or “reinforced plastic*” or “reinforced composite*” or 复合材料 or 增强))or“CFRP”)),在分析平台锁定碳纤维复合材料相关专利，并将时间限定在2000—2019年。检索获得18 230件专利，经申请号合并处理后（申请文本与公布文本进行合并），共获得专利14 264件。下面针对碳纤维复合材料的相关专利进行统计分析。

（1）申请趋势分析

碳纤维复合材料领域的全球专利申请趋势如图3-4所示。2000—2009年，专利申请数量保持平稳发展。2010—2013年，全球专利申请数量持续快速增长，由482件增加到1 109件，2014年与2015年的申请数量基本与2013年保持一致，2016年出现峰值（1 596件），总体而言，2010—2016年，该领域的专利申请数量基本保持增长趋势。但2017年的专利申请数量出现回落。由于专利从申请到公开有18个月的滞后期，因此2018—2019年的数据仅作参考。

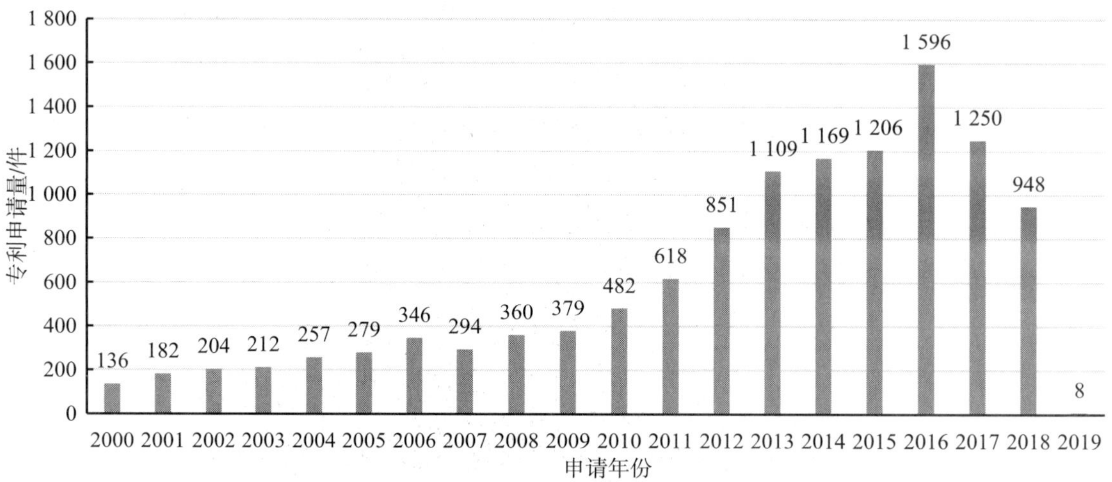

图3-4　碳纤维复合材料领域的全球专利申请趋势

（2）专利地域（组织）布局情况

碳纤维复合材料的专利地域（组织）布局情况见图3-5。中国是该领域的专利申请大国，共申请相关专利5 757件，占申请总量的40.4%，日本的专利申请数量排名第二，美国位列第三。其他主要申请地域（组织）还包括韩国、德国、欧洲专利局和世界知识产权组织等。上述地域（组织）的专利申请数量占全球申请总量的90%以上，可见碳纤维复合材料市场主要集中在中国、日本、美国、韩国和欧洲等区域。

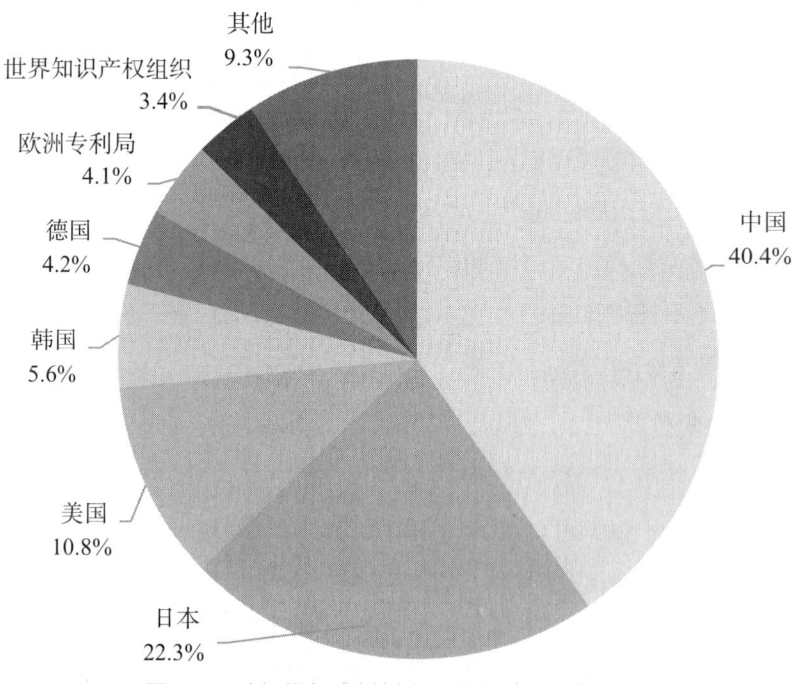

图3-5　碳纤维复合材料专利地域（组织）分布

（3）专利权人分析

碳纤维复合材料领域专利权人方面，国外专利申请数量排名前10中有9家是日本企业，只有波音公司来自美国，表明在该技术领域，日本企业具有超强的技术竞争力。排名前三的专利权人分别是东丽株式会社、三菱化学控股集团和帝人株式会社，其他排名靠前的日本企业还包括日信工业株式会社、日立制作所、本田汽车公司、三菱电机株式会社等。而国内专利申请数量排名前10的专利权人中只有2家是企业，江苏恒神股份有限公司和奇瑞汽车股份有限公司，其余都是高校，表明中国在该领域的产业化程度不高。如图3-6所示。

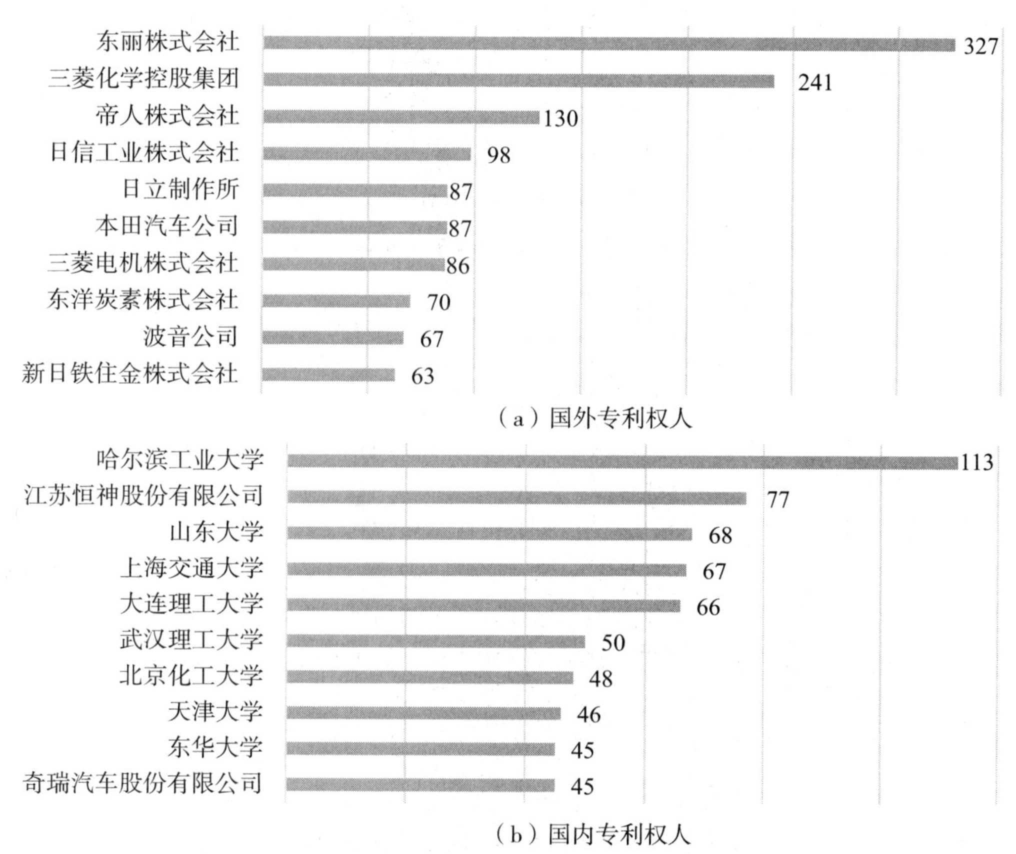

图3-6 碳纤维复合材料领域的主要国外和国内专利权人

（4）专利技术构成

表3-1为碳纤维复合材料专利技术领域分布情况。分析可知，碳纤维复合材料塑料的成型或连接、高分子化合物的组合物、层状产品等方面的专利申请数量较多。其中，B29C、C08L、C08K、C08J、B32B和C04B六方面技术的专利申请均超过千件。

表3-1　碳纤维复合材料专利技术领域分布

序号	IPC分类	技术领域	申请数量/件
1	B29C	塑料的成型或连接；塑性状态物质的一般成型；已成型产品的后处理，例如修整（以金属形式加工的入B23；磨削、抛光入B24；切割入B26D、B26F；制作预型件入B29B 11/00；通过将原本不相连接的层结合成为各层连在一起的产品来制造层状产品入B32B 7/00至B32B 41/00）	1 739
2	C08L	高分子化合物的组合物（基于可聚合单体的组成成分入C08F、C08G；人造丝或纤维入D01F；织物处理的配方入D06）	1 655
3	C08K	使用无机物或非高分子有机物作为配料（涂料、油墨、清漆、染料、抛光剂、黏合剂入C09）	1 650
4	C08J	加工；配料的一般工艺过程；不包括在C08B，C08C，C08F，C08G或C08H小类中的后处理（塑料的加工，如成型入B29）	1 401
5	B32B	层状产品，即由扁平的或非扁平的薄层，例如泡沫状的、蜂窝状的薄层构成的产品	1 241
6	C04B	石灰；氧化镁；矿渣；水泥；其组合物，例如：砂浆、混凝土或类似的建筑材料；人造石；陶瓷（微晶玻璃陶瓷入C03C 10/00）；耐火材料（难熔金属的合金入C22C）；天然石的处理	1 039
7	D06M	对纤维、纱、线、织物、羽毛或由这些材料制成的纤维制品进行D06类内其他类目所不包括的处理（由玻璃、矿棉或渣绒制成的纤维或长丝的表面处理入C03C 25/00；用机械方法处理织物入D06B至D06J）	553
8	D01F	制作人造长丝、线、纤维、鬃或带子的化学特征；专用于生产碳纤维的设备	422
9	B29B	成型材料的准备或预处理；制作颗粒或预型件；塑料或包含塑料的废料的其他成分的回收	369
10	C08G	用碳-碳不饱和键以外的反应得到的高分子化合物（发酵或使用酶的方法合成目标化合物或组合物或从外消旋混合物中分离旋光异构体入C12P）	368

对比专利申请数量排名前5国家的技术构成情况（图3-7），可以看到，中国是对碳纤维复合材料专利申请数量贡献最大的国家，技术分布最多的领域为碳纤维组合物、使用碳纤维作为配料制备复合材料、碳纤维复合材料成型或已成型产品的后处理；日本除了在碳纤维复合材料的加工、碳纤维复合材料成型或已成型产品的后处理领域分布较多外，将碳纤维复合材料用作建筑材料、耐火材料的专利申请也较多；美国的技术分布最主要在层状产品、碳纤维复合材料成型或已成型产品的后处理、碳纤维复合材料的加工三大领域；韩国专利技术主要分布在碳纤维复合材料的加工、碳纤维复合材料成型或已成型产品的后处理等领域；德国在碳纤维复合材料的加工，碳纤维复合材料成型或已成型产品的后处理，将碳纤维复合材料用作建筑材料、耐火材料方面的布局较多。从五国的技术构成分布来看，碳纤维复合材料的加工、碳纤维复合材料成型或已成型产品的后处理都是主要布局的技术领域。

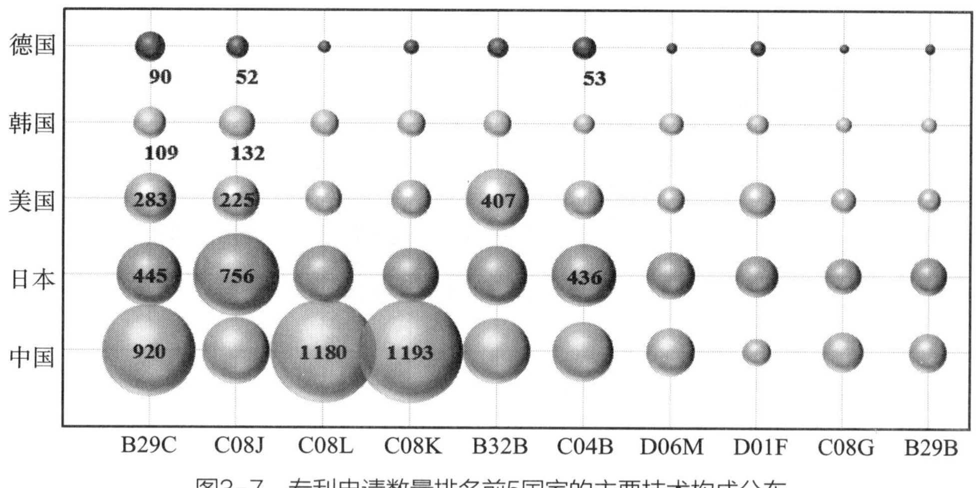

图3-7　专利申请数量排名前5国家的主要技术构成分布

（5）热点主题分析

将2010—2019年申请的碳纤维复合材料相关专利进行聚类分析（图3-8）。可以看出，研究方向主要分成三类：①材料方面，包括环氧树脂基碳纤维复合材料、碳纤维丝束热塑性树脂、短切碳纤维复合材料和碳纤维增强塑料；②加工、成型方面，包含预浸料、碳纤维复合材料层压板；③应用方面，涵盖碳纤维复合材料切削刃和复合材料钢筋及混凝土。从图3-8中可以看出，材料方面以及加工、成型方面的预浸料的研究热度较高，而应用方面的关注度则相对较低。

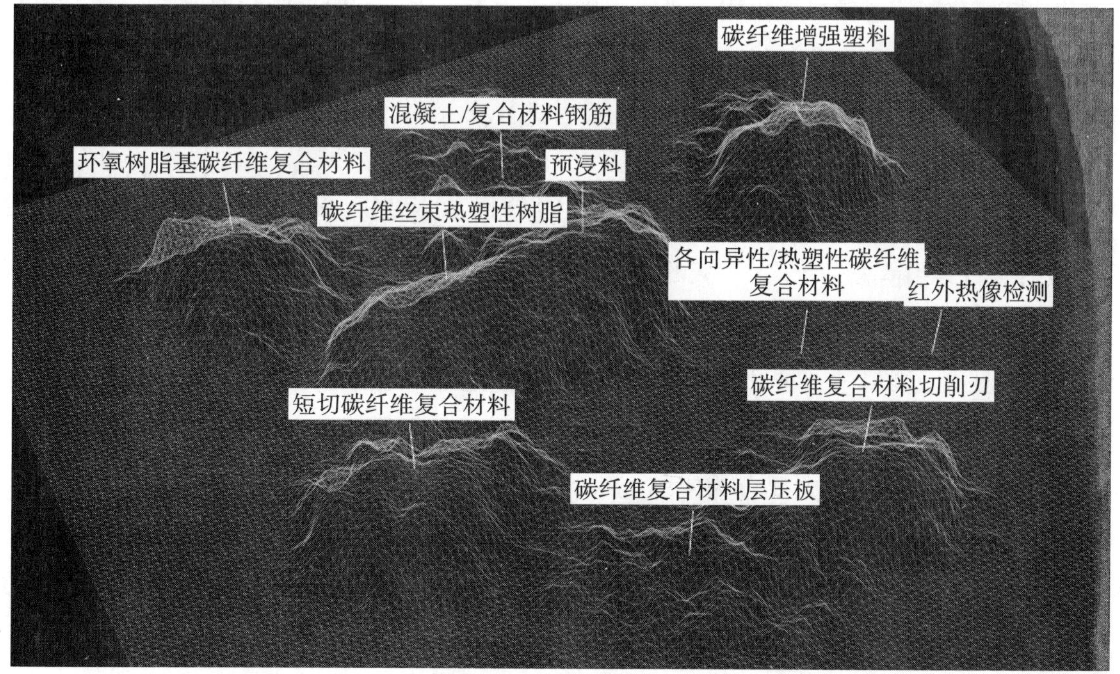

图3-8　2010—2019年碳纤维复合材料相关专利的热点主题分析

3.2.1.3 结论及建议

本节针对碳纤维复合材料领域相关专利从申请趋势、地域布局、专利权人、技术构成四个方面进行分析。得出以下结论：①碳纤维复合材料专利申请数量2010—2019年呈平稳增长趋势，中国、日本、美国、韩国和德国五国的专利申请数量占全球申请总量的83.3%，中国的申请数量最大，占40.4%；②国外碳纤维复合材料专利申请数量排名前10的专利权人中有9家日本企业，表明日本企业在该领域具有超强技术竞争力，而中国排名靠前的专利权人大部分为高校，表明中国在该领域的产业化程度不高；③全球在碳纤维复合材料塑料的成型或连接、高分子化合物的组合物、层状产品等方面的专利申请数量较多，其中，碳纤维复合材料的加工、碳纤维复合材料成型或已成型产品的后处理是碳纤维复合材料领域专利申请数量排名前5的国家主要布局的技术领域。

结合上述结论，就我国碳纤维复合材料的后续发展提出以下两点建议：①紧抓政策利好机遇，加强关键核心技术攻关。目前我国对该领域的研究热情高涨，我国应针对自身研发优势的若干核心技术，组织研发实力较强的研究团队进行技术攻关，以提高自身产品的国际竞争力。②加强产学研合作，促进科技成果转化。鉴于目前我国对该领域的研究主要还停留在高校和科研机构的实验室阶段，研究方向容易与市场需求脱节，加之企业规模普遍较小，创新能力薄弱，产业化程度不高，可见加强产学研合作，促进科技成果转化显得尤为重要。一方面，积极制订促进产学研结合的有关政策措施，鼓励高校、科研院所与企业合作和建立联盟，使科研机构的研发优势切合市场需求，同时增强企业研发实力。另一方面，健全科技成果转化的相关政策法规及管理体制，推动地方出台有利于成果拥有者、成果转化承担者的激励机制，鼓励科研工作者进行技术成果转化。

3.2.2 多层陶瓷电容器产业专利发展态势分析及产业发展建议

3.2.2.1 引言

电子元件是电子信息产业的重要基础，其发展速度、技术水平和生产规模对整个电子信息产业具有重要影响。被动元件主要分为电阻、电容、电感（别称RCL器件）。电容在三大被动元件中产值占比最高，广泛应用于隔直、耦合、旁路、滤波、调谐回路、能量转换、控制电路等方面，主要分为陶瓷电容、铝电解电容、薄膜电容、钽电容四大类（彭浩 等，2016）。多层陶瓷电容器（MLCC）作为电子陶瓷的重要产品形态之一，采用多层堆叠的工艺，由若干对金属电极嵌入陶瓷介质中，再经高温共烧而成（赵冰清 等，2018）。MLCC由于具有低等效串联电阻（ESR）、耐高温高压、体积小、容量范围广、寿命长、可靠性高、适合表面安装等特点，下游应用极为广泛，包括各种军用及民用电子整机中的振荡、耦合、滤波、旁路电路等，且应用领域已经拓展到笔记本电脑、手机、液晶显示器（LCD TV）、机顶盒、数字家电、汽车电器、自动控制仪表等行业，其市场规模约占整个陶瓷电容器的93%（马云天，2020）。

受益消费电子、工业、通信、汽车等应用领域需求驱动，企业对MLCC这一电子陶瓷器件的需求旺盛（黄昌蓉　等，2018）。“中国制造2025”战略提出，包括电子陶瓷在内的关键战略材料需突破技术瓶颈、提升产品国产化率。2021年1月15日，工业和信息化部对外发布《基础电子元器件产业发展行动计划（2021—2023年）》，明确提出要面向智能终端、5G、工业互联网等重要行业，推动基础电子元器件产业实现突破，到2023年，推动电子元器件销售总额达到2.1万亿元。相关政策的出台和实施，表现出我国对于MLCC等电子元器件相关产业的大力支持。本节以MLCC为研究对象，通过专利大数据的分析，深入挖掘产业专利发展态势与相关技术信息，以期为我国MLCC产业推进技术创新发展、企业研发方向布局、规避知识产权风险等提供参考。

3.2.2.2　MLCC产业发展趋势

（1）国内产业政策环境

2012年，工业和信息化部发布《电子基础材料和关键元器件“十二五”规划》，对电子材料和元器件产业的发展给出总体部署和规划。2015年，国务院发布《中国制造2025》，提出在重点领域新一代信息技术产业中，重点发展集成电路及专用设备、信息通信设备等。《〈中国制造2025〉重点领域技术路线图（2015版）》提出，要着力发展多元件集成电路、新一代信息通信设备、航天通信系统等，以满足移动互联网、互联网+、信息消费、物联网、航空航天等业务不断增长的需求，其中将电子陶瓷（如多层陶瓷电容器等）列为重点发展的关键战略材料之一。与《中国制造2025》配套规划的《新材料产业“十三五”发展规划》提出，加快电子陶瓷材料产业化应用。2021年1月15日，工业和信息化部对外发布《基础电子元器件产业发展行动计划（2021—2023年）》。该行动方案总体目标指出，技术创新突破方面将进一步完善片式多层陶瓷电容器等重点产品专利布局；在重点市场应用推广行动中，方案强调重点推动电容器等电子元器件在新能源汽车、智能网联汽车市场的应用。由此可见，多层陶瓷电容器作为新一代信息技术产业发展的关键电子元器件，是国家近年来大力支持发展、具有广阔应用潜力的产业技术。

（2）MLCC产业链

MLCC产业链如图3-9所示，上游为原材料制造，包括两类主要原材料，一是陶瓷粉，其原料是钛酸钡、氧化钛、钛酸镁等；二是构成内电极与外电极的镍、铜等金属粉体材料。中游为MLCC制造，集中在日本、韩国、中国。下游主要受智能化消费电子产品的普及与升级、汽车电子化水平的提高、5G通信推广和工业自动化不断深入等终端需求驱动。

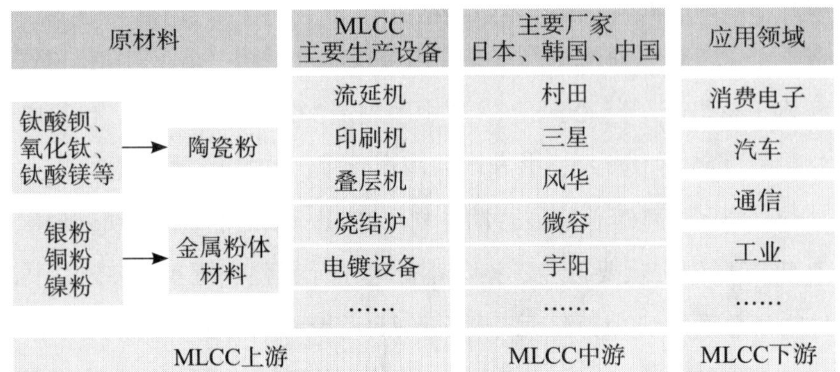

图3-9　MLCC产业链示意图

（3）MLCC市场规模概况

根据中国电子元件行业协会发布的数据，如图3-10所示，2018年全球MLCC市场规模约为157.5亿美元（中国电子元件行业协会，2020），到2023年预计将达181.9亿美元，预计2018—2023年复合年均增长率为2.9%。行业集中度较高，日系厂商合计占比超过70%，日韩系厂商合计占比超过90%，而中国台湾的主力厂商合计占比仅4%。

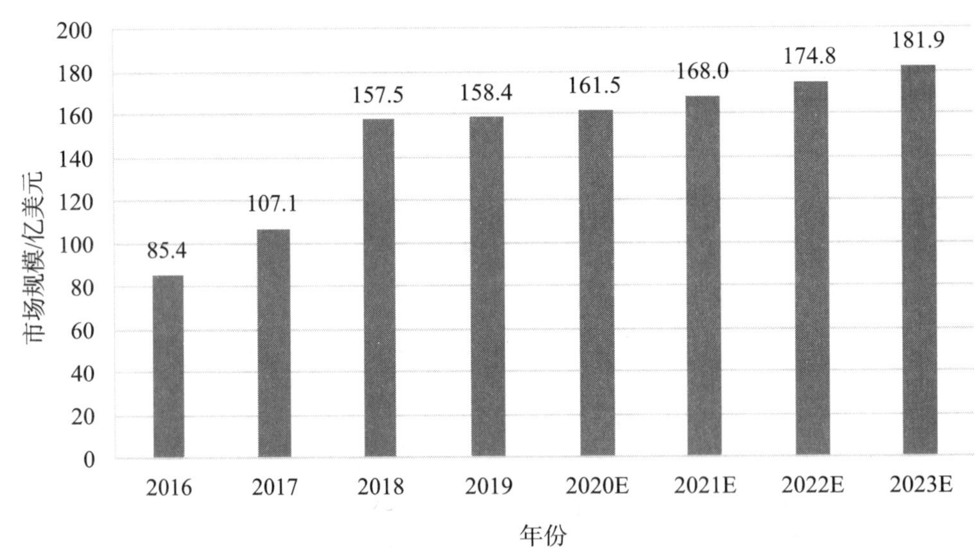

图3-10　全球 MLCC 市场规模预测

注：含E的年份数据为预估数据。

2018年中国MLCC市场规模（不包括台湾地区）约为434.2亿元，到2023年预计将达533.5亿元，预计2018—2023年复合年均增长率达4.2%，中国MLCC的市场规模（不包括台湾地区）将不断扩大，如图3-11所示。

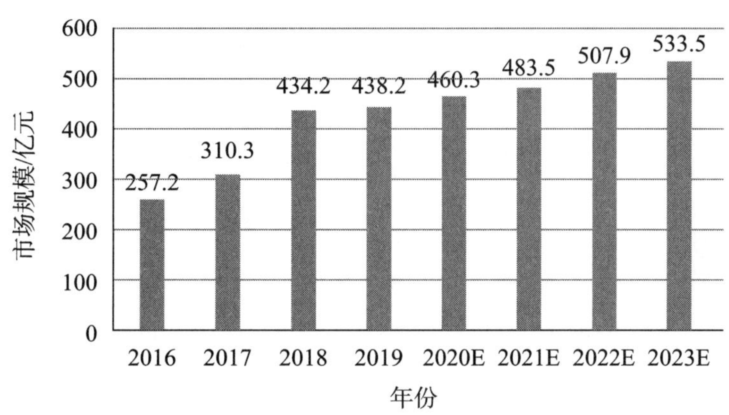

图3-11　中国MLCC市场规模预测

注：含E的年份数据为预估数据。

（4）MLCC产业技术发展概况

微型化和高容化是MLCC最主要的发展趋势。一方面追求电子元件的体积越来越小，另一方面，在同一体积规格下，追求电容量越来越高。5G时代，智能手机对小尺寸、大容量MLCC的需求特别迫切。在5G通信设备、工业、装备制造等一些特殊的高端应用场合，对MLCC的Q值、ESR（等效串联电阻）以及工作温度都有着较高的要求，这也是MLCC升级的一个方向。

3.2.2.3　多层陶瓷电容器领域专利发展态势分析

采用Innography专利分析平台，通过制定关键词检索式在分析平台锁定MLCC电容器介质陶瓷相关专利，并将时间限定在2000—2019年。检索获得20 263件专利，经申请号合并处理后，共获得专利14 340件。下面针对MLCC的相关专利进行统计分析。

（1）申请趋势分析

MLCC全球专利申请趋势见图3-12。2000—2019年的专利申请数量总体上呈“稳步上升—略回落”趋势。其中，2000—2010年，MLCC专利申请数量保持平稳发展，在2010—2013年，申请数量急速上升，创新活动非常活跃，2013年达峰值（1 301件），而在2014—2015年，申请数量呈现回落趋势，后保持平稳状态。由于专利从申请到公开有18个月的滞后期，因此2018—2019年的数据仅做参考。

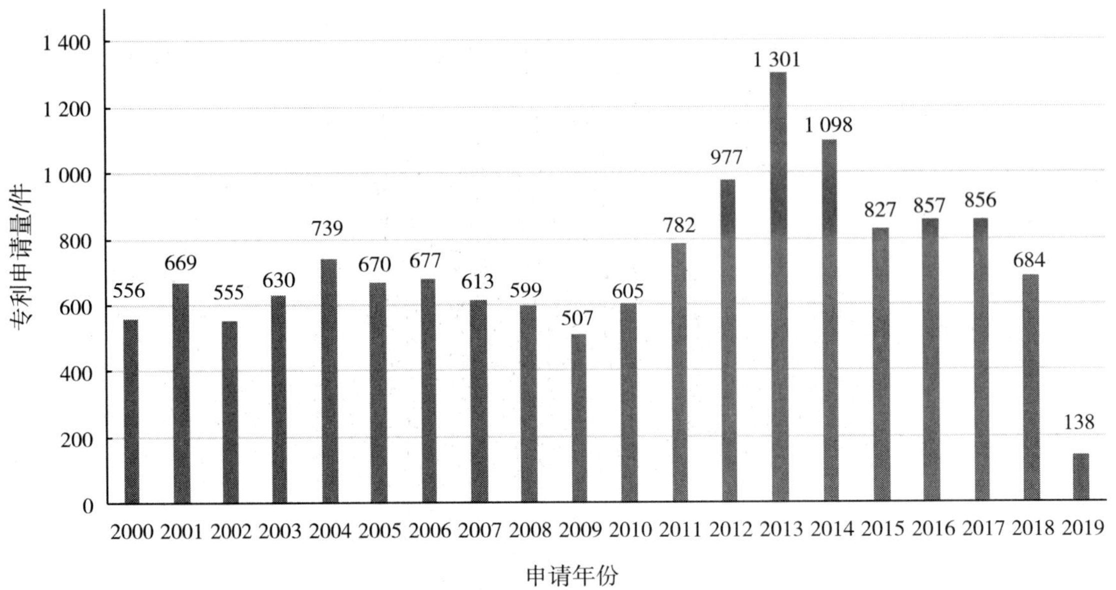

图3-12　MLCC全球专利申请趋势

（2）专利地域（组织）布局情况

MLCC专利地域（组织）布局情况见图3-13。日本与中国专利申请数量相近，日本共申请专利4 069件，占申请总量的28.4%，位列第一。中国（除港澳台地区）申请专利3 835件，占申请总量的26.7%，排名第二。美国以2 331件专利紧随其后，排名第三。其他主要申请地域（组织）还包括韩国、世界知识产权组织等。上述地域（组织）的专利申请数量占全球申请总量的93%以上，可见MLCC技术创新力量主要集中在日本、中国（除港澳台地区）、美国、韩国、欧洲、中国台湾等区域。

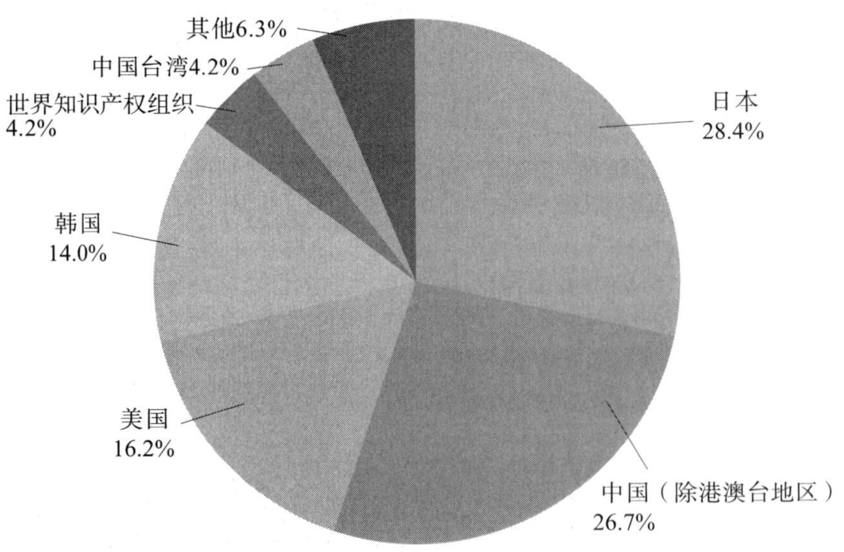

图3-13　MLCC专利地域分布

（3）专利权人分析

MLCC领域国外专利权人方面，日本村田制作所以2 643件专利位居全球首位，韩国三星电机有限公司（SEMCO）以2 460件专利紧追其后，且这两家机构保持遥遥领先的优势，日本TDK株式会社以1 157件专利排名第三。申请数量排名前10的专利权人中有7家是日本企业，依次是日本村田制作所、日本TDK株式会社、日本太阳诱电株式会社、日本京瓷株式会社、日本松下电器、日本NAGAKI永木精械株式会社、日本住友金属矿业有限公司，可见全球范围MLCC领域日本的研发实力非常雄厚，如图3–14所示。国内专利权人方面，天津大学以104件专利排名第一，其次是广东风华高新科技股份有限公司，以85件专利排名第二，福建火炬电子科技股份有限公司排名第三（54件专利），如图3–15所示。

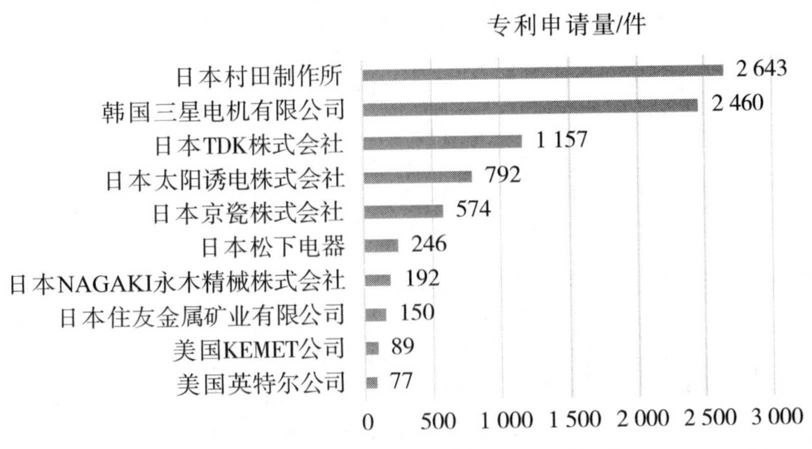

图3–14　MLCC领域主要国外专利权人

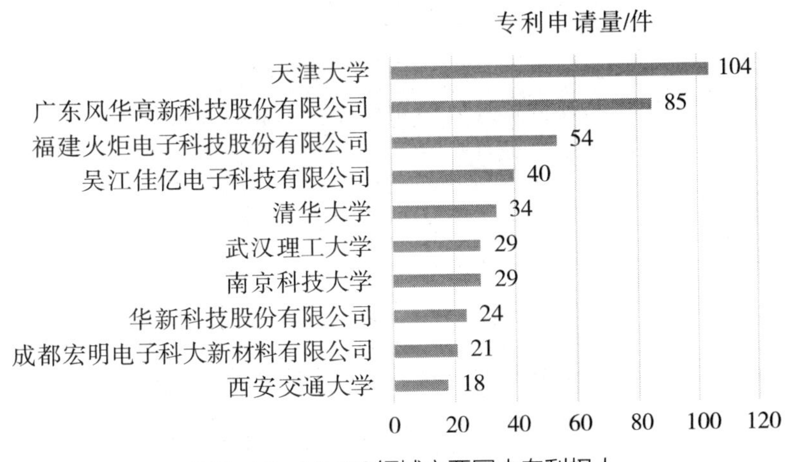

图3–15　MLCC领域主要国内专利权人

虽然中国（除港澳台地区）在全球的MLCC领域专利申请数量上排名全球第二，但将排名前十的国外、国内专利权人的专利申请数量进行比对，国内专利权人的申请数量明显落后。这也表明我国在MLCC领域的专利申请来源较分散，没有形成具有国际传统强企竞争力的研发组织，这也可能与研发组织的专利布局相关。

1）国外主要公司。

①日本村田制作所（Murata）（以下简称“村田”）。村田创立于1944年，是全球领先的电子元器件制造商。在电容器方面，村田主要产品包括：独石陶瓷电容器、聚合物铝电解电容器、陶瓷微调电容器、超级电容、微芯片电容器、可变电容、硅电容、汽车用耐热性高薄膜电容器等。2019财年实现毛利润率38%，净利率12%，其中，电容业务实现收入5 594亿日元，收入占比36.5%，占营业利润的60%以上，成为村田盈利能力最强的业务板块。

②韩国三星电机有限公司（以下简称“三星电机”）。三星电机成立于1973年，逐渐发展为韩国电子元件产业中枢，也是全球著名电子产品核心部件供应商。三星电机的代表性陶瓷产品MLCC应用了实现超小型、超高容量产品开发的各种技术。三星电机全球MLCC市场占有率仅次于村田。

③日本TDK株式会社（以下简称“TDK”）。TDK成立于1935年，TDK的全面产品组合包括无源元件，例如陶瓷、铝电解和薄膜电容器，以及磁、高频、压电和保护器件等。TDK在2019财年的总销售额为125亿美元，在MLCC产品方面，由于汽车MLCC技术含量高、增长空间大、利润率高，因此从2016年起，TDK与村田等厂商一样放弃智能手机、PC等消费类市场，将业务重心转向汽车用MLCC市场，并在2017年逐步将产能转向中高端产品。

2）国内主要机构。

①天津大学。天津大学微电子学院下设微纳电子信息功能材料与器件方向，主要进行低频介质材料与元器件、微波介质陶瓷与器件、LTCC介质陶瓷材料与器件、电子薄膜集成器件和敏感材料与传感器等相关方向的研究。2012—2016年承担国家重大科技专项课题、国家自然科学基金、国防重点项目、“863计划”、军品配套等项目60余项。发表高水平SCI论文170余篇，获得国家发明专利90余项，曾获得省部级奖项6项。在产学研方面与中国电子科技集团有限公司、中国航空科技工业股份有限公司等国内知名大型企业及研究所开展了广泛的合作，部分研究成果已经在相关企业得到了转化和应用，包括多层式、阵列式、薄膜式元器件，产生了显著的经济效益。团队代表李玲霞是国防科工委1号高新工程–独石电容器粉体材料研制保障基地负责人。

②广东风华高新科技股份有限公司（以下简称“风华高科”）。风华高科成立于1984年，是一家专业从事高端新型元器件、电子材料、电子专用设备等电子信息基础产品的高新技术企业。风华高科被科技部批准建设“新型电子元器件关键材料与工艺国家重点实验室”，成为我国唯一在电子元器件材料领域设立的企业国家级重点实验室，实现了重点实验室、技术中心、工程研究中心、工程技术联合研究中心、工程实验室、国际合作基地6个国家级创新平台的全覆盖。当前，风华高科拥有国家、省、市各级研发平台共13个，其自主研发的微米规格MLCC，即01005片式电容国际先进元件技术已经攻克，并实现大批量生产。

③福建火炬电子科技股份有限公司（以下简称“火炬电子”）。火炬电子始创于1989年，系高新技术企业、福建省“十一五”规划电子元器件发展支柱企业、福建省第二批创新型企业，拥有6家全资子公司及1家控股子公司，连续7年被中国电子元件行业协会评为“中国电子元件百强企业”。火炬电子一直专注于陶瓷电容器领域，素有“电容专家”之美誉。火炬电子产品以技术领先、质量可靠而被广泛应用于航空、航天、中船、兵器、通信、电力、轨道交通、新能源等高端领域。

（4）专利技术构成

MLCC领域的技术创新活跃方向集中度非常高，H01G方向专利共7 510件（占比52.4%），该方向下的专利主要是H01G 4/00方向（固定电容器；及其制造方法），共计6 720件专利。除了H01G方向专利占比过半之外，C04B方向共计1 978件专利，占比13.8%，是第二大主要方向，该类别主要是C04B 35/00方向（以成分为特征的陶瓷成型制品，陶瓷组合物），共计1 947件专利。除了H01G、C04B，其他方向的专利数量都较少。

（5）热点主题分析

对2000—2019年中国MLCC领域专利的热点主题进行聚类分析。如图3-16所示，技术研究方向主要包括：①多层陶瓷，包括多层陶瓷电子元件、制备方法、导电胶等相关内容；②内电极，包括介电层、陶瓷体、层压陶瓷电容器、电极层等内容；③电子元件，包括陶瓷电子元件、陶瓷印刷电路基板、层压陶瓷电子元件、插接板、陶瓷片等内容。除了以上三大研究方向，其他研究方向还包括介电层材料、介电陶瓷、钡酸钛。

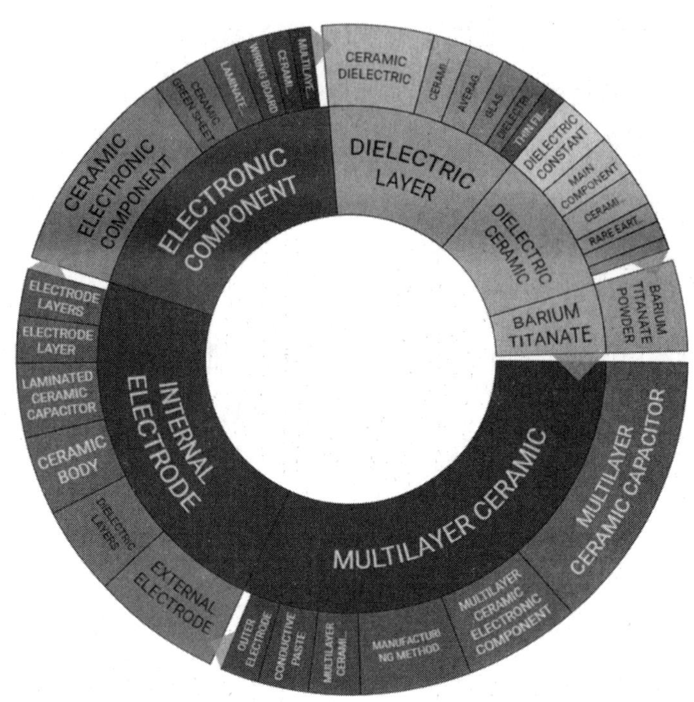

图3-16　2000—2019年中国MLCC领域专利的热点主题分析

3.2.2.4　总结及建议

结合MLCC的产业发展趋势、专利技术发展态势，本节提出以下发展建议。

（1）加强产业政策研究实施，推动产业技术发展

基础元件为国家重点支持的战略新兴产业，随着国家不断出台MLCC相关的产业扶持政策，我国MLCC将迎来产业发展重要机遇。然而，从全球竞争格局来看，我国MLCC产业发展仍面临严峻形势，日韩出货量占全球市场达70%，中国份额低于5%。

据此，在政策层面，仍需重点加强产业政策系统谋划和整体设计，进一步明确政策定位和方向，完善政策体系，实现精准发力，通过研究分析，确定国内MLCC产业的技术发展地域特征，制定政策支持细则，加速产业新旧动能接续转换，推动产业技术发展。

（2）挖掘行业发展潜能，加速实现国产替代

MLCC是当前市场规模最大、增长潜力大的被动元件，随着日韩MLCC龙头企业产业升级，产能逐步向小型化、大容量的高端电容产品转移，所释放的部分中低端市场主要由中国厂商承接，我国MLCC行业发展起步较晚，高端产品仍需大量进口，但产业已初步具备国产替代的潜力。从专利技术发展上看，MLCC的专利申请数量大、技术创新研发活跃度高，技术创新力量主要集中在日本、中国、美国、韩国、欧洲等区域，日本与中国专利申请数量相近，日本共申请专利4 069件，占申请总量的28.4%，位列第一；中国（除港澳台地区）申请专利3 835件，占申请总量的26.7%，排名第二；美国以2 331件专利紧随其

后。专利权人方面，村田、三星电机遥遥领先，申请数量排名前10的专利权人中有7家日本企业，可见全球范围内MLCC领域日本的研发实力非常雄厚，而国内研发力量较分散，尚未形成具有国际传统强企竞争力的研发组织。

MLCC产业未来发展潜力大，国产替代将迎来新的曙光。在产业研发方面，国内创新研发组织需充分挖掘行业发展潜能，对日韩先进企业的专利技术开展定期、精准的跟踪监测、分析，结合自身发展优势，优化技术发展策略；健全研发体系，改变过往只做产品开发、不做技术开发的局面，全面提升创新力；加强MLCC产业的人才队伍建设，引进培养技术带头人，吸引行业精英人才，建设技术创新团队，加快打造体系化人才供应链；增强知识产权保护意识，重视企业的海外知识产权布局，不断提升自身竞争力与增加技术积累，逐步扩展市场份额。

（3）紧跟下游需求变动，加强行业合作，优化技术创新部署

MLCC下游需求领域主要包括消费电子、汽车、工业等领域。其中，智能手机、通信设备、汽车领域占比合计超50%。5G手机加速渗透、基站建设、新能源及自动驾驶汽车的普及带动MLCC用量大幅提升，驱动行业保持高景气度。MLCC行业壁垒在于材料端陶瓷粉体颗粒及配方技术、薄层化多层化技术及陶瓷电机共烧技术，以及产能方面差距。从MLCC的专利创新活跃方向看，集中度非常高，H01G方向专利占比52.4%，技术创新主要是H01G 4/00方向，即涉及电容器的制造方法研究。

MLCC领域的创新主体包括企业和研究机构，竞争和需求驱动下的创新，是创新主体的核心竞争力。据此，MLCC领域的创新必须紧贴5G手机加速渗透、基站建设、新能源及自动驾驶汽车普及等终端需求，建立需求与研发的紧密联系，此外，在电子陶瓷领域，国内在MLCC领域有一部分已有一定专利储备的企业，如广东省的风华高科在MLCC领域处于技术创新领先地位。建议创新主体考虑开展订单式的产学研合作专利技术研发，实现资源共享，研发过程落实以企业为主的合作模式，有效地规避研发风险，解决与市场需求脱节的问题，逐步优化技术创新部署，提高国内MLCC产业的整体创新竞争力。

3.2.3　全球工业机器人技术专利发展态势分析及产业发展建议

3.2.3.1　研究意义

随着智能制造行业的不断推进和制造业人力成本的不断提升，工业领域“机器换人”现象普遍，机器人产业正在全球范围内快速发展。《中国制造2025》强调了将机器人作为未来重点发展对象，并强调以标准引领中国制造质量的提升。打造具有国际竞争力的制造业，是我国提升综合国力、保障国家安全、建设世界强国的必由之路，而工业机器人作为高端装备

的一个重要单元和环节，是实现智能制造的关键。工业机器人技术是智能制造中的关键核心技术，其创新水平是高端装备制造发展水平的重要体现。工业机器人的技术成熟应用和产业链完整对中国整个制造业至关重要，对推动中国制造业高质量发展、带动相关产业快速发展具有重要意义。本节通过对2000—2019年全球工业机器人技术领域的专利进行分析，探明工业机器人技术专利的发展趋势和脉络，以期为该领域企业的研发和创新提供参考。

3.2.3.2 数据来源与检索

采用incoPat专利分析平台，通过制定关键词检索式在分析平台锁定工业机器人技术相关专利。在进行检索前，首先对工业机器人技术主要IPC分类号进行提取，结合工业机器人技术主要构成，提炼出工业机器人技术的关键词，再依据IPC分类表对各技术关键词匹配IPC分类号，从而得到工业机器人技术分解表（曾莉 等，2020），见表3-2。

表3-2 工业机器人技术分解表

一级技术分支	二级技术分支	三级技术分支	主要IPC分类号
本体	机械手	—	B25J
	末端执行器	—	B25J
	传动部件	—	B23Q7/B23K
控制系统	控制计算机	—	G06N
	示教器	—	G09B
	存储器	—	B65G
	传感器	力觉传感器	G01L
		触觉传感器	G01L
		视觉传感器	G06T/H04N
		距离传感器	G01B/G01S
		其他传感器	G01D
	其他控制结构	—	G06F/G05B
驱动系统	驱动器	液压驱动	F15B
		气压驱动	F15B
		电机驱动	H02K/H02N
	减速器	—	F16H

基于工业机器人技术分解表，并结合国际机器人联合会（IFR）的分类方法，将检索时间限定在2000—2019年，检索时间为2019年9月。编制检索式进行检索，共获得12 134件专利，经申请号合并处理，并通过人工去噪去除不相关专利，最终得到较为准确的专利数据9 804件。由于专利从申请到公开有18个月的滞后期，因此2018—2019年的专利数据

仅做参考。以下根据检出的工业机器人技术专利进行统计分析。

3.2.3.3 全球工业机器人技术专利发展态势分析

（1）申请趋势分析

对工业机器人技术专利申请年度分布进行分析，旨在探寻工业机器人技术的发展进程及发展趋势。工业机器人技术领域的全球专利申请趋势如图3-17所示。2000—2009年，专利申请数量保持平稳发展。2010—2018年，全球专利申请数量持续快速增长，由267件增加到1 501件，专利申请数量逐年上升，总体而言，在此期间该领域的专利申请数量一直处于一个稳步上升的态势，说明该技术已受到市场的关注，基础研究和应用相关研究保持比较活跃的状态。据国际机器人联合会统计，国际工业机器人市场从2010年开始快速发展，为满足便捷性、安全性、可操控性等市场需求，工业机器人技术需要得到进一步提高，该领域的专利申请数量也开始迅速增长。从2010年发展至今，出现了带有多种传感器、能快速适应环境变化、具有很强自适应能力与学习能力的工业机器人。

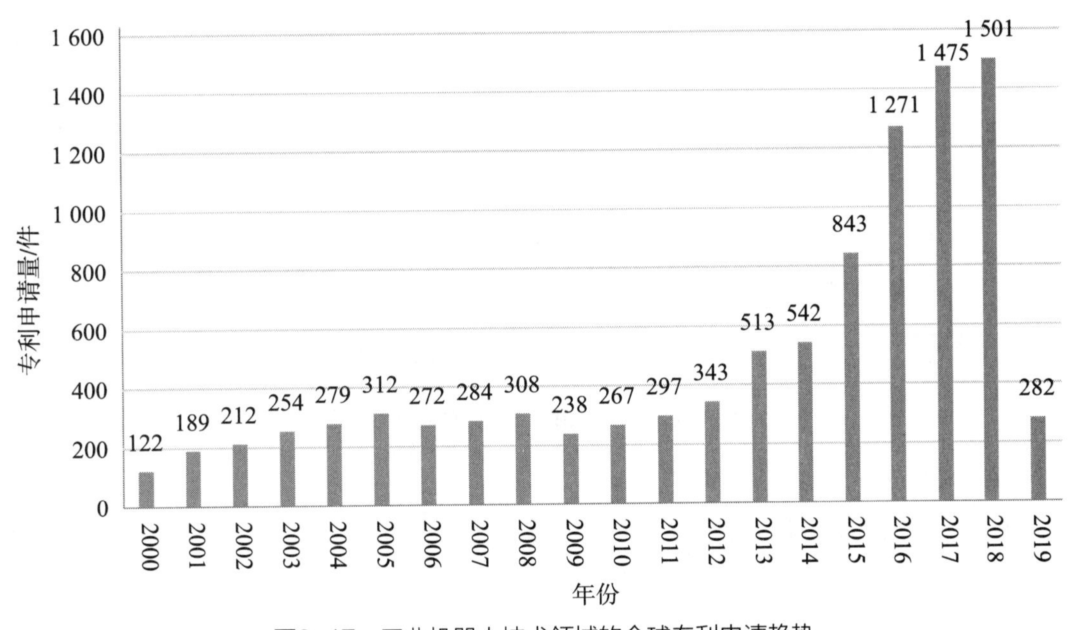

图3-17 工业机器人技术领域的全球专利申请趋势

（2）专利地域（组织）布局情况

分析工业机器人技术在各个国家或地区（组织）的专利数量分布情况，探寻工业机器人技术在不同国家技术创新的活跃情况，有利于发现主要技术创新来源国和重要目标市场。本节统计了全球相关专利申请数量排名前10的国家或地区（组织）。工业机器人技术的专利地域布局情况见图3-18。大量专利申请人选择在中国、日本和美国开展专利布局活动，中国、日本、美国是工业机器人技术专利公开的主要国家，也是工业机器人的主要市场。中国是该领域专利的申请大国，共申请相关专利5 699件，占申请总量的60%左右。2012年，中国成为全球最大的汽车市场，并伴随着电子制造业规模的不断扩大，我国对工业机器人技术的市场需求越来越大，并于2014年成为全球最大的工业机器人市场。日本工业机器人技术专利申请数量排名第二，日本工业机器人技术领域拥有发那科（FANUC）和安川电机（YASKAWA）两个工业机器人"四大家族"中的企业，但随着汽车和电子制造业开始加速向发展中国家进行产业转移，日本国内工业机器人的应用市场日益萎缩。美国工业机器人技术专利申请数量排名第三，美国作为工业机器人的诞生地，拥有性能可靠、功能全面、精确度高的工业机器人技术。在人口数量增多、消费水平提高的背景下，美国制造业得到持续发展，工业机器人得到广泛应用，美国由此成为工业机器人的主要市场。其他主要申请地域还包括德国、韩国等。

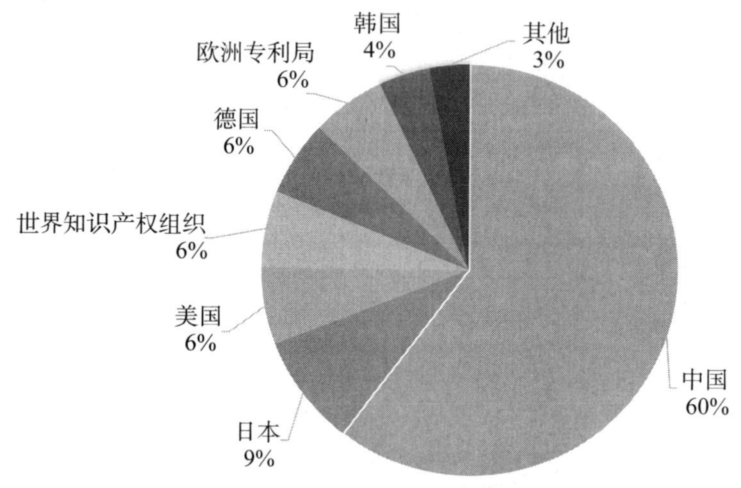

图3-18　工业机器人技术专利地域（组织）分布

（3）专利权人分析

通过对工业机器人技术专利的申请人进行统计，筛选出全球工业机器人技术专利的主要申请人，探寻技术领域内的创新主体，可为企业开展技术合作和行业竞争信息调研提供相关信息。

国外专利权人方面，工业机器人技术领域全球专利申请数量排名前3的分别是瑞士ABB（Asea Brown Boveri，以下简称ABB），德国库卡（KUKA）和日本三产株式会社（NIDEC）3家企业，其中瑞士ABB申请的专利量大幅领先。前10名有一半是日本企业，分别是日本的三产株式会社、那发科、安川电机、川崎和DAIHEN，表明在该技术领域，日本企业具有整体较强的综合技术竞争力，其余进入前10名的分别有意大利COMAU SPA公司、德国戴姆勒集团以及美国国家航空航天实验室（图3-19）。

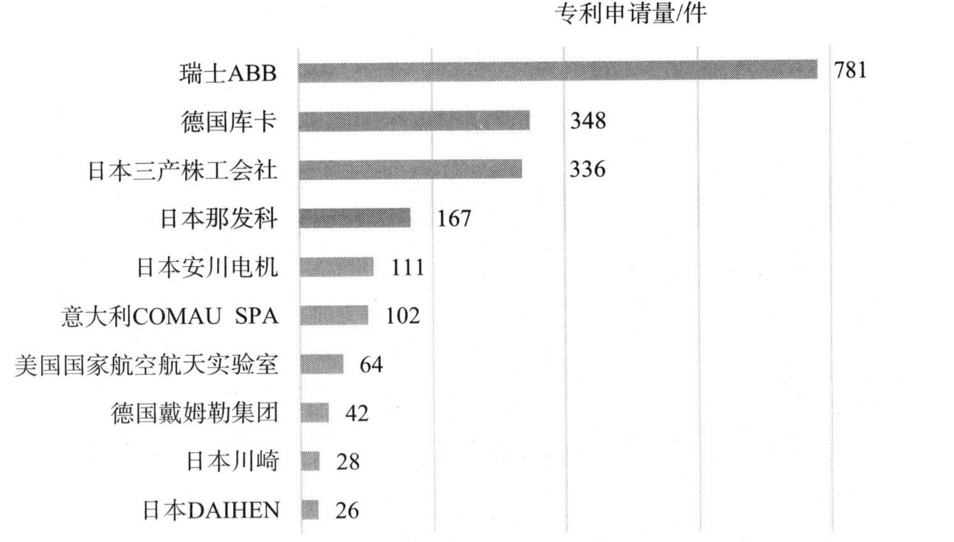

图3-19　工业机器人技术领域专利申请数量排名前10的国外专利权人

国内专利权人方面，排名前10中有6家为高校和科研机构，共有4家企业进入前10名，分别是珠海格力电器股份有限公司、沈阳新松机器人自动化股份有限公司、南京埃斯顿自动化股份有限公司和埃夫特智能装备股份有限公司（图3-20）。通过对全球工业机器人技术专利申请人进行分析发现，创新主体中大多为日系机器人企业，表明日系机器人企业已经成为全球领先企业。我国工业机器人技术专利申请人则以高校及科研机构为主，创新主体中研发企业较少。说明虽然我国专利申请数量较多，但核心技术仍停留在高校的基础研究阶段，在技术产业化方面与国外差距仍然较大。

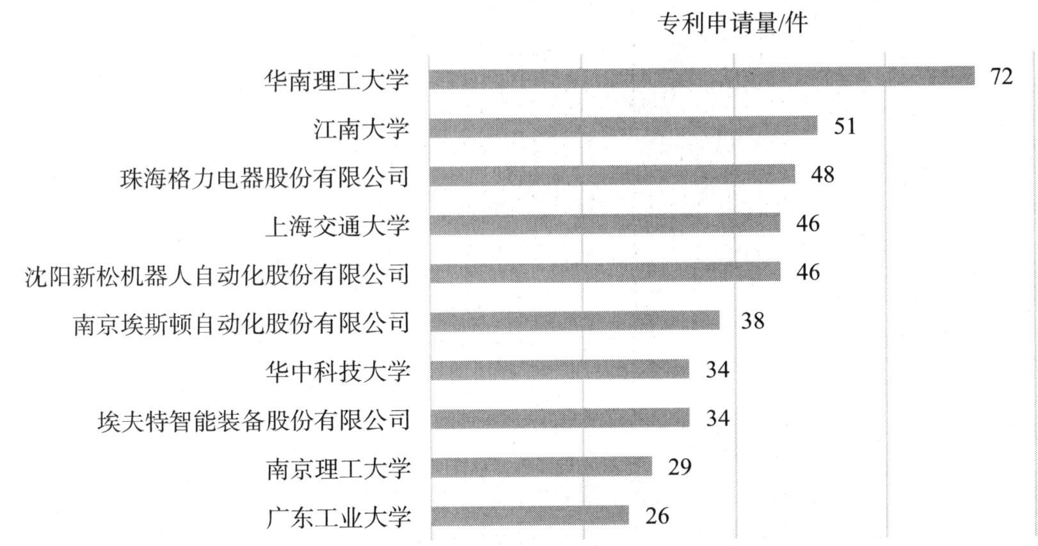

图3-20　工业机器人技术领域专利申请数量排名前10的国内专利权人

1）国外主要公司。

瑞士ABB是一家总部位于苏黎世的瑞士跨国公司，于1988年创立于欧洲，2005年起，ABB机器人的生产、研发、工程中心都开始转移到中国。ABB在中国拥有研发、制造、销售、工程服务等全方位的业务活动。ABB机器人产品和解决方案已被广泛应用于汽车制造、食品饮料、计算机和消费电子等众多行业的焊接、装配、搬运、喷涂、精加工、包装、码垛等不同作业环节。德国库卡是世界工业机器人和自动控制系统领域的顶尖制造商，总部位于德国奥格斯堡，库卡机器人（上海）有限公司是库卡于2000年设在中国的全资子公司，是库卡在德国以外设立的第一家，也是唯一一家海外工厂。2015年，库卡推出首款轻型7轴工业机器人LBRiiwa。库卡机器人产品被广泛用于对柔性、灵活度和精准度要求较高的行业（如电子、医药、精密仪器等行业）。日本发那科成立于1956年，是一家专门研究数控系统的公司，也是世界上最大的专业数控系统生产厂家，占据了全球70%的市场份额。FANUC是世界上唯一一家以机器人为带动力制作机器人的公司，也是世界上唯一提供集成视觉系统的机器人企业。早在2011年，FANUC全球机器人装机量就已超25万台，市场份额居第一。

2）国内主要公司。

珠海格力电器股份有限公司成立于1991年，是一家集研发、生产、销售、服务于一体的国际化家电企业。2015年，成立珠海格力智能装备有限公司（以下简称“格力智能装备”）。格力智能装备自主研发的产品覆盖了数控机床、工业机器人、伺服机械手、智能仓储装备、智能检测、大型自动化生产线等十多个领域。其称已成功实现减速机、控制器和电机三大核心部件的自主研发，成为国内同时掌握机器人三大核心部件生产技术的企业。沈阳新松机器人自动化股份有限公司隶属中国科学院，是一家以机器人独有技术为核心的企业，也是国内机器人产业的领导企业。公司的机器人产品线涵盖工业机器人、洁净（真空）机器人、移动机器人、特种机器人及智能服务机器人五大系列，其中工业机器人产品填补多项国内空白，创造了中国机器人产业发展史上88项第一的突破；洁净（真空）机器人多次打破国外技术垄断与封锁，大量替代进口；移动机器人产品综合竞争优势在国际上处于领先水平；特种机器人在国防重点领域得到批量应用。埃夫特智能装备股份有限公司（以下简称“埃夫特公司”）成立于2007年，是中国机器人产业联盟发起人和副主席单位，先后牵头承担多项科技部、工业和信息化部、国家发展和改革委员会项目，研制的重载165千克机器人荣获2012年中国国际工业博览会银奖。2014年至2016年，埃夫特公司连续三年荣获中国机器人网“最畅销国内机器人品牌”奖项。

（4）专利技术构成

通过分析工业机器人在各技术方向的专利数量分布情况，了解工业机器人覆盖的主要技术类别，以及各技术分支的创新热度。在工业机器人技术领域专利的技术构成中，从表3-3可以看出，自动机械手、机器人控制或调节系统的功能单元、用于机床的仿形加工或控制装置及机器人的监视或测试装置等方面的专利申请数量较多，特别是B25J类，涉及了工业机器人机械手设计、控制、制造研究，此外G05B、B23K、B65G、B23Q类也相对较多。

表3-3　工业机器人专利技术领域分布

序号	IPC分类	技术领域	申请数量/件
1	B25J	机械手；装有操纵装置的自动装置（与滚轧机有关的机械手入B21B39/20；与锻压机有关的机械手入B21J13/10；起重机入B66C）	8 075
2	G05B	用于控制或调节系统的功能单元；用于这种系统或单元的监视或测试装置（阀门本身入F16K；传感元件见相应小类，例如G12B，G01、H01的小类；校正单元见相应的小类，例如H02K）	1 259
3	B23K	用于钎焊、脱焊、焊接方法包覆或镀敷的机械工具；用于激光束加工的工具（用铸造方法制造衬套或包覆层入B22D19/08；机床上的仿形加工或控制装置入B23Q）	796
4	B65G	用于装载、卸载、运输或贮存目的的装置，例如装载或倾卸用输送机、管道输送机（起重机入B66C；便携式或可移动的举升或牵引器具，如升降机入B66D）	707
5	B23Q	机床的零件、部件或附件，如仿形装置或控制装置；通用金属加工机床的组合或联合	420
6	F16H	传动装置	212
7	G06F	计算机数据处理和控制系统	197
8	B23P	金属的其他加工、组合加工；万能机床（仿形加工或控制装置入B23Q）	196
9	H01L	半导体器件（电设备结构零部件、电气元件的组件的制造入H05K）	195
10	G01B	长度、厚度或类似线性尺寸的计量；不规则的表面或轮廓的计量	114

此外，通过对比工业机器人技术领域专利申请数量排名前5国家的技术构成（图3-21），可以看到，中国是对工业机器人专利申请数量贡献最大的区域，技术分布最多的领域为各类夹头、接头和爪臂等机械手，以及机械手的控制装置和附属装置，用于焊接、激光

束加工的机械工具辅助制造，以及用于装载、运输的管道输送机、牵引机械的机械手制造这三大领域；日本除了在用于大型制造机床的工业机械手领域的专利较多外，在工业机器人的控制系统研发和半导体器件研发，以及机器人部件制造方面布局也较多；德国的技术分布最主要在大型机械装备工业机器人或机械手研发领域和机器人自动控制系统的设计和研究领域；瑞典专利主要涉及机械手设计、制造和研发，以及部分的自动控制系统研究领域；瑞士的专利布局和德国、瑞典相类似，在机械手和控制系统的研发较多。从五国的技术构成分布来看，用于辅助大型机械加工的工业机器人研发、制造，以及自动控制系统相关研究都是主要布局的技术领域。

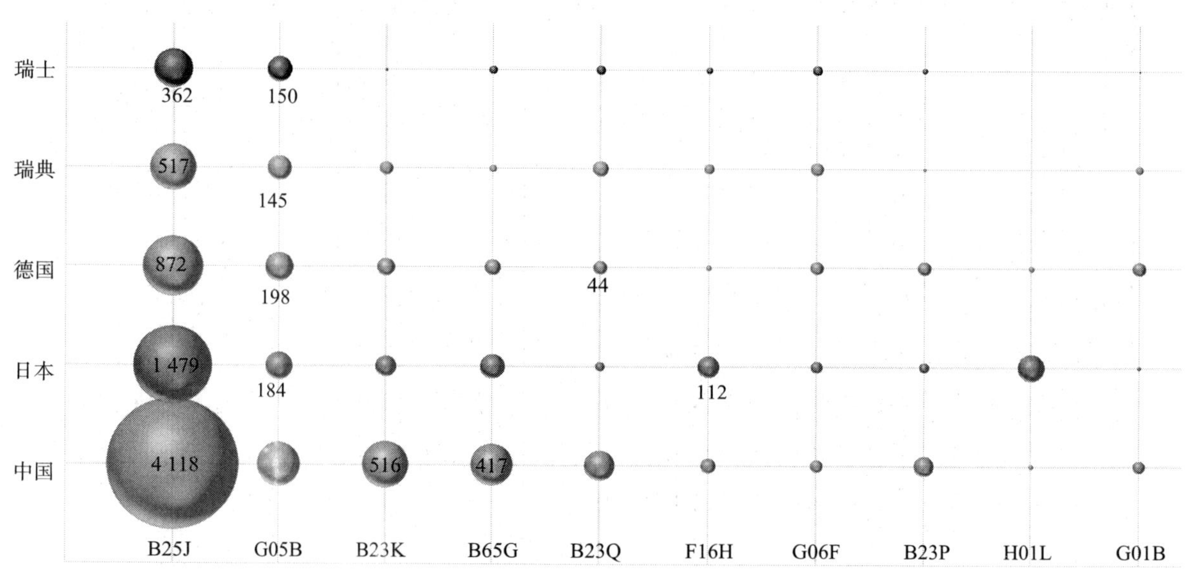

图3-21　专利申请数量排名前5国家的主要技术构成分布

（5）热点主题分析

对2000—2019年申请的工业机器人相关专利的热点主题进行聚类分析（图3-22）。可以看出，研究方向主要分成以下几类：①机械本体。机械本体部分主要集中于焊接机器人、并联机器人、减速机、高自由度机械手（如柔性手指、抓手、电动伸缩杆），以及各类作业机械的外观和发明申请。②控制系统。这部分占比较大，涉及运动坐标系统及其标定、编程控制器、供给控制器、伺服控制器、端部执行器、工控机以及各类工业用控制器的研究和操作等方面。③驱动机构和感知系统。包括伺服驱动器、具有轨迹跟踪的工业相机方面。从上可以看出，工业机器人的技术创新主要侧重机械本体与控制系统，驱动与感知系统的专利申请量相对较少。

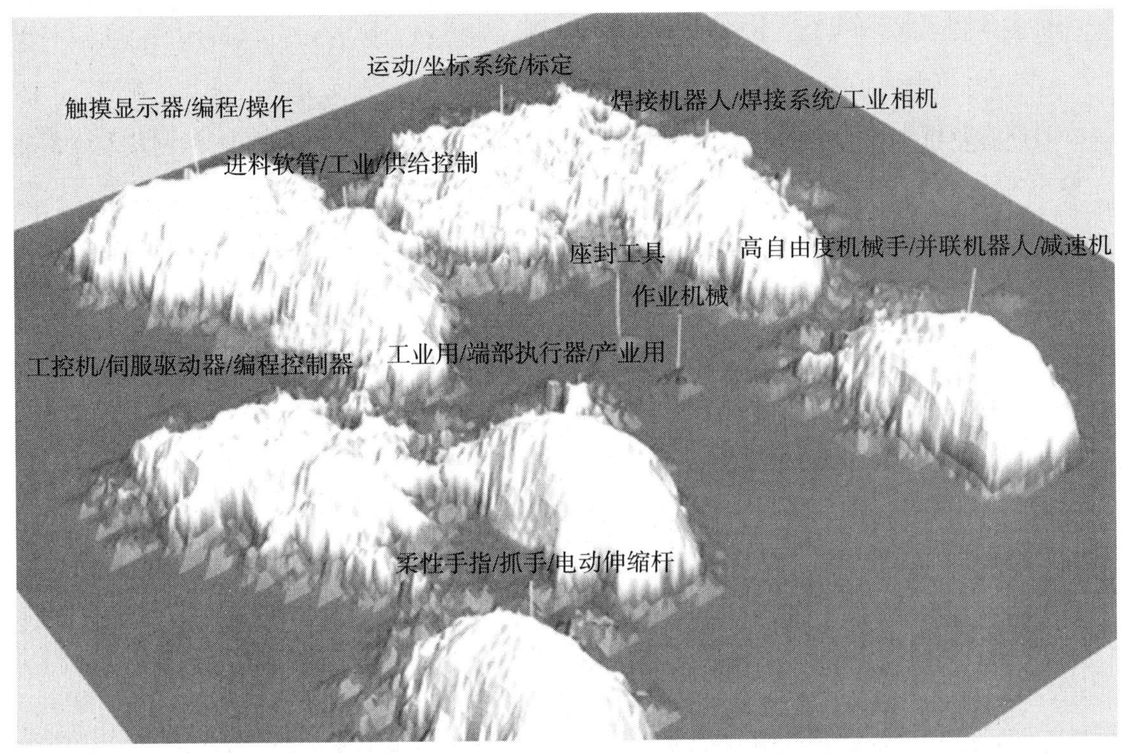

图3-22　近20年申请的工业机器人相关专利的热点主题分析

3.2.3.4　结论及建议

通过专利布局整体态势分析，发现全球工业机器人技术专利申请已经进入快速发展阶段，我国虽然研发起步较晚，但已成为技术主要来源国之一，中国专利申请数量占全球申请总量的60%以上。在申请年度分布上，国外工业机器人技术的研发起步早于我国。国外自20世纪中期开始研发工业机器人技术。相较而言，我国工业机器人技术的研发起步较晚，2000年开始才逐渐加大对工业机器人技术的研发投入力度。在申请人分布上，国外工业机器人技术已经产业化。由于国外研发起步较早，发展至今其技术已经普遍产业化，表现为工业机器人相关专利申请人多为工业机器人企业以及自动化企业。尤其是日本，其已经发展成为工业机器人技术的第一强国，包括发那科、三产株式会社、安川电机、川崎等工业机器人以及自动化企业。我国工业机器人技术专利申请人则以高校及科研机构为主，创新主体中研发企业较少，核心技术仍停留在基础研究阶段，在技术产业化方面与国外差距仍然较大。在主要技术领域分布上，全球专利布局主要集中在控制器、机械臂、驱动器上，其中控制系统占比较大，涉及控制器、驱动器、安全系统、通信接口、示教器等方面；机械本体部分主要集中于机械臂、末端执行器和机械手上。国外工业机器人技术专利大多分布于机器人本体上，与国外相比，我国工业机器人技术专利在控制系统领域的分布较少，控制系统和驱动系统的研发能力较为薄弱。

针对我国工业机器人技术所面临的上述挑战，提出以下建议。

（1）针对工业机器人关键技术分支进行专利布局

目前，我国工业机器人的关键技术主要依赖进口，尤其是在高精密减速器方面与国外的差距尤为突出（孟明辉 等，2016），这成为制约我国国产工业机器人国际竞争力提升的主要因素。我国亟须加强工业机器人核心技术研究，集中优势研究力量实现核心部件的国产化。目前，国内工业机器人企业现多围绕夹具、机械臂关节等技术分支进行专利布局，针对减速器、伺服电机等驱动系统以及控制器的专利申请，并未形成专利申请密集区。这说明我国工业机器人技术专利申请虽然较多，但对减速器、伺服电机以及控制器的研发仍然较少。针对减速器、伺服电机、控制器等关键技术分支，我国应不断提高创新能力。国内工业机器人企业应在梳理关键技术与核心产品的基础上，重视工业机器人关键技术的突破，针对工业机器人的核心零部件等关键技术分支进行专利布局，构建严密的专利布局网络，最大限度地保护自主创新成果、规避知识产权风险（谭文君 等，2018），进而不断提升我国工业机器人关键技术研发水平。

（2）进一步建立工业机器人产业联盟

工业机器人关键技术的研发往往需要投入大量人力、物力和财力，单独由一家企业完成相关产品全部技术的研发难度较大，因此应当建立包括高校、科研机构、企业以及金融机构的工业机器人产业联盟，以合作开发的方式突破技术壁垒。通过高校及科研机构与企业间的技术成果转移，对企业技术进行创新；通过企业与企业之间的技术合作，提高工业机器人产业链相关企业竞争力；通过企业与金融机构的合作，加大企业研发与生产的投入力度。工业机器人产业联盟应当定期组织研讨会，交流研发成果，在避免重复研究的同时实现技术共享。并且，随着高校技术成果的转移转化，工业机器人技术在转化过程中成熟度与商业价值不断提高（陈强 等，2017）。目前，我国已经形成“沈阳市机器人产业联盟”，在国家促进和鼓励产学研结合，鼓励科研成果产业化的背景下，应当继续强调以企业为主体、市场为导向，以规模化应用和产业化为目标开展研究，并积极引导和鼓励高校、科研机构、金融机构加入，组建产学研工业机器人产业联盟，弥补高校转化率低的缺点，扩大高校等科研机构的研发优势。并依托全方位、多层次的合作，增强我国工业机器人产业的自主创新能力，共同抵御专利风险，不断提高我国工业机器人关键技术研发水平，助推我国工业机器人产业的发展。

（3）拓展工业机器人专利技术海外市场

国外工业机器人专利技术申请以企业为主，专利技术不仅与产业和市场紧密联系，而且注重海外市场的专利保护，针对性地在中国、美国、欧洲等不同国家和地区递交专利申请。而我国工业机器人专利申请以高校及科研机构为主，科研人员的专利技术仍停留在申请专利、职称评定等阶段，未注重专利技术的产业化，更未注重专利的海外布局。应当积极对高校专利进行转化，使其市场化，并结合企业的主要市场和目标规划，有针对性地开展海外专利布局活动。我国工业机器人专利已达一定数量，并且我国企业已经开始将其产品销往国外，但在国外布局的专利占比极低，国际化水平不高。我国成为最大的工业机器人市场后，在吸引大量海外专利技术布局的同时，我国工业机器人企业专利布局意识亟待增强，应当提前向国外递交专利申请，及时对国外市场展开专利布局活动，保护我国工业机器人的国际市场，以提高国际竞争力，开拓和布局海外市场。

（4）针对工业机器人未来应用领域进行专利布局

随着工业机器人性能的不断提高，以及“机器换人”战略计划的逐步推进，工业机器人在电子工业、医用、食品工业、家电行业等领域中的应用越来越广泛，我国工业机器人企业应当针对增长速度较快的未来应用领域申请相关专利，依托巨大的工业规模，对未来的应用领域提前研发并开展专利布局（王伟光　等，2017），与国外工业机器人企业开展错位竞争。其中，我国众多家电行业，例如珠海格力电器股份有限公司、美的集团股份有限公司、四川长虹电器股份有限公司等已经开始布局工业机器人市场，并借助自身的市场优势，将工业机器人应用于家电行业。

3.2.4　基于全产业链的广东省人用疫苗专利发展现状及对策研究

疫苗是人类发展史上一个具有里程碑意义的发明。从某种意义上来说，人类繁衍生息的历史就是人类不断同疾病和自然灾害斗争的历史（穆晓敏　等，2017）。从牛痘的发明到天花被消灭，疫苗作为一种生物技术药物在对抗传染性疾病方面不断取得辉煌成就，被认为是目前效果最好、安全性最强、效费比最高的公共卫生系统防控手段之一，具有免疫成本低廉、应用广泛等优点（蒋璐伊，2016）。广东省有良好的疫苗市场，它是国内外疫苗厂商的必争之地。2018年，广州投资10亿元建设了粤港澳大湾区疫苗产业基地，预期3年实现产品上市，6～10年实现规模化的产品销售，10年内实现年产值超过20亿元的目标（李鹏程　等，2018）。

“全产业链”的概念是由中粮集团于2009年引入的，最初是指以消费者为导向，从产业链源头做起，经过种植与采购、贸易及物流、食品原料和饲料原料的加工、养殖屠宰、食品加工、分销及物流、品牌推广、食品销售等每一个环节，实现食品安全可追溯，形成安全、营养、健康的食品供应全过程。之后有学者将其延伸至其他产业的研究，如公维龙等（2020）分析了基于天然气全产业链评价储气库的经济效益，石鹏飞（2020）从全产业链的角度探讨我国茶叶产业发展路径，姜钰等（2020）对云南农业进行了全产业链研究，郭华月（2020）等在“一带一路”背景下分析了福建省产业电商全产业链创新模式，张乐等（2019）构建了全产业链的集成电路QML军标体系。而鲜有学者进行疫苗领域全产业链分析。下面以全产业链的视角，结合专利数据挖掘，分析广东省人用疫苗产业的研发态势，以期为该产业的发展提供决策参考。

3.2.4.1 人用疫苗领域全产业链的构建

对人用疫苗产业上中下游子行业进行归类及流程梳理，设定疫苗的全产业链包括基础研究、产品研发和企业生产、产品流通和产品应用三大环节。人用疫苗领域全产业链流程如图3-23所示。

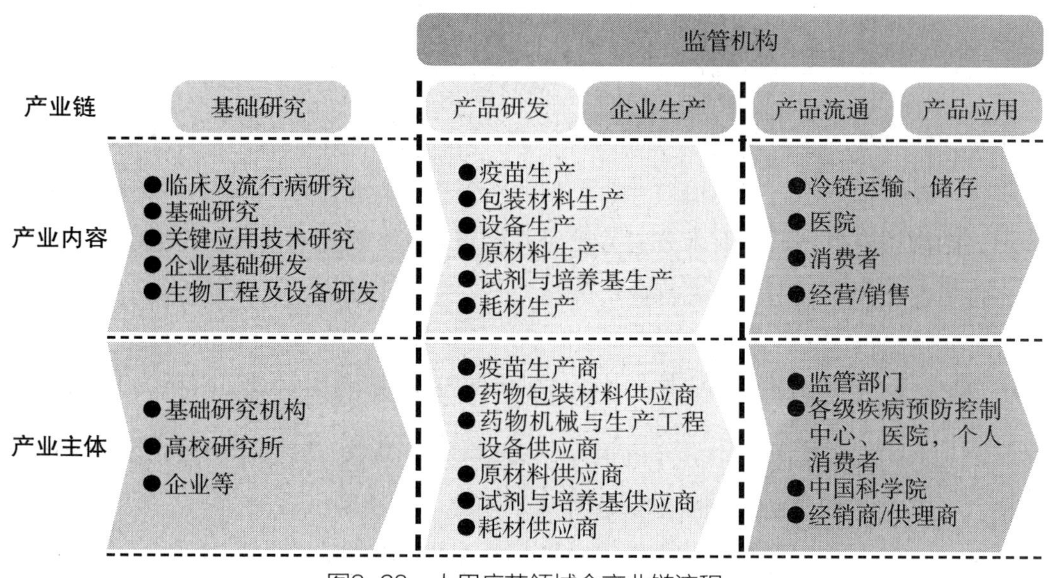

图3-23 人用疫苗领域全产业链流程

3.2.4.2 数据来源及方法

（1）数据来源

本文的专利数据来源于北京合享智慧科技有限公司的“incoPat科技创新情报平台”，该平台收录了全球102个国家、组织、地区1亿余件专利信息，包含题录信息、PDF全文、法律状态信息等经过专利信息深加工后的数据和原始数据。本节采用的检索式为“PC-CN=（44）and TIABC=疫苗”，检索时限为1998—2015年，共获得649条专利申请记录。

（2）数据分析方法

经过人工判读，共筛选出441件人用疫苗相关专利，依据上述疫苗全产业链三大环节的边界确定，对441件专利进行了标引，其中基础研究类的专利212件，产品研发、企业生产类专利175件，产品流通、产品应用类专利24件。相关专利数据利用DDA、Excel等软件进行分析。

3.2.4.3　结果及分析

（1）相关产业环节技术发展时序分析

从图3-24可以看出，1992年，广东省获得了第一件疫苗专利；2003年以后，疫苗全产业链专利申请数量都有了较大的提升；整体上看，广东省疫苗研究的专利产出主要集中在基础研究和产品研发、企业生产上，且基础研究的专利申请数量多于产品研发、企业生产专利申请数量；此外，产品流通、产品应用的专利数量较少，其在2014年出现了一个峰值（8件），随后回落。

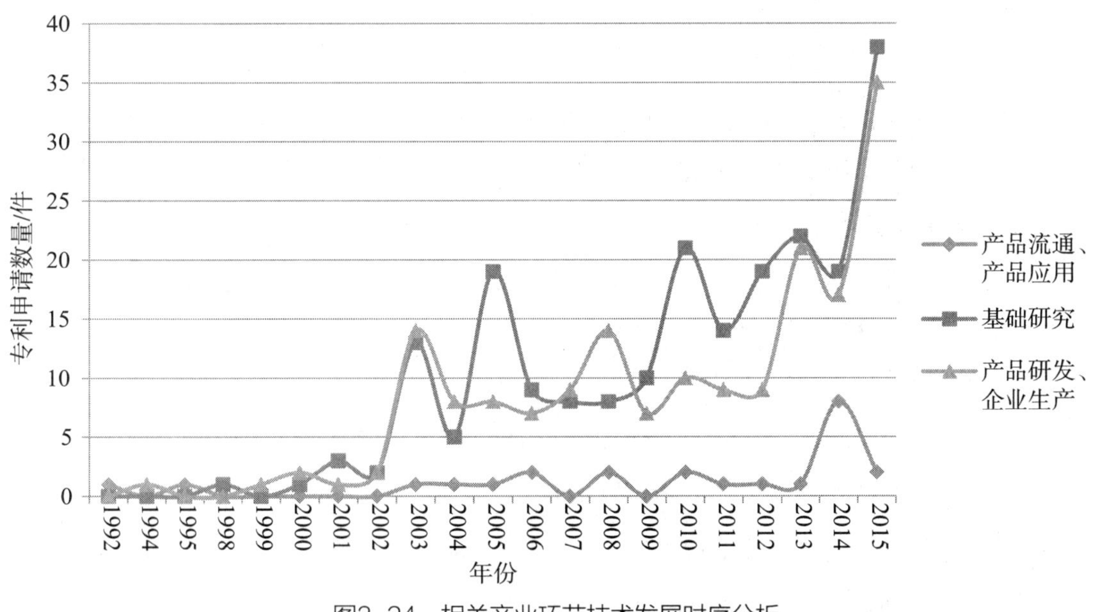

图3-24　相关产业环节技术发展时序分析

（2）相关产业环节专利申请人分析

从申请人类型来看（图3-25、图3-26、图3-27），高校在基础研究和产品流通、产品应用环节专利占比均名列前茅，说明广东高校在疫苗研发上的实力较强；产品流通、产品应用环节涉及产业链下游的产品制作，因此企业专利申请数量遥遥领先；总体而言，广东省疫苗企业研发能力逐步追赶高校，成为疫苗产业创新的中坚力量。

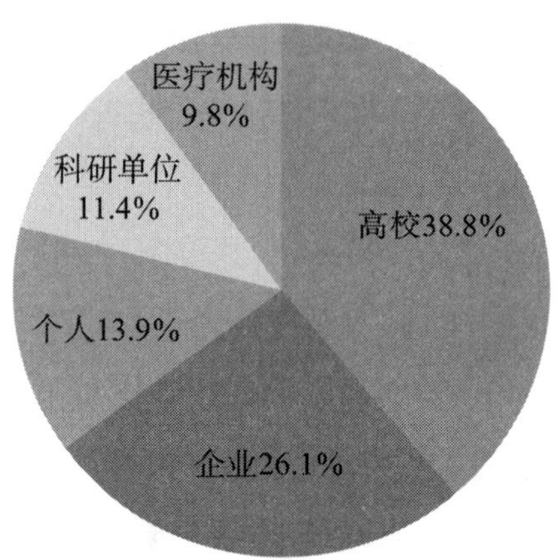

图3-25　产品流通、产品应用环节专利申请人类型

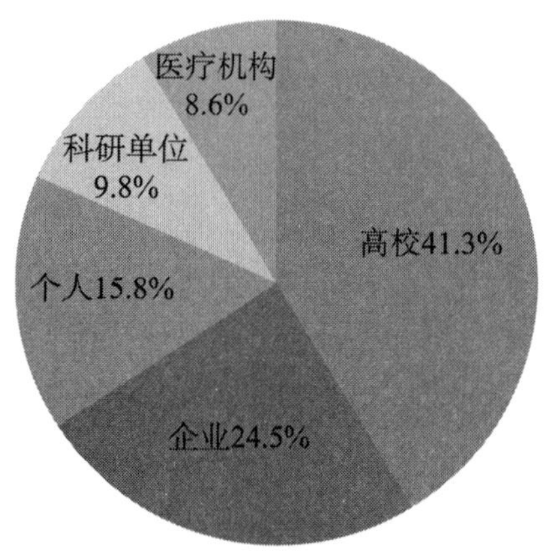

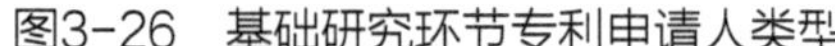

图3-26　基础研究环节专利申请人类型

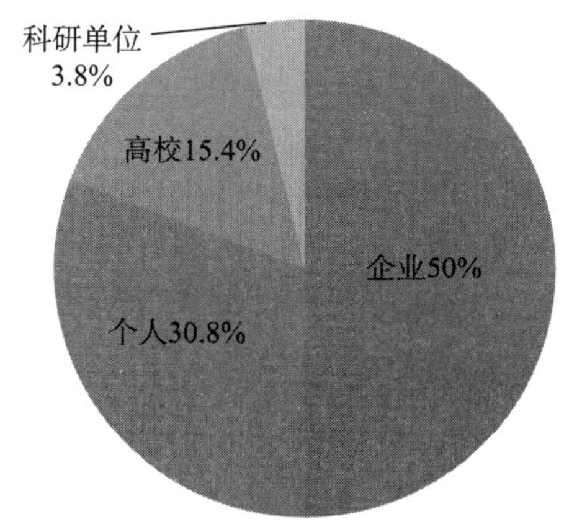

图3-27　产品研发、企业生产环节专利申请人类型

从专利申请数量排名前10的申请人来看（表3-4）：在基础研究环节，中山大学的专利申请数量位居第一，南方医科大学、暨南大学、华南农业大学等高校的研发实力也不容小觑，深圳市康尔诺生物技术有限公司、东莞市长大生物科技有限公司、广州白云山拜迪生物医药有限公司在人用疫苗基础研究环节的专利申请也有不少布局；在产品研发、企业生产环节，中山大学的专利申请数量依然处于首位，显示了其在广东省人用疫苗研发领域的强劲实力，暨南大学紧随其后；较为抢眼的是深圳爱生再生医学科技有限公司、深圳康泰生物制品股份有限公司、肇庆大华农生物药品有限公司，这3家企业在人用疫苗产品研发、企业生产环节的专利较多，说明这些企业在中游的研发实力较强；在产品流通、产品应用环节，深圳九星印刷包装集团有限公司排名第一，深圳市前海安测信息技术有限公司、深圳市易特科信息技术有限公司、深圳市贝沃德克生物技术研究院有限公司专利申请数量相同，可以看出，深圳的企业在产业链下游研发能力较强。

表3-4　疫苗全产业链各环节专利申请数量排名前10的申请人

基础研究	专利数量/件	产品研发、企业生产	专利数量/件	产品流通、产品应用	专利数量/件
中山大学	32	中山大学	14	深圳九星印刷包装集团有限公司	4
南方医科大学	21	暨南大学	9	深圳市前海安测信息技术有限公司	2
暨南大学	15	深圳爱生再生医学科技有限公司	8	深圳市易特科信息技术有限公司	2
华南农业大学	11	深圳康泰生物制品股份有限公司	7	深圳市贝沃德克生物技术研究院有限公司	2
深圳市康尔诺生物技术有限公司	10	肇庆大华农生物药品有限公司	7	中山大学	1
东莞市长大生物科技有限公司	8	孙娟	6	伍南	1
南方医科大学南方医院	8	中国科学院广州生物医药与健康研究院	5	佛山市正典生物技术有限公司	1
广州白云山拜迪生物医药有限公司	8	南方医科大学	5	华南农业大学	1
李明松	8	广州复大医疗有限公司复大肿瘤医院	5	周良勇	1
中国科学院广州生物医药与健康研究院	7	深圳大学	5	广东大华农动物保健品股份有限公司	1

（3）相关产业环节技术研发热点分析

人用疫苗全产业链中专利的研究热点不尽相同，基础研究与产品研发、企业生产环节的专利的研发热点重合度高，但产品流通、产品应用环节的专利研发方向较前两者差距较大，相关产业环节技术热点分布见图3-28。

基础研究与产品研发、企业生产环节的专利研发热点集中在：医用、牙科用的配制品（A61K），微生物或酶（C12N），化合物或药物制剂的特定治疗活性（A61P），肽（C07K），借助于测定材料的化学或物理性质来测试或分析材料（G01N）等。

产品流通、产品应用环节的专利研发热点集中在：显示、广告或标记（G09F），诊断、外科、鉴定（A61B），将介质输入人体内或输到人体上的器械（A61M），冷柜（F25D）等。

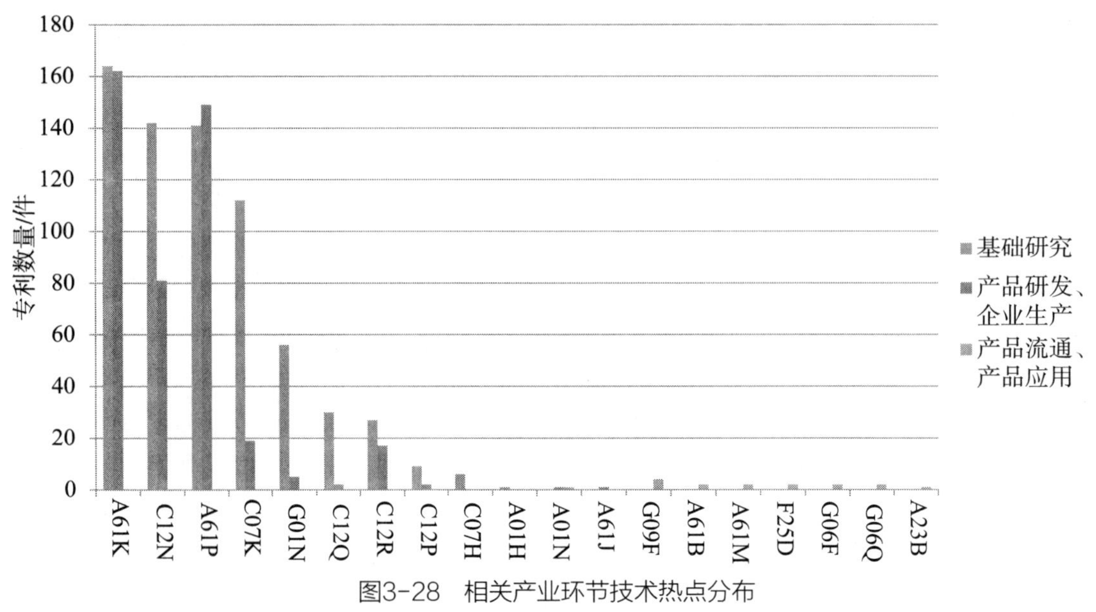

图3-28 相关产业环节技术热点分布

（4）相关产业环节专利所涉及的疾病分析

在基础研究及产品研发、企业生产环节，治疗性癌症疫苗是广东省各个疫苗创新主体的热门目标（图3-29、图3-30）；乙肝、肺炎、流感、结核等常见疾病的疫苗研发是广东省疫苗研发主要投入方向；广东也关注新型疫苗的研发，禽流感疫苗的产业化势头明显。

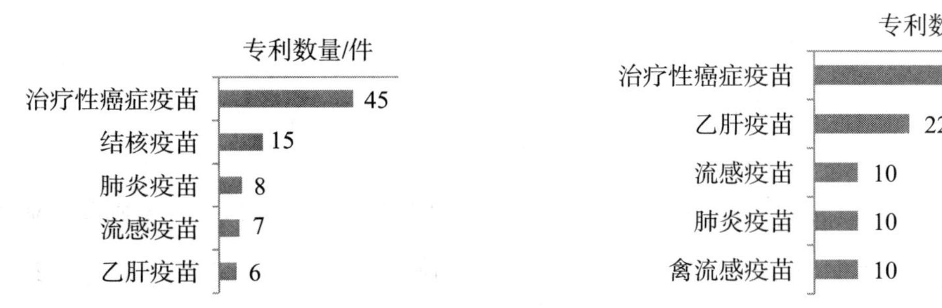

图3-29 基础研究环节专利涉及疾病前5

图3-30 产品研发、企业生产环节专利涉及疾病前5

（5）相关产业环节专利转让分析

2003年，广东省人用疫苗专利转让总件数为31件，转让率为7%，总体偏低。其中基础研究环节专利转让数量为14件，产品研发、企业生产环节专利转让数量为16件，产品流通、产品应用环节专利转让数量为1件。从趋势上看，人用疫苗相关产业环节的专利转让数量波动比较大，基础研究环节专利转化从2008年开始出现，到2014年到达顶峰；产品研发、企业生产环节专利转让从2005年开始，到2015年出现峰值；产品流通、产品应用环节专利转让出现时间为2015年。如图3-31所示。

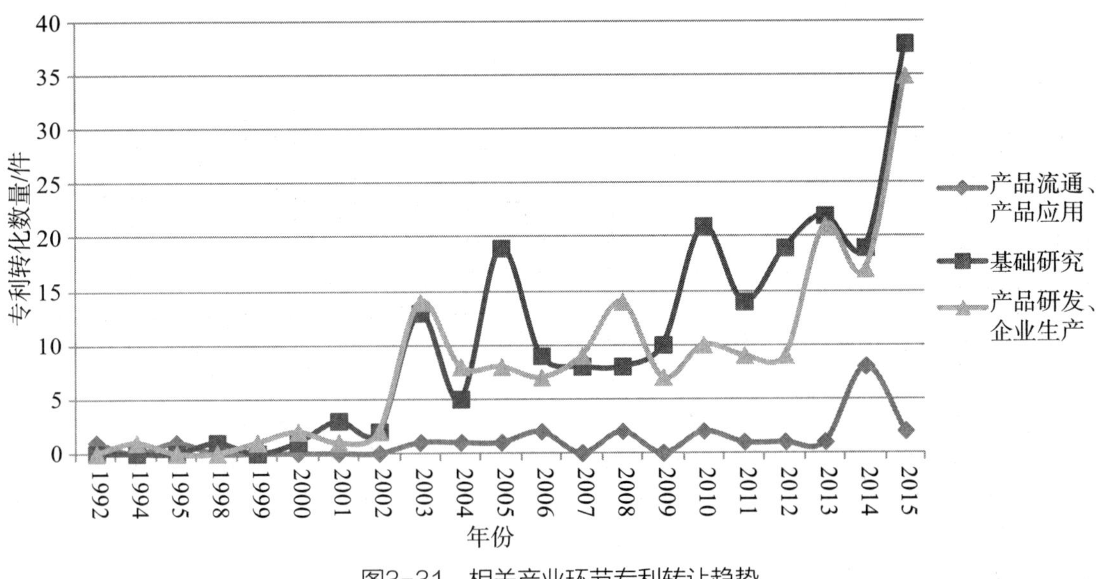

图3-31　相关产业环节专利转让趋势

3.2.4.4　结论及建议

从专利申请数量来看，广东省人用疫苗全产业链发展呈上升趋势，特别是从2012年之后，专利申请数量有了大幅提升。但上中下游的研发能力不均匀，基础研究及产品研发、企业生产环节专利申请数量相对集中，产品流通、产品应用环节专利申请数量较少。这也是广东省人用疫苗全产业链在下游研发的短板。未来广东省可以通过产业政策牵引或招商引资的方式促进人用疫苗产品流通、产品应用环节的研发。

广东省人用疫苗全产业链的创新主体合作尚待优化。在基础研究和产品研发、企业生产环节主要是高校及科研院所专利申请数量多，而在产品流通、产品应用环节则是企业占优势。另外，“沉睡专利”相对较多，专利转化率偏低，科技成果产业化有待进一步加强。建议高校及科研院所与相关企业开展关键共性技术联合攻关，积极推动广东省疫苗产业向中高端迈进。

推动广东省高端疫苗的国产化。广东省在治疗性癌症、乙肝、肺炎、流感、结核等疾病的疫苗研发方向有较好的基础，结合广东省2020年颁布的《关于促进生物医药创新发展的若干政策措施》，建议广东省瞄准国际前沿的疫苗研发，集中优势力量攻坚克难，实现高端疫苗自主研发，并积极推动国际科技合作，开拓海外市场，推动人用疫苗产业高质量发展。

3.2.5 基于专利分析的中、美、日自动驾驶产业发展比较研究

3.2.5.1 引言

自动驾驶汽车又称无人驾驶汽车、电脑驾驶汽车或轮式移动机器人，是一种通过计算机系统实现无人驾驶的智能汽车。自动驾驶技术包含环境感知技术、精准定位技术、决策与规划技术以及控制与执行系统技术等。近年来，随着人工智能、计算机和互联网产业的飞速发展，自动驾驶汽车广受关注（杨帆，2014）。有研究报告称，自动驾驶的广泛普及可减少90%事故的发生，从而提高人类出行安全性。

专利的数量和发展变化趋势可以反映一个国家或地区的科技发展水平及产业发展的情况。田创等（2016）综述了专利与产业的映射研究进展，为研究者提供了借鉴和参考，廖燕等（2017）对比分析了百度和谷歌的无人驾驶汽车技术的研发情况，为无人驾驶汽车技术研发推广、发展战略制定和法律法规完善提供专利信息支撑。章帆等（2017）从多个层面对无人驾驶汽车技术专利进行了全景观分析，揭示了无人驾驶汽车技术的研究现状，苑朋彬等（2018）从专利时间、空间和内容三大角度全面分析了全球自动驾驶汽车技术发展概况。

总体看来，现有的自动驾驶研究缺乏比较分析，而基于专利角度针对性比较分析的研究更少，尤其缺乏国别间的自动驾驶产业研究对比。本节将从中、美、日三国的专利数据分析的角度，对比中、美、日自动驾驶产业技术发展，揭示三国在自动驾驶技术的竞争态势，为中国的自动驾驶产业发展提供借鉴和参考。

3.2.5.2 研究方法与数据来源

研究数据选自PatentSight专利数据库，检索方式为利用“关键词”+“CPC分类号”+“IPC分类号”等进行组合检索与筛选，检索范围为自动驾驶技术相关的专利数据，经过去噪、清洗得到最终专利数据52 466条。

本节采用专利情报分析法、文献调研法等研究方法，利用专利分析的定量分析和定性分析对自动驾驶技术的相关专利文献进行分析。

基于PatentSight专利分析工具的专利数量、专利资产指数和IPC分类号等指标，对检索得到专利的发展趋势、法律状态、专利权人的技术分布和高价值专利等进行挖掘分析，结合文献调研对自动驾驶产业的发展进行了综述。

3.2.5.3 研究结果与分析

（1）中、美、日三国自动驾驶领域宏观战略分析

近年来，中、美、日三国都颁布了大量促进自动驾驶技术和产业发展的政策与法规，

鼓励自动驾驶车辆测试及应用（表3-5），积极推动自动驾驶产业的发展。

表3-5　中、美、日三国与自动驾驶相关的政策法规

国别	政策法规	关键要素
中国	2015年，国务院印发《中国制造2025》； 2017年6月，工信部发布《国家车联网产业标准体系建设指南（智能网联汽车）（2017）》； 2018年4月，交通运输部等三部委联合印发《智能网联汽车道路测试管理规范（试行）》； 2019年9月，中共中央、国务院印发了《交通强国建设纲要》	明确将智能网联汽车列入未来10年国家智能制造发展的重点领域，2017年确立我国发展智能网联汽车的总体思路；对测试主体、测试驾驶人及测试车辆、测试申请及审核、测试管理、交通违法和事故处理等进行了明确规定
美国	2016年，美国政府宣布未来10年将投入40亿美元扶持自动驾驶，在豁免2 500辆汽车遵循现行相关交通安全规定； 2016年发布《美国自动驾驶汽车政策指南》； 2017年发布指南2.0——《安全展望2.0》； 2017年，众议院一致通过美国首部自动驾驶汽车法案（H.R. 3388）	第一次在国家法律层面上对自动驾驶技术进行扶持与引导。美国国家公路交通安全管理局提出新的监管方式，促进自动驾驶产业健康发展
日本	2016年5月，发布《自动驾驶汽车道路测试指南》； 2019年3月，修订《道路交通法》和《道路运输车辆法》	日本制定了自动驾驶普及路线图，将允许自动驾驶汽车（有司机）在高速公路行驶；对自动驾驶汽车使用的摄像头、传感器和监管设备提出要求

（2）自动驾驶技术研究的发展现状

20世纪80年代初，美国在军事方面已有自动驾驶技术的应用，欧洲从20世纪80年代中期开始研发自动驾驶车辆，侧重于单车智能化的研究，日本的自动驾驶研发略晚于欧美，更多关注于采用智能安全系统来保障驾驶安全性。由于深度学习算法的引入，自动驾驶技术有了爆炸性的突破，2009年，谷歌布局自动驾驶，引发了新一轮的产业热潮。随着一系列的政策出台，中国大批企业也开始投身自动驾驶领域，中、美、日三国与自动驾驶相关的技术发展情况如表3-6所示。

表3-6　中、美、日三国与自动驾驶相关的技术发展情况

国别	技术发展	关键技术
中国	百度正在重点布局人工智能（尤其是自动驾驶），2017年7月，公布“阿波罗计划”，打造开放的自动驾驶平台，面向其他企业开放自身的高精地图、算法、数据等。 长安汽车以汽车控制技术为基础，试图构建自主的软硬件平台。2013年以来，它先后与高德、华为、英特尔、百度、博世、蔚来等多家企业在自动驾驶方面合作，并加入中国智能网联汽车产业创新联盟。 2016年，出现了一批与自动驾驶相关的初创公司，小鹏汽车、Momenta、图森未来、智行者科技、中科慧眼等，主要涉及计算机视觉、激光雷达和算法等方面	高精地图、算法、数据、网联汽车和计算机视觉等（兰京，2019）
美国	谷歌的路测里程累计已达4.8×10^6 km，数据积累遥遥领先。除拥有强大的算法能力和数据积累之外，谷歌还自研激光雷达、AI芯片（TPU）、雷达等核心硬件。 英特尔大力布局自动驾驶，和德尔福、宝马、Mobileye成立自动驾驶联盟，形成“计算+计算机视觉+汽车硬件+整车”的供应链生态。 特斯拉的自动驾驶功能定位在Model S、Model X及Model 3上，提供的驾驶辅助功能包括：自动转向、具有交通安全意识的巡航控制、自动停车等	算法数据、计算机视觉、云计算、巡航控制和整车制造等
日本	电装、日立等公司都已经掌握了24GHz、77GHz 毫米波雷达技术。 欧姆龙在2018年9月开发出了探测距离超过150 m的远距离激光雷达。 丰田和日产相继推出车联网服务G-Book和CarWings。2016年，丰田开始在新车型中安装数据通信系统，推动汽车互联技术普及	车联网技术、毫米波雷达技术、整车制造技术等

各国专家学者从2000年开始大量研究自动驾驶相关技术，Beebe等（2000）研究了在自动驾驶平台视觉识别的应用，Urmson等（2008）研究了一种车载传感器，三层规划系统将任务、行为和运动规划结合起来，可在城市环境中驾驶。Li Zhen Hao（2011）综述了自主驾驶的核心技术，比较了国内外相关技术开发的政策，促进自动驾驶技术的发展。

（3）中、美、日自动驾驶产业发展脉络

从自动驾驶产业发展的脉络看，自动驾驶产业发展主要开始于美国，1997年，美国伯克利大学成功实现了自动驾驶车队演示，但后来由于法律和技术的问题被搁置。2009年，谷歌开始自动驾驶试验，引发了新一轮的产业热潮，美国、日本和欧洲的车企及新兴的科技企业如苹果、优步、博世和丰田等纷纷开始了自动驾驶汽车的研发。目前，国内的百度、长安汽车等企业以及国防科技大学、军事交通学院等军事院校也开始布局自动驾驶的研发（陈晓博，2016）。

从自动驾驶产业的市场份额方面看，2020年，全球汽车电子零部件市场规模达到

2 400亿美元（杨帆，2014），如图3-32所示。

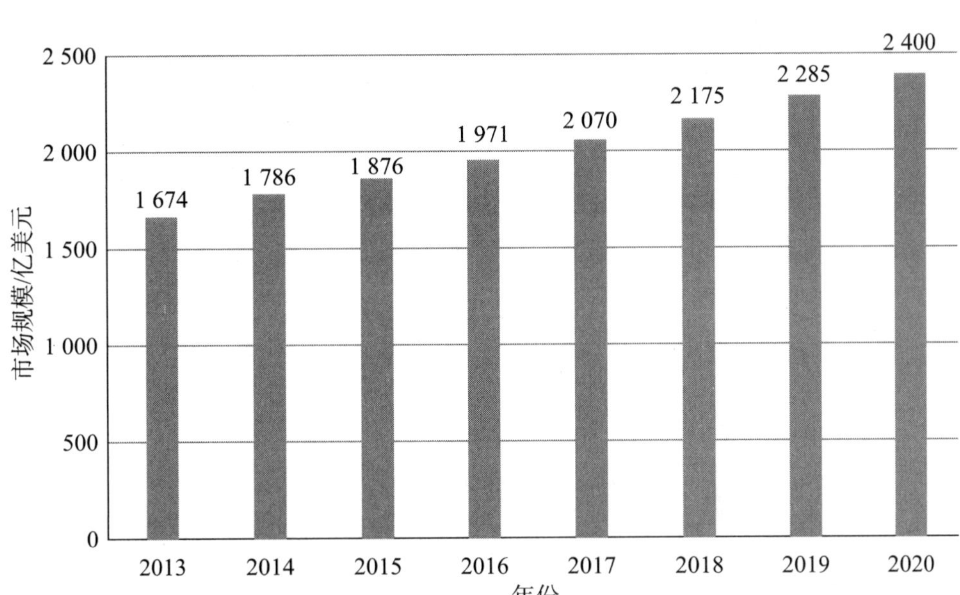

图3-32　全球汽车电子零部件市场规模

中国2018年乘用汽车销售额为5 100亿美元，2022年，中国市场规模预计将达到6 300亿美元，汽车电子零部件销售额稳步提高，2019年中国电子零部件市场份额仅为14%，预计2022年电子零部件销售额占整车比重将超过50%。由此看来，中国未来的自动驾驶产业发展有较大的潜力和空间。

随着自动驾驶产业的快速发展，各国在自动驾驶技术专利逐渐开始布局，其中以中、美、日三国尤为突出。从图3-33可以看出，在自动驾驶专利数量上，至2019年10月，美国和日本的自动驾驶专利数量均大于中国，中国自动驾驶专利数量为7 425件，同期美国和日本国内的自动驾驶专利数量分别为13 514件和13 515件。从2010年开始，美国和日本的专利数量就超过2 000件，并且一直保持在较高的水平，而同期中国自动驾驶专利数量不到400件，并一直处于缓慢增加态势。从2014年开始，美国的自动驾驶专利数量开始显著增加，而日本的自动驾驶专利数量虽然增加但速度较缓，中国的自动驾驶专利数量则增幅较大。

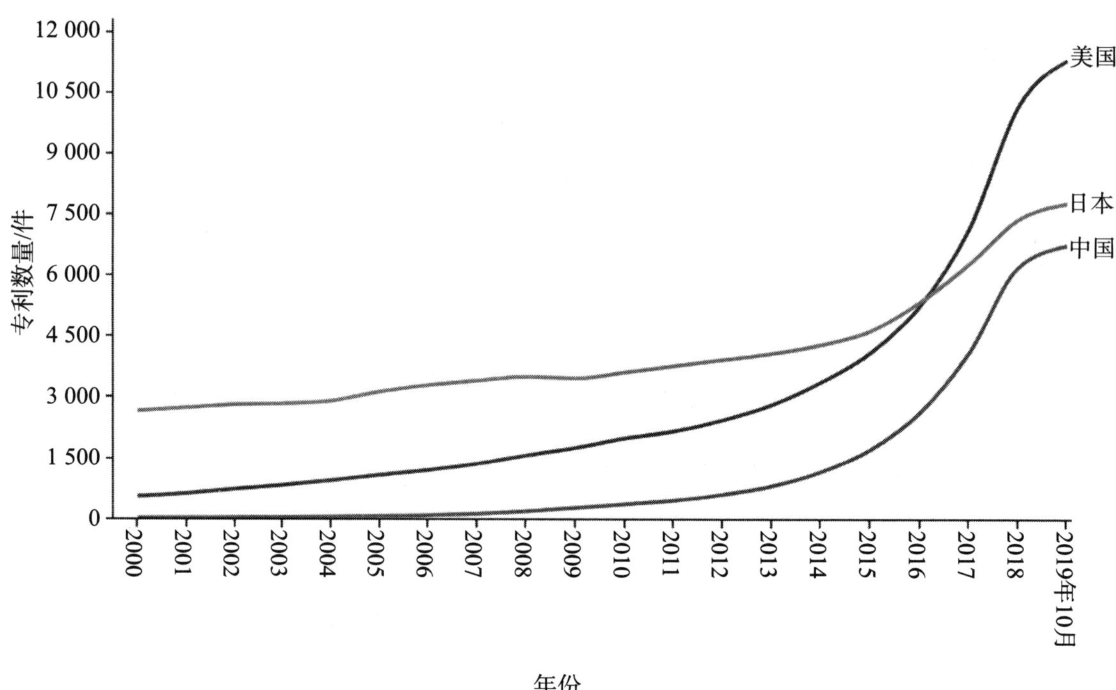

图3-33　中、美、日三国自动驾驶专利数量年度变化趋势

从产业发展过程来看，美国和日本的自动驾驶产业发展较为迅速，其作为较早开展自动驾驶技术研究的国家，一直引领着世界自动驾驶技术和产业的发展。在2016年之前，日本拥有较多的汽车整机及零配件制造商，如丰田、本田和日产等，在汽车制造技术方面有较多的积累，带动了自动驾驶产业的发展。

美国在人工智能、汽车技术等方面一直处于世界领先地位，而自动驾驶技术作为人工智能技术的一个分支，其发展程度与人工智能技术的整体发展有着直接关联。2016年后美国一度超越日本成为世界第一，其专利资产指数也一直稳步上升，专利资产指数比例也逐渐变大。中国自动驾驶产业起步阶段发展比较缓慢。而在汽车产业发展和人工智能发展等的带动作用下，从2014年开始，中国的自动驾驶技术和产业也快速增长，专利资产指数逐渐上升（图3-34、图3-35）。

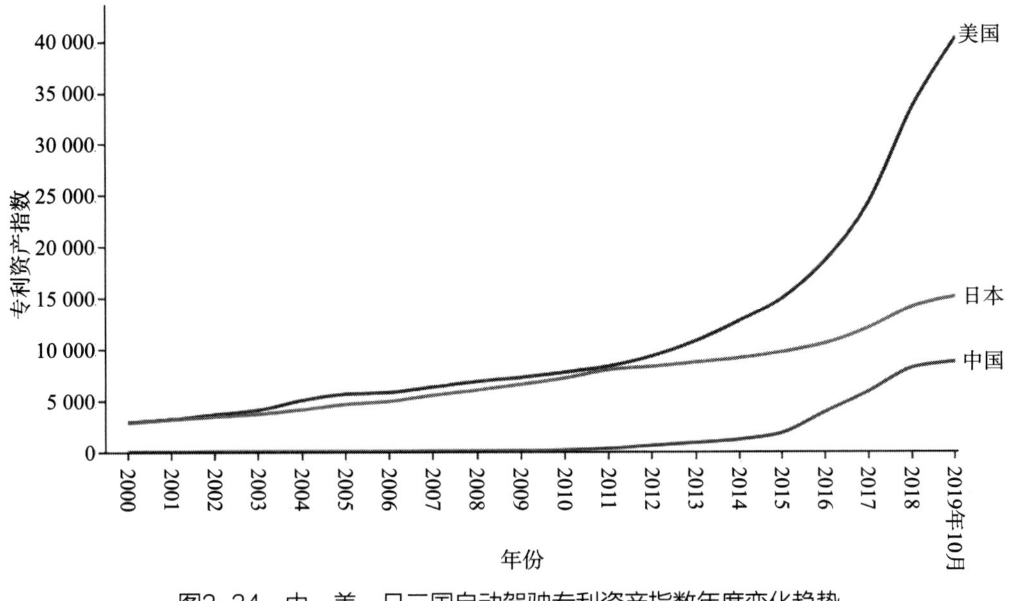

图3-34　中、美、日三国自动驾驶专利资产指数年度变化趋势

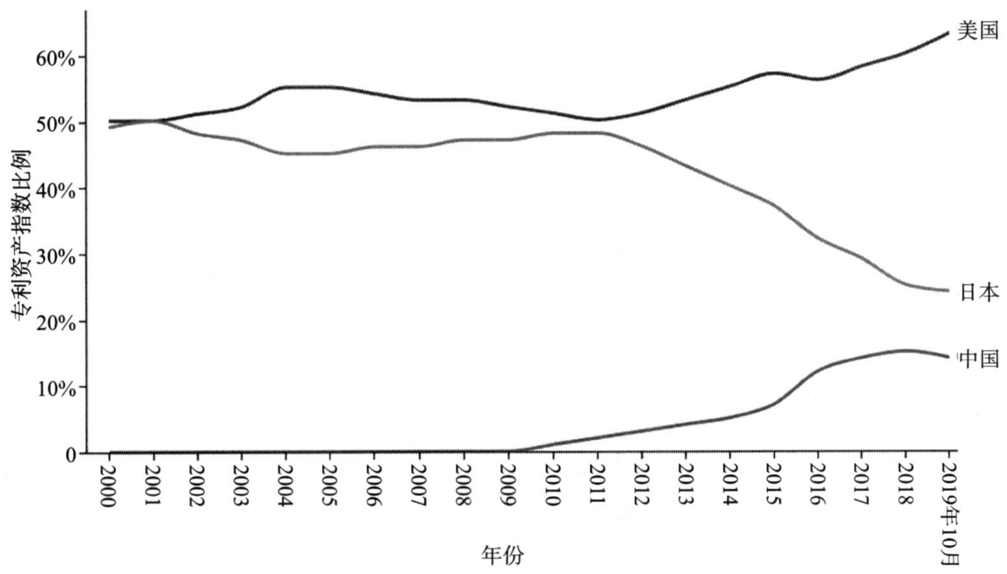

图3-35　中、美、日三国自动驾驶专利资产指数比例年度变化趋势

（4）中、美、日三国自动驾驶技术的竞争态势分析

从自动驾驶技术产业发展布局分布、技术热点分析、全球各国在中、美、日三国中自动驾驶技术的发展布局、创新主体分析等角度，对中、美、日三国的自动驾驶产业领域的竞争态势进行了对比分析。

1）中、美、日三国技术和产业发展布局分布。

通过对比中、美、日三国作为自动驾驶技术相关专利的专利优先权国在其他国家的分布可以看出中、美、日自动驾驶技术布局分布（图3-36至图3-38）。中国作为自动驾驶技术相关专利的专利优先权国，在世界知识产权组织布局681件专利，占比9.2%，在欧洲专利局布局254件，占比3.4%，在日本布局163件，占比2.2%；美国作为自动驾驶技术相关专利的专利优先权国，在世界知识产权组织布局4 271件，占比32.5%，在德国布局3 011件，占比22.9%，在欧洲专利局布局2 858件，占比21.7%；而日本作为自动驾驶技术相关专利的专利优先权国，在世界知识产权组织布局2 855件，占比21.1%，在德国布局2 590件专利，占比19.2%。

由此可见，中国作为自动驾驶技术相关专利的专利优先权国相对于美国和日本，其相关专利在其他国家或组织的布局较少，仍有很大的发展空间。

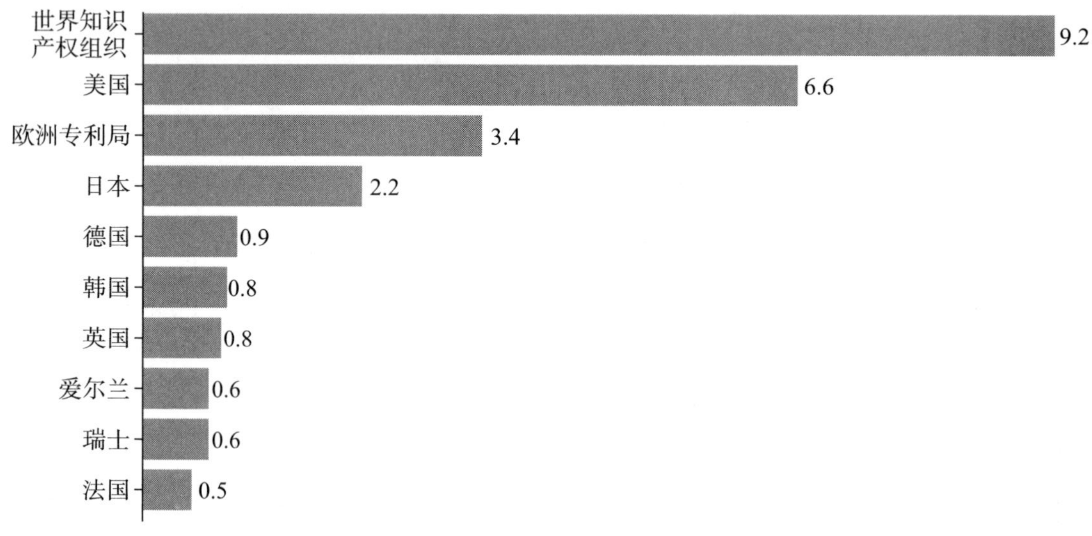

图3-36　中国作为自动驾驶技术相关专利的专利优先权国的同族专利在其他国家或组织的分布

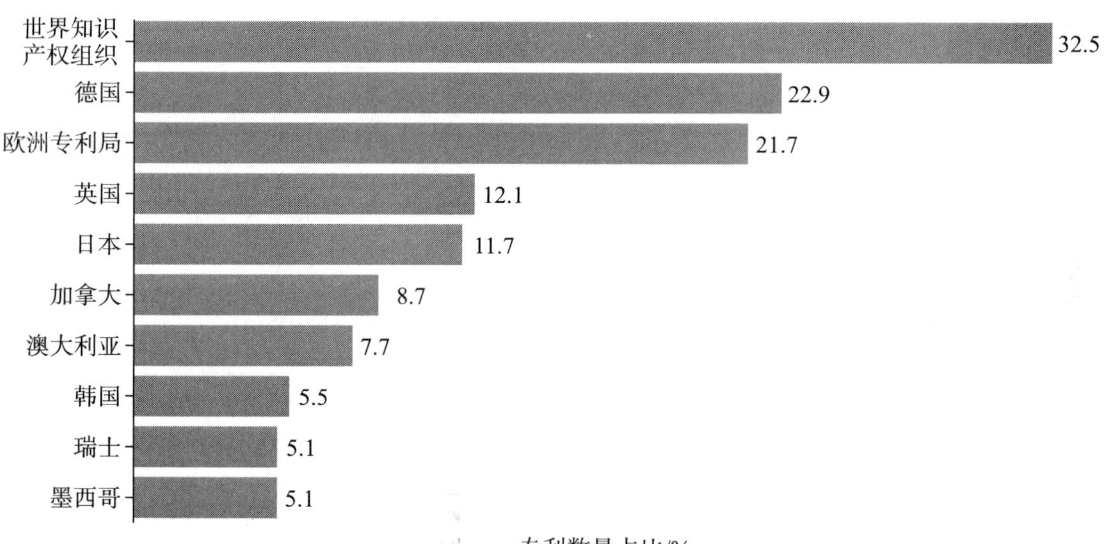

图3-37　美国作为自动驾驶技术相关专利的专利优先权国的同族专利在其他国家或组织的分布

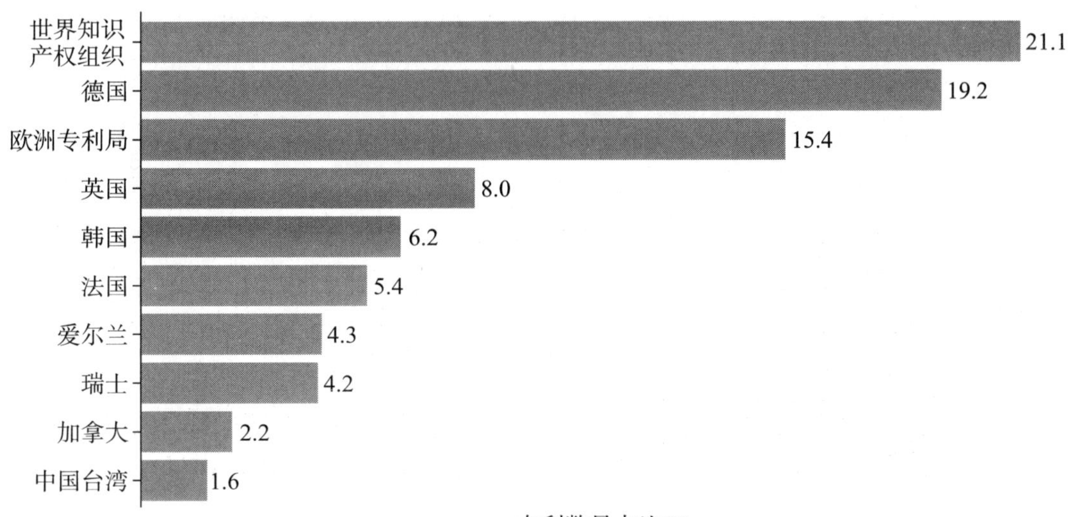

图3-38　日本作为自动驾驶技术相关专利的专利优先权国的同族专利在其他国家或地区、组织的分布

还可以从中、美、日三国自动驾驶技术的专利保护情况了解这些国家的相关技术与产业布局及调整。中、美、日三国自动驾驶法律对比情况如图3-39和表3-7所示。从专利法律状态来看，中国的有权专利数量只有2 190件（美国和日本分别为7 843件和5 637件）。中国有权专利与无权专利数量之比为3.21，低于美国有权专利与无权专利数量之比4.13，而日本有权专利与无权专利数量之比仅为0.98。有权专利与无权专利数量之比可以在一定程度体现专利申请的质量，可见日本的自动驾驶技术专利申请数量虽然领先，但无权专利数量达到5 777件，远多于美国的1 901件。中国的自动驾驶专利有4 552件正在实质审查中，占一大半，说明大部分专利是2018—2019年才申请，布局虽较晚，但表明中国与美国和日本的差距正在缩短。

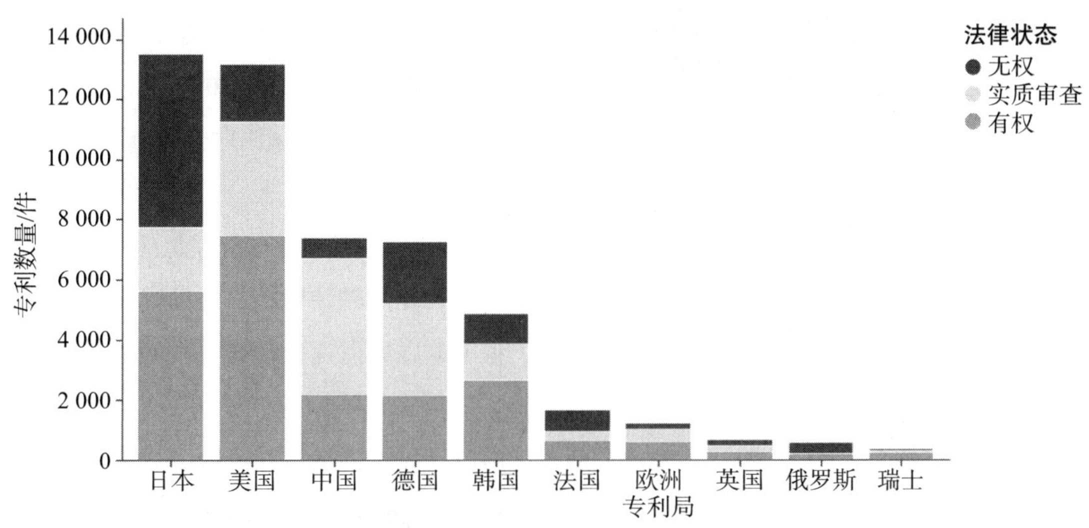

图3-39　全球排名前10国家或组织的自动驾驶技术专利法律状态图

表3-7　中、美、日三国自动驾驶技术专利数量及法律状态对比

专利数量及法律状态	国别		
	中国	美国	日本
有权专利数量/件	2 190	7 843	5 637
实质审查专利数量/件	4 552	3 770	2 101
无权专利数量/件	683	1 901	5 777
合计/件	7 425	13 514	13 515
有权、无权专利比	3.21	4.13	0.98

2）中、美、日三国产业技术热点分析。

①中、美、日三国自动驾驶产业的重点发展技术分布。

中国在汽车及其配件制造技术上较为薄弱，传统汽车企业缺乏自主的汽车工业核心技术，但新兴的科技公司在算法、数据等新兴的技术方面研发较多。

美国自动驾驶技术主要集中在汽车整车、配件制造、人工智能、精准定位等技术领域，其代表自动驾驶产业发展方向的企业有福特、通用、谷歌、英特尔等，在新兴自动驾驶技术发展上，这些企业又有不同的发展技术分布。

日本有丰田、本田、日产等优秀的汽车制造商，在汽车及其配件制造技术方面有较强的实力，而在新兴的自动驾驶技术方面，电装、日立等公司的毫米波雷达技术较成熟，而在激光雷达和高性能处理器等技术方面有所欠缺。

从专利分析的角度，通过中、美、日三国申请专利的IPC小类分类统计也可以窥探其自动驾驶技术专利重点技术领域分布情况（表3-8至表3-10）。中、美、日三国自动驾驶产业整体水平的IPC分布比较相似，其中G05D（非电变量的控制或调节系统）、B60W（不同类型或不同功能的车辆子系统的联合控制，专门适用于混合动力车辆的控制系统，不与某一特定子系统的控制相关联的道路车辆驾驶控制系统）、G08G（交通控制系统）、G01C（测量距离、水准或者方位，勘测，导航，陀螺仪，摄影测量学或视频测量学）和G01S（无线电定向，无线电导航，采用无线电波测距或测速，采用无线电波的反射或再辐射的定位或存在检测，采用其他波的类似装置）都是三国关注的重点领域，涉及车辆控制、导航系统、视频测量等方面，这些都属于自动驾驶领域核心的关键技术，表明三国在自动驾驶技术发展方向上基本保持一致，说明这些方向在自动驾驶技术发展中具有重要的意义。

进一步分析发现，中、美、日三国重点关注的具体技术领域存在不同，如美国和日本更偏向于B60R领域（不包含在其他类目中的车辆、车辆配件或车辆部件），主要涉及汽

车零配件制造技术。日本还偏向于B60K（车辆动力装置或传动装置的布置或安装，两个以上不同的车辆原动机的布置或安装，车辆辅助驱动装置，车辆用仪表或仪表板，与车辆动力装置的冷却、进气、排气或燃料供给结合的布置）、B62D（机动车，挂车）、B60T（车辆制动控制系统或其部件，一般制动控制系统或其部件）等技术领域，这些都属于固有的汽车部件制造等方面技术。

中国和美国偏向于关注B60W、G06K（数据识别，数据表示，记录载体，记录载体的处理）、B64C（飞机，直升机）等技术领域，这些基本属于环境感知和数据算法技术等方面。中国偏向于关注B25J（机械手，装有操纵装置的容器）、B60L（电动车辆动力装置）、G05B（一般的控制或调节系统，这种系统的功能单元；用于这种系统或单元的监视或测试装置）等领域，主要涉及操作和动力装置等方面。

表3-8 中国自动驾驶技术专利申请排名前10的IPC技术领域分布表

IPC分类	技术领域	专利数量/件
G05D	非电变量的控制或调节系统	2 486
G01C	测量距离、水准或者方位，勘测，导航，陀螺仪，摄影测量学或视频测量学	1 342
B60W	不同类型或不同功能的车辆子系统的联合控制，专门适用于混合动力车辆的控制系统，不与某一特定子系统的控制相关联的道路车辆驾驶控制系统	1 222
G01S	无线电定向，无线电导航，采用无线电波测距或测速，采用无线电波的反射或再辐射的定位或存在检测，采用其他波的类似装置	892
G08G	交通控制系统	688
B25J	机械手，装有操纵装置的容器	526
G06K	数据识别，数据表示，记录载体，记录载体的处理	477
B64C	飞机，直升机	387
B60L	电动车辆动力装置	313
G05B	一般的控制或调节系统，这种系统的功能单元，用于这种系统或单元的监视或测试装置	275

表3-9 美国自动驾驶技术专利申请排名前10的IPC技术领域分布表

IPC分类	技术领域	专利数量/件
G05D	非电变量的控制或调节系统	5 281
B60W	不同类型或不同功能的车辆子系统的联合控制；专门适用于混合动力车辆的控制系统；不与某一特定子系统的控制相关联的道路车辆驾驶控制系统	3 500
G08G	交通控制系统	3 191
G01C	测量距离、水准或者方位，勘测，导航，陀螺仪，摄影测量学或视频测量学	2 931

（续表）

IPC分类	技术领域	专利数量/件
G01S	无线电定向，无线电导航，采用无线电波测距或测速，采用无线电波的反射或再辐射的定位或存在检测，采用其他波的类似装置	2 682
G06F	电数字数据处理	2 266
G06K	数据识别，数据表示，记录载体，记录载体的处理	1 971
B60R	不包含在其他类目中的车辆、车辆配件或车辆部件	1 436
B64C	飞机，直升机	1 217
G06T	一般的图像数据处理或产生	1 077

表3-10　日本自动驾驶技术专利申请排名前10的IPC技术领域分布表

IPC分类	技术领域	专利数量/件
G08G	交通控制系统	6 035
G05D	非电变量的控制或调节系统	5 519
B60W	不同类型或不同功能的车辆子系统的联合控制，专门适用于混合动力车辆的控制系统，不与某一特定子系统的控制相关联的道路车辆驾驶控制系统	5 048
B60R	不包含在其他类目中的车辆、车辆配件或车辆部件	3 325
G01C	测量距离、水准或者方位，勘测，导航，陀螺仪，摄影测量学或视频测量学	2 941
B60K	车辆动力装置或传动装置的布置或安装，两个以上不同的车辆原动机的布置或安装，车辆辅助驱动装置，车辆用仪表或仪表板，与车辆动力装置的冷却、进气、排气或燃料供给结合的布置	1 925
G01S	无线电定向，无线电导航，采用无线电波测距或测速，采用无线电波的反射或再辐射的定位或存在检测，采用其他波的类似装置	1 760
B62D	机动车，挂车	1 677
B60T	车辆制动控制系统或其部件，一般制动控制系统或其部件	1 325
F02D	燃烧发动机的控制	1 156

由此可见，尽管中、美、日三国在自动驾驶技术发展方向上大体保持一致，但是美国无论是在固有的汽车部件制造技术等方面，还是在环境感知和数据算法技术等自动驾驶新兴技术上都有较好的布局，占有领先地位；日本在固有的汽车部件制造技术等方面布局较好，但在环境感知和数据算法技术等自动驾驶新兴技术上涉及较少；而中国虽然在固有的汽车部件制造技术方面落后，但在环境感知和数据算法技术等自动驾驶的新兴技术上并未落下风，布局较多。这与三国自动驾驶的产业发展情况相匹配。

②中、美、日三国近5年自动驾驶重点技术发展比较分析。

还可以从中、美、日2015—2019年的高价值专利的分布情况看出其自动驾驶重点技术的发展趋势。

通过比较中、美、日自动驾驶技术高价值专利情况，分析三国2015—2019年自动驾驶重点技术发展情况（图3-40），竞争影响力指数大于1的专利：美国有5 908件，占总专利数量的62.9%，专利资产指数为23 525；日本有2 051件，占总专利数量的21.8%，专利资产指数为6 352；中国有1 431件，占总专利数量的15.2%，专利资产指数为5 461。美国高价值专利的专利数量和专利资产指数遥遥领先于日本和中国。

由表3-11可知，美国在竞争影响力指数大于10的专利数量上有较大的优势，竞争指数大于100的专利有3件，涉及地图导航、激光雷达、车辆通知系统等方面，中国在竞争指数大于100的专利有1件，涉及无人机停靠技术。可以看出美国在自动驾驶技术的高质量专利的数量和质量上占有较大的优势，日本次之，中国还有较大的差距。

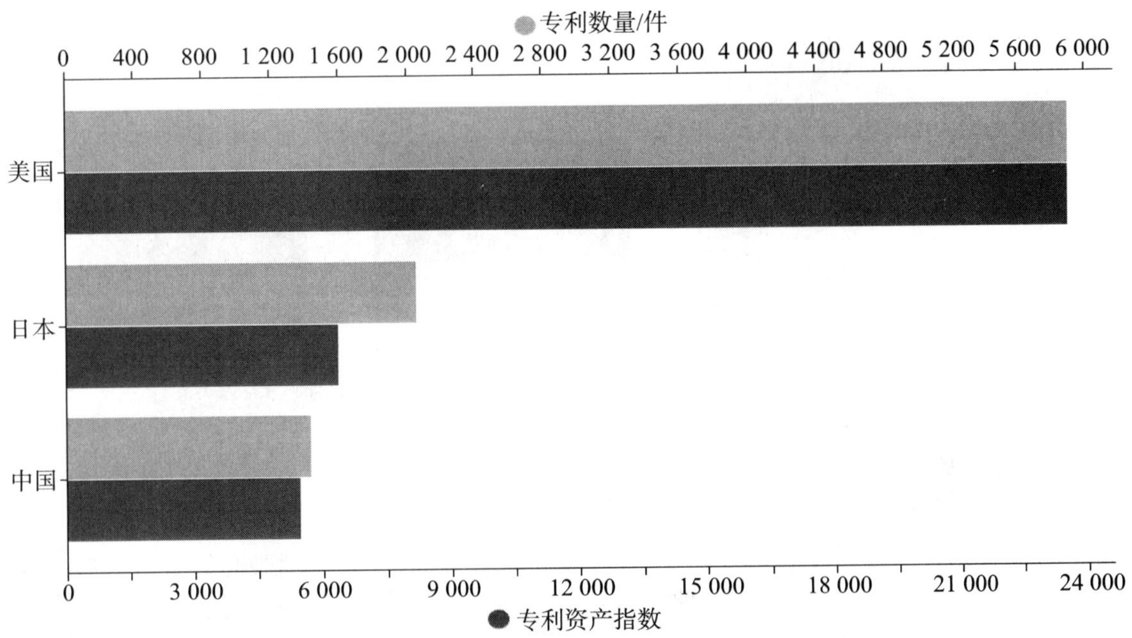

图3-40　中、美、日三国2015—2019年的自动驾驶技术高价值专利

表3-11　中、美、日三国近5年不同竞争影响力指数区间专利数量分布表

不同竞争影响力指数区间	中国专利数量/件	美国专利数量/件	日本专利数量/件
1～5	1 197	4 801	1 801
6～10	189	701	163
11～20	36	308	71
21～100	15	100	23
＞100	1	3	0

注：竞争影响力指数=技术相关度×市场覆盖范围，而技术相关度与专利的后引证、来源专利局、公开年份和专利类别相关，市场覆盖范围是有效的授权专利和在审专利的市场保护范围，参照基准为美国授权专利为1。竞争影响力指数越高代表其价值越高。

从图3-41可看出，中、美、日三国近5年自动驾驶技术的高价值专利申请大约占40%，说明各国近5年在大力发展自动驾驶产业。由图3-42可知，中、美、日三国近5年自动驾驶的高价值专利排名前10 IPC分布都有G05D、B60W、G08G、G06K，这些都是自动驾驶关键技术。

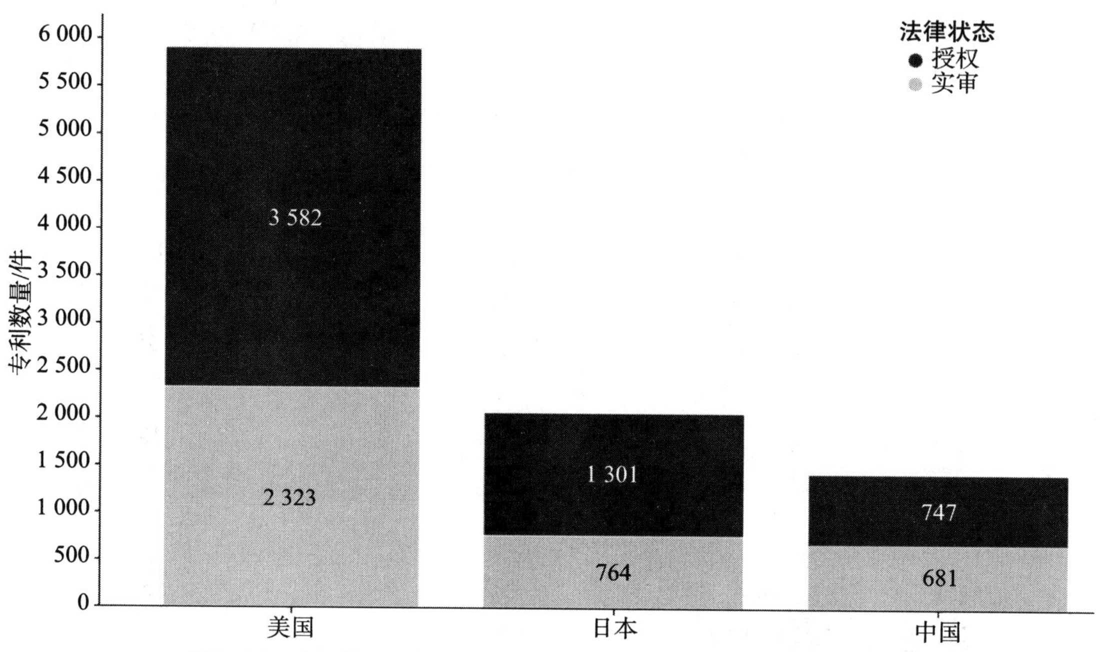

图3-41 中、美、日近5年自动驾驶技术高价值专利的法律情况分布

由此可见，美国和日本的高价值专利布局涉及汽车零部件制造技术，美国近5年自动驾驶高价值专利在车辆制造及其配件等传统汽车制造技术方面和在无线电导航、图像数据处理等新兴的自动驾驶技术方面都有良好的布局；日本近5年自动驾驶高价值专利则在车辆制造及其配件、车辆制动控制系统或其部件、一般制动控制系统或其部件等传统汽车制造技术方面布局较好，在新兴的自动驾驶技术方面布局较少；而中国近5年自动驾驶高质量专利主要涉及无线电导航、图像数据处理等新兴的自动驾驶技术方面，在传统汽车制造技术方面较为薄弱。如图3-42所示。

3）全球各国在中、美、日三国中自动驾驶技术的发展布局。

由上面的分析可以知道，中、美、日三国在自动驾驶技术领域的竞争尤为激烈，接下来，我们将从各国在中、美、日三国的自动驾驶技术的专利申请数量分析其自动驾驶技术在中、美、日三国的发展布局（图3-43）。

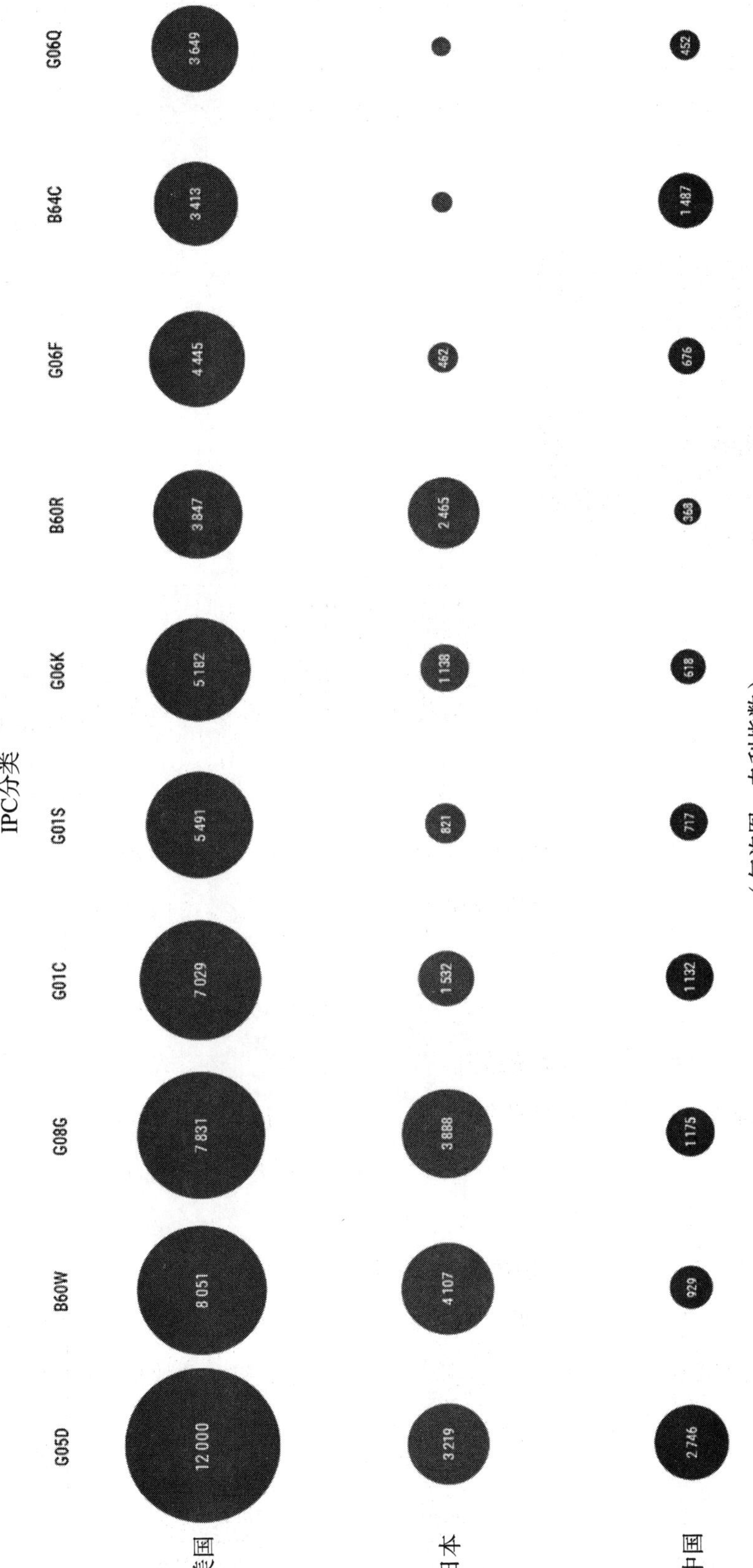

（气泡图：专利指数）

图3-42　中、美、日近5年自动驾驶高价值专利的技术领域分布情况

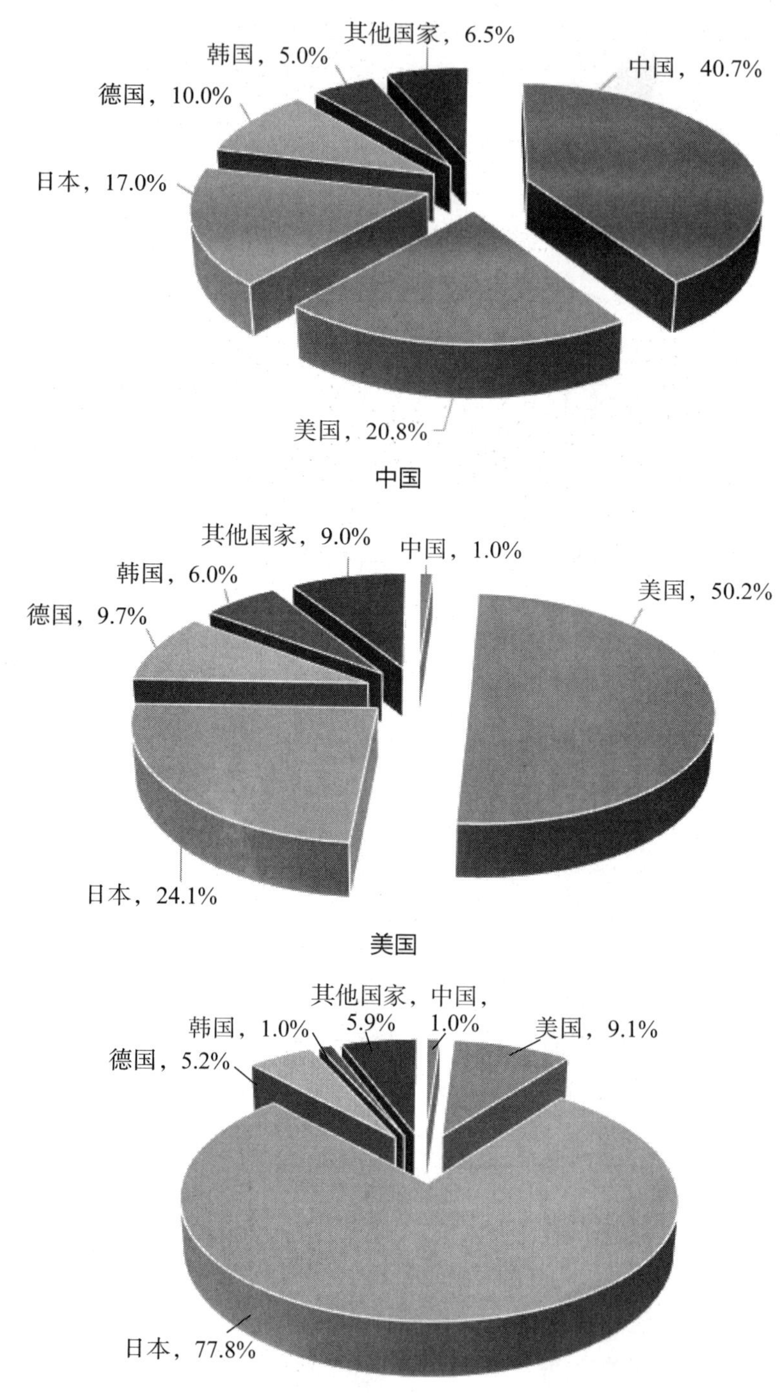

图3-43 中、美、日三国自动驾驶技术相关专利的申请来源国分析

中国的自动驾驶技术相关专利从数量上来说其最大的申请来源国是本国，数量为7 305，比例为40.7%，美国、日本分别排名第二与第三，数量分别为3 725、3 042，比例分别为20.8%、17.0%，此外专利申请国还有德国、韩国等。美国的自动驾驶技术相关专利有12 510

件专利申请来源于本国，占50.2%，申请来源于日本和德国分别有5 339件和2 425件，占比分别为24.1%和9.7%，此外美国自动驾驶技术相关专利的专利申请还有来源于韩国、中国等。日本的自动驾驶技术相关专利有13 182件申请来源于本国，占77.8%，美国和德国分别排名第二和第三，有1 541件和881件，占比分别为9.1%和5.2%。由此可见，中、美、日三国的自动驾驶技术相关专利的申请大部分来源于本国，美国和日本的本国申请来源均超过50%，但中国专利约60%来源于其他国家，中国的自动驾驶技术相对于美国和日本还有待加强。

4）中、美、日三国自动驾驶技术的创新主体分析。

通过梳理中、美、日三国自动驾驶技术申请主体的专利情况，明确三国在该领域的重点创新主体（包括重点企业和重点研发机构），进一步对比分析其专利资产指数、专利数量和IPC分类等指标，以把握中、美、日三国在自动驾驶产业领域的竞争力。

在中、美、日三国专利数量排名前10的自动驾驶创新主体中（图3-44），美国有5家企业，日本4家，而中国仅1家。由图3-45可知，美国5家企业，其中2家为传统汽车企业福特和通用，在G08G和B60W等方面布局较多，而另外3家为谷歌、iRobot和WiTricity，属于新兴的科技公司，主要布局G01C和G01S等与自动驾驶相关的新兴技术。日本4家为丰田、电装、本田和日产，全部为传统的汽车或其零配件制造商，主要布局在G05D、G08G和B60R等，涉及传统的汽车及其配件制造技术。中国仅占1家，为深圳市大疆创新科技有限公司（以下简称“大疆”），在G05D（动力装置或推进传动装置的配置或安装）和G01C布局较多，主要是与自动驾驶相关的新兴技术。

对各国专利资产指数排名前10的专利权人进行统计分析，结果如图3-46至图3-48所示。可以看出，截至2020年10月，中国自动驾驶专利资产指数排名前10的专利权人仅有浙江吉利汽车有限公司（以下简称“吉利公司”）为传统汽车或汽车相关配件企业，6家为非传统车企，大疆、百度在线网络技术（北京）有限公司（以下简称“百度”）、宝时得科技（中国）有限公司（以下简称“宝时得”）、小米科技有限责任公司（以下简称“小米”）、北京小桔科技有限公司（以下简称“滴滴出行”）等科技公司，3家为中国科研院校，北京航空航天大学、中国科学院大学和哈尔滨工程大学等，大疆的专利数量128件和专利资产指数1 635都是位列第一，可见大疆拥有较多高专利资产指数的专利。吉利公司作为中国排名前10的自动驾驶创新主体中唯一一家汽车企业，兼并沃尔沃后很好地利用了沃尔沃在自动驾驶的技术优势（王亚婷，2019），加快了研发步伐，形成了优势。中国新兴的科技公司参与较多，而缺乏传统汽车或汽车相关配件的企业，有3家为科研院校，科研院校的目标和定位与追求经济利益的企业相比，具有不小的差别，可能因为其技术创新与市场无法完全结合或转化，对自动驾驶产业化也将产生不利的影响。

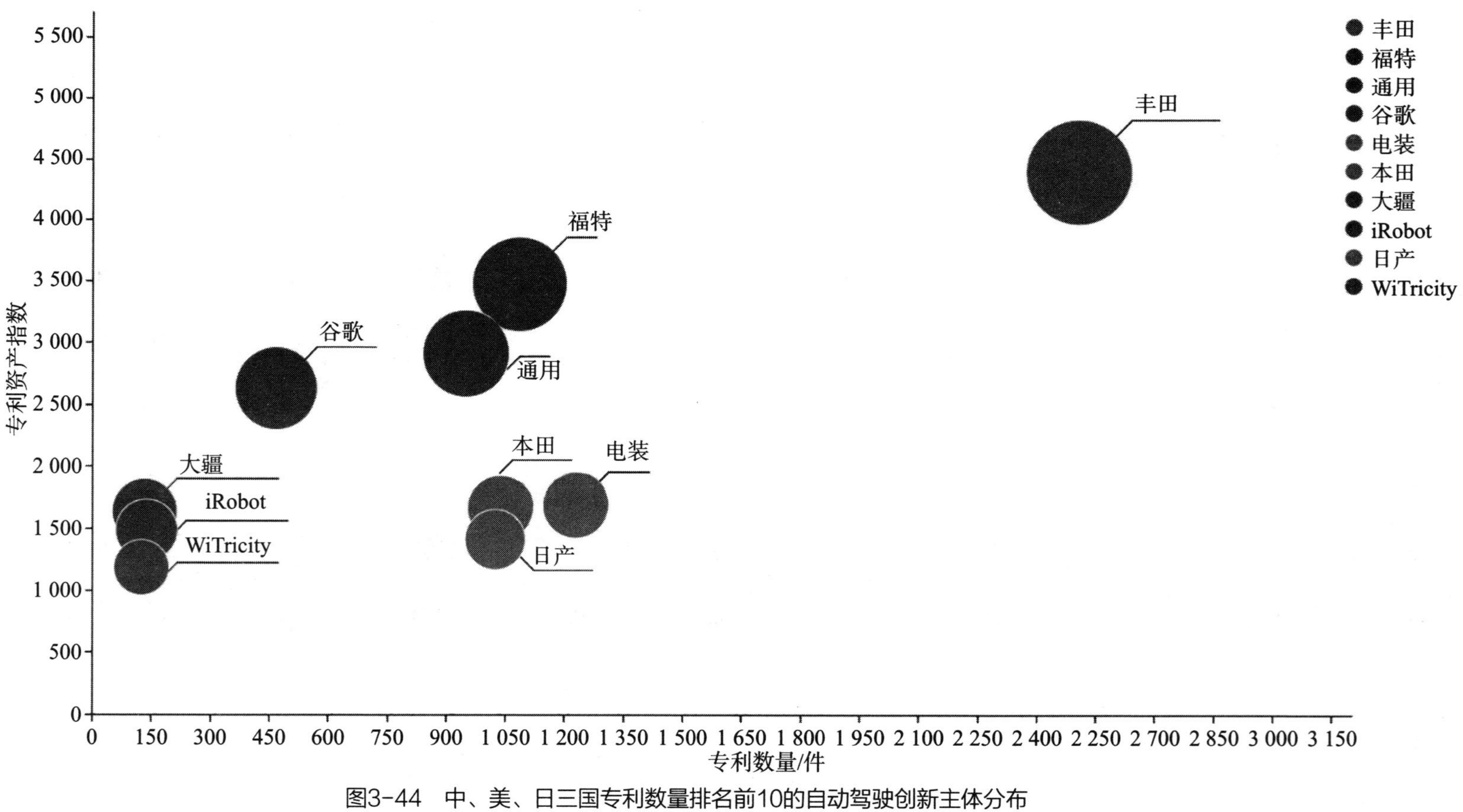

图3-44 中、美、日三国专利数量排名前10的自动驾驶创新主体分布

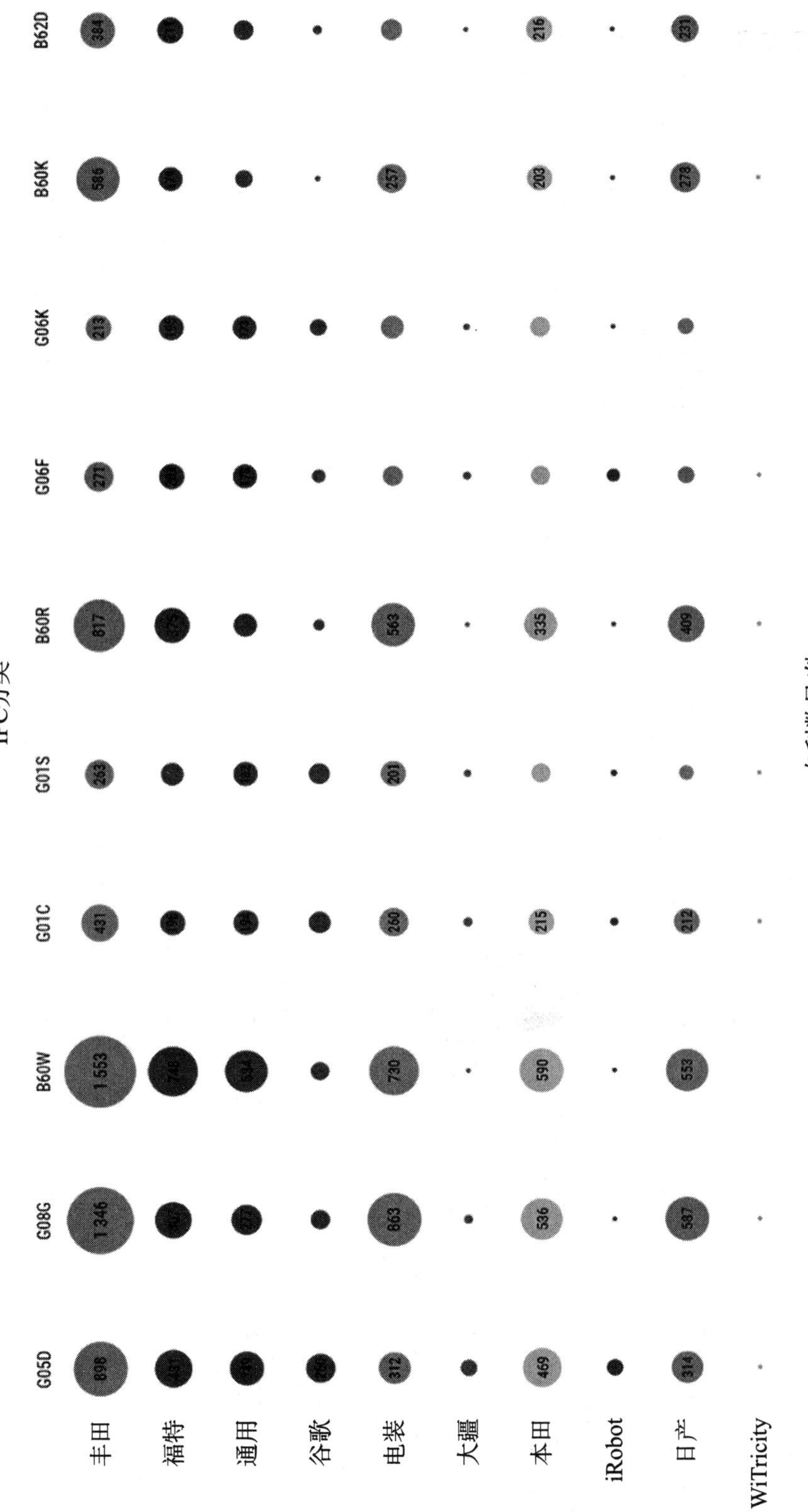

图3-45 中、美、日三国专利数量排名前10的自动驾驶创新主体的IPC分类

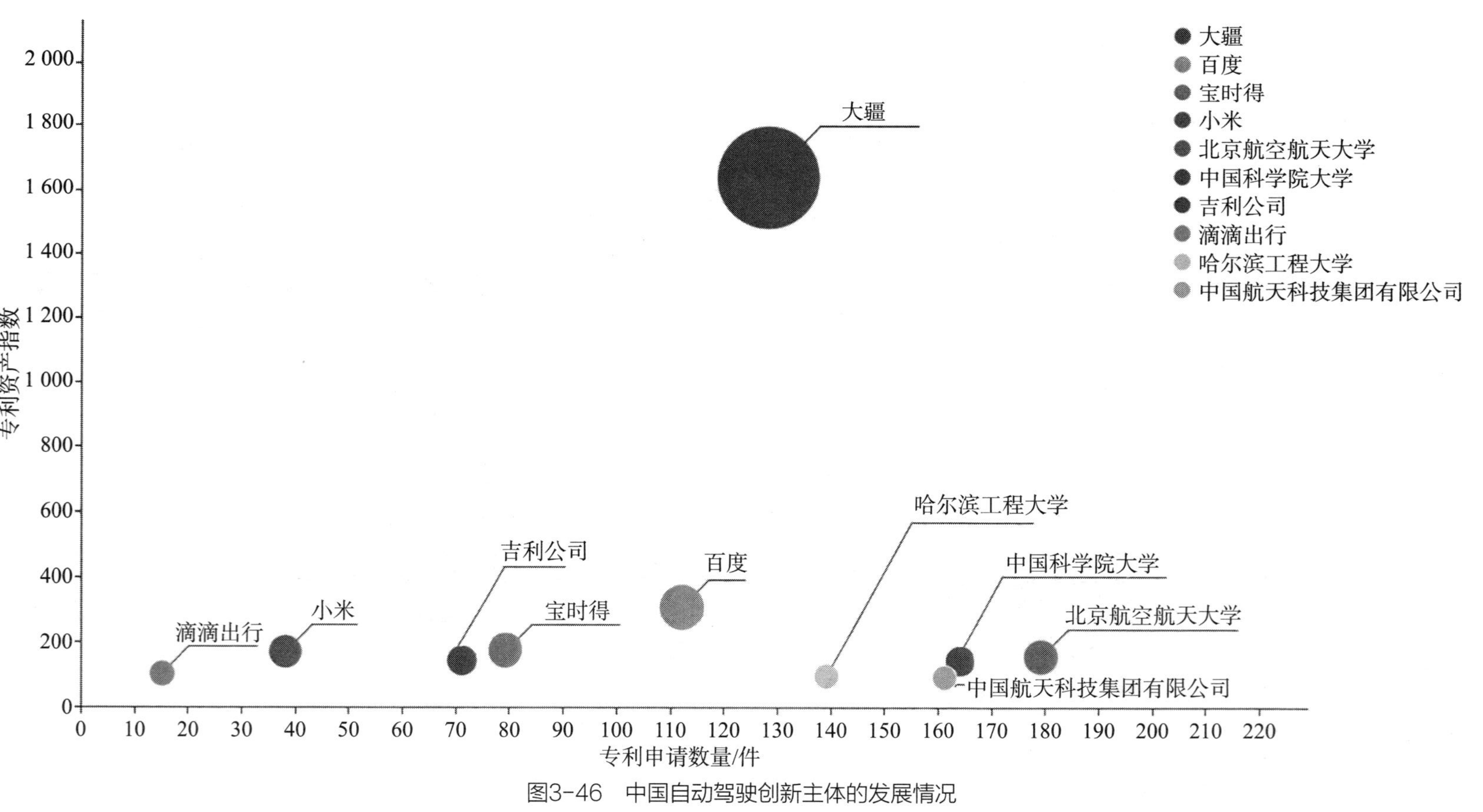

图3-46 中国自动驾驶创新主体的发展情况

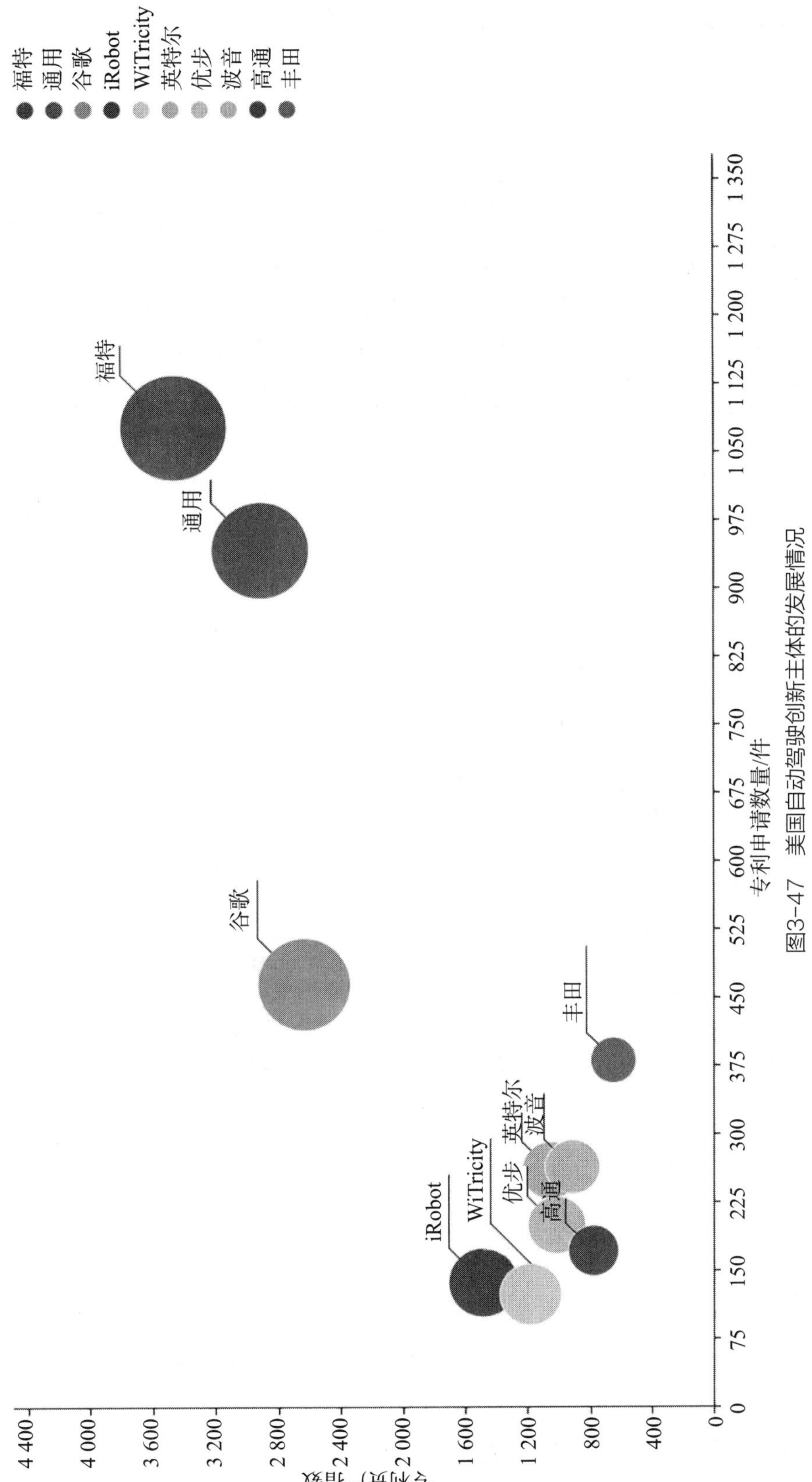

图3-47 美国自动驾驶创新主体的发展情况

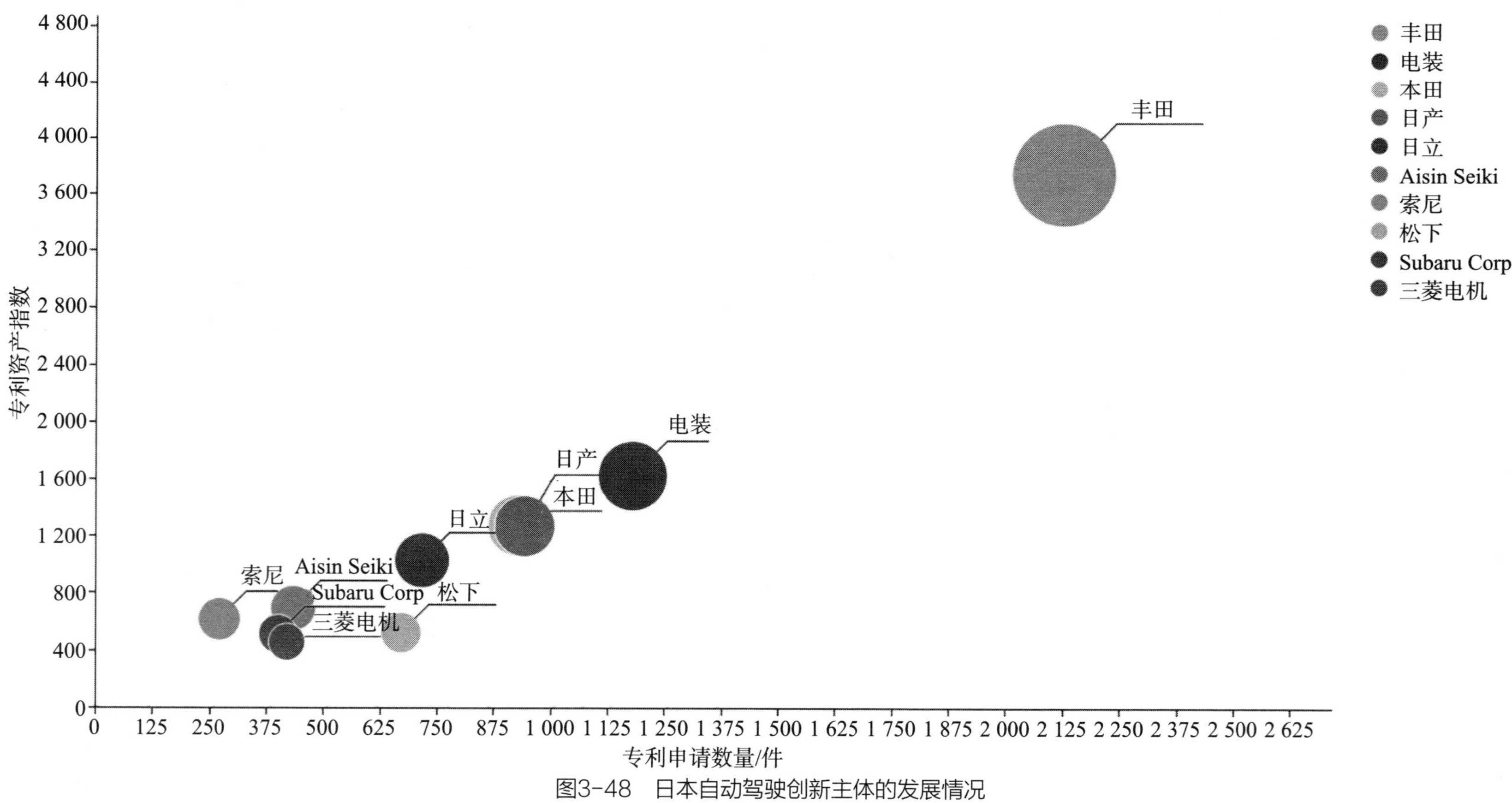

图3-48 日本自动驾驶创新主体的发展情况

美国自动驾驶专利资产指数排名前10的均为企业，其中有3家为传统汽车企业，分别是福特、通用和日本的丰田，其余7家均为非传统汽车企业，有谷歌、iRobot、WiTricity、英特尔、优步、波音、高通等科技公司，福特的专利申请数量1 076件和专利资产指数3 372都是排名第一，值得一提的是谷歌公司专利申请数量为464件，但专利资产指数高达2 599，可见谷歌公司具有较多的自动驾驶领域高专利资产指数的专利。

日本自动驾驶专利资产指数排名前10的也均为企业，其中有8家为传统汽车或汽车相关配件企业，分别是丰田、电装、本田、日产、日立、Aisin Seiki、三菱电机、Subaru Corp，其中丰田的专利申请数量2 123件和专利资产指数3 717都是位列第一，另外两家非传统汽车企业分别是索尼和松下，索尼的自动驾驶专利申请数量为270件，专利资产指数为596；松下自动驾驶专利申请数量为670件，专利资产指数为515。可见日本的自动驾驶技术发展以传统汽车或汽车相关配件企业为主，新兴的科技公司参与自动驾驶产业不多。

3.2.5.4 结论及建议

（1）主要结论

由上述分析可知：①近年来，各个国家都在积极推动自动驾驶的相关立法和政策规划，鼓励自动驾驶车辆测试及应用；②就自动驾驶产业产业化总体来看，中国较美国和日本，自动驾驶产业起步慢，在专利数量和质量方面存在不小的差距，中国逐渐奋起直追，步入快速发展阶段，中国未来的自动驾驶产业发展有较大的潜力和空间；③从技术发展来看，中、美、日三国在自动驾驶技术发展方向上大体保持一致，但是美国不仅在固有的汽车部件制造技术等方面，还在环境感知和数据算法技术等自动驾驶新兴技术上都有较好的布局，日本在固有的汽车部件制造技术等方面布局较好，而中国在环境感知和数据算法技术等自动驾驶的新兴技术上布局较多。在自动驾驶高价值专利方面，美国自动驾驶技术的高价值专利的数量和质量占有较大的优势，日本次之，中国还有较大的差距；④从三国竞争态势情况来看，中、美、日三国的自动驾驶专利的申请大部分来源于本国，美国和日本来源于本国的专利申请均超过50%，但中国专利申请约60%来源于其他国家。美国和日本均以企业为主导，所以技术创新更贴近市场需求，而中国有不少创新主体为科研院校，或许出于创新体制等原因导致成果未能快速转化，影响了自动驾驶技术的产业化。虽然中国自动驾驶产业未来发展潜力和发展空间巨大，但是未重视技术的国际保护，相较于美国和日本，中国缺乏在其他国家市场进行前瞻性的专利布局，这将不利于未来自动驾驶产业的国际化发展。

（2）建议

1）构建良好的自动驾驶产业发展环境。

自动驾驶作为高新技术产业，其很多相关技术还在试验阶段，其产业化才起步，加强政策创新、管理体制创新和市场机制的创新，构建良好的自动驾驶产业发展环境，对自动驾驶产业的可持续性发展具有非常重要的意义。可以借鉴参考新能源汽车产业（陈军 等，2019），在自动驾驶技术应用推广和市场开发中，国家政策、奖励补贴及资源等方面的支持能推动自动驾驶技术尽早产业化。

2）加强自动驾驶领域的人才培养。

“人才是第一资源，创新是第一动力”，自动驾驶产业的竞争，归根到底还是人才和知识储备的竞争。建议从以下方面加强自动驾驶人才的培养：一是政府层面，应该为企业的人才引进和培养提供一定的政策和资源支持，应提供资金支持创业创新、技术研发；二是科研院所和高校等研究机构方面，应该为科学家提供科技成果转移转化平台，对引进的自动驾驶人才进行进一步培训和培养，提供平台并创造良好的交流学习机会提高其实践能力和技术水平；三是公众科学层面，应定期举办各种学术活动或科普活动等，加快自动驾驶知识的传播，提高人们对自动驾驶技术的认知和兴趣（陈军 等，2019）。

3）加强行业间的交流和合作。

自动驾驶涉及的技术较多，表明未来一家企业独大的可能性较小（Martinez-Diaz，2019），不同于美国和日本，中国的科研院所和高校在自动驾驶技术创新主体中也有较多的科研成果，协调整合政产学研用资源，可以发挥各方资源的最大优势。一方面，可以由国家部委牵头，设立相关的重大科技专项，支持设立自动驾驶联合研究团队，形成战略联盟，结合自身擅长的领域，对有关自动驾驶技术的关键性技术或者前沿性技术进行联合攻关；另一方面，以市场导向为基准，以自动驾驶相关企业为主导并协调科研院所和高校的相关资源对自动驾驶的应用技术进行研发，从而提高自动驾驶的应用技术的实用性和有效性。

4）推进自动驾驶技术专利的国际布局。

中国要想在全球未来的自动驾驶产业市场竞争中赢得主导权，国内有实力的科研院所和高校与企业等相关研发机构都应该走出国门，深化与国外研发机构的合作，构建自动驾驶的国际合作联盟，并加大自动驾驶技术专利的国际布局力度，为未来的快速发展打下坚实的基础。特别是中国在固有的汽车及其部件制造技术方面较为落后，更应注重在这方面技术与国外拥有先进技术的研发机构进行深度合作和交流，从而促进国内自动驾驶技术的创新与发展。

3.2.6 块体纳米金属材料研究与应用现状

3.2.6.1 块体纳米金属材料概况

随着金属材料工业需求的增加和其应用场景的多样化，具备高强度、高韧性、高塑性成了金属材料发展的必然趋势。通常情况下，可以通过固溶强化、应变强化、第二相弥散强化等方法提升金属材料的强度，这些方法会增加金属材料的缺陷，如通过阻碍位错运动来提高材料的强度，但是往往会导致塑性降低。因此，如何在保证高强度、高韧性的前提下提高金属材料的塑性，成为金属材料研究的关键问题（王永强 等，2018）。

在一定范围内通过细化金属晶体颗粒或非晶颗粒，引入更多的晶界，可以有效地提高金属材料的强度和塑性，因此这一相关研究备受关注。基体中的颗粒被细化至纳米级别（1～100nm）的单相或多相金属材料，被称为纳米金属材料。根据内部颗粒是否为晶态，纳米金属材料可以进一步划分为纳米晶金属材料和纳米金属玻璃两种。纳米金属材料相对于传统的金属材料，在强度、硬度、韧性、超塑性等力学性能方面均有较大幅度的提升，其强化机理是当晶粒被细化至纳米级别后，晶界占材料的体积百分比非常大，材料整体的缺陷密度也会相应提高，从而阻碍位错运动。自20世纪80年代，德国H.Gleiter教授课题组利用惰性气体凝聚原位加压法制备出块体纳米晶金属后，纳米材料的研究及制备技术引起了研究人员的普遍重视。经过30余年的发展，制备纳米金属粉体、金属纳米晶薄膜和材料表面纳米化的技术已经比较成熟，有部分制备技术已经实现产业化，而制备块体纳米晶金属材料的报道却相对较少（王胜刚 等，2015）。

本节将对块体纳米金属材料的特性和制备方法进行介绍，继而结合文献计量法分析当前块体纳米金属材料的研究热点和发展态势，最后通过对公开资料整理以及专利分析，讨论当前块体纳米金属材料的应用。

3.2.6.2 纳米金属材料的特性及制备方法

（1）纳米晶金属材料

1）纳米晶金属材料特性。

通过细化晶粒，能够同时提高金属材料的强度、塑性和韧性。但是随着材料加工（制备）技术的发展，晶粒尺寸被加工（制备）到更细的水平。许多实验数据表明，当晶粒被细化到亚微米、纳米尺寸之后，以往“强度和塑性随晶粒尺寸减小而增强”的结论并不适用。对此，国内外研究者开展了大量的工作试图阐明其机理，主要结论如下。

①强度。在通常情况下，金属材料的屈服强度和内部颗粒尺寸满足霍尔-佩奇关系（Hall-Petch relationship），即晶粒尺寸越小，金属材料的强度和硬度会越大。显然，晶粒被细化至纳米尺寸，理论上金属材料的强度和硬度将会显著提高。然而越来越多的实验数据表明，当金属材料的晶粒尺寸小于某个临界值之后，强度与晶粒尺寸会呈反霍尔-佩奇关系（anti-Hall-Petch relationship），即强度随晶粒尺寸减小而降低（图3-49）。研究表明，这个临界尺寸是10～50nm（不同的金属材料临界尺寸略有不同）。研究人员对此现象进行了分析，发现当晶粒尺寸（或者说晶界体积百分数）到达临界值时，纳米晶金属

材料的塑性形变的主导机制会从位错诱导变为晶界滑移。此外，由于晶界体积百分数增大，界面能也随之增大，纳米晶金属材料的结构并不稳定，即使在室温下也可能会出现晶粒长大的现象，使其强度降低（龚玉兰 等，2013）。

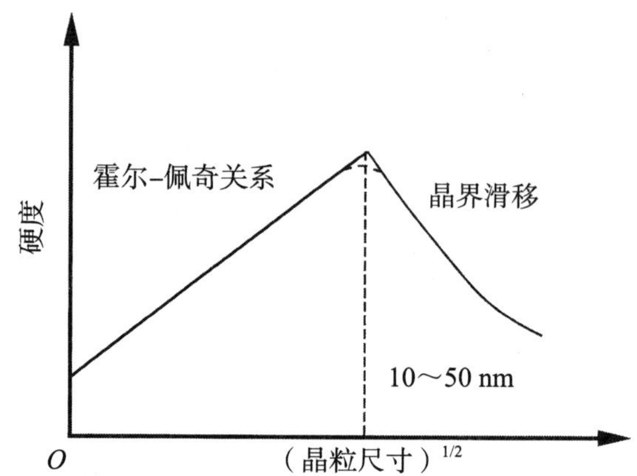

图3-49 金属材料硬度和（晶粒尺寸）$^{1/2}$关系示意（Hans Conrad et al.，2000）

②塑性。在传统的粗晶金属材料领域，缩小晶粒尺寸可以在提高强度的同时增强材料的塑性。然而研究人员发现，当晶粒尺寸缩小至纳米尺寸时，虽然金属材料的强度或许能够得到很大的提升，但是塑性未必能够得到增强，甚至会下降，这种现象尤其体现在金属材料的均匀延伸率上。图3-50反映了块体纳米晶金属材料中强度和延伸率的关系，可见，大多数纳米晶金属材料处于左边阴影区域，表明大部分纳米晶金属材料表现出高强度、低塑性。而少数落在阴影区外的点为纳米晶铜，表明金属铜在晶粒被细化到纳米尺寸后仍能保持较高的强度和塑性。此外，晶粒的细化对金属材料塑性的影响还反映在加工硬化率变差上，加工硬化率差会使材料在拉伸测试中产生应力集中，局部变形过早出现，影响材料的成型（高鹏 等，2018）。

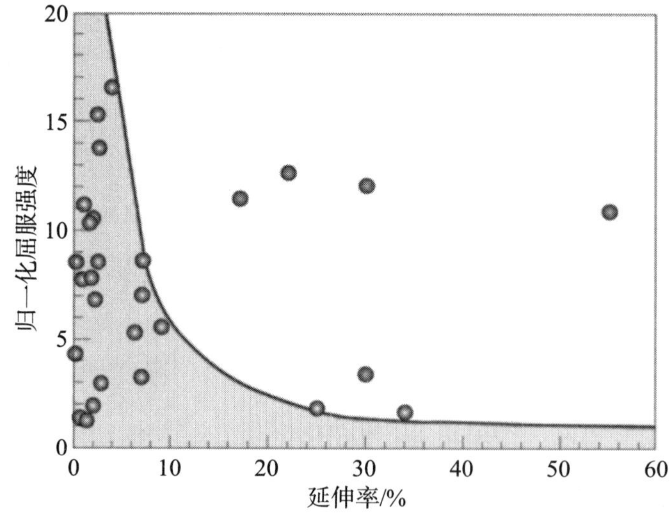

图3-50 块体纳米金属材料归一化屈服强度和延伸率的关系（Zhu Y T et al.，2004）

2）纳米晶金属材料制备方法。

按照原材料和工艺路径的不同，块体纳米晶金属材料的制备方法可分为两大类。第一类是“两步法”，这种方法从微观层面入手，先制备出纳米级的颗粒，再经加压、烧结获得块体纳米晶金属材料。如机械合金化法（mechanical alloying）、粉末冶金法（powder metallurgy）、惰性气体冷凝法等。第二类是“一步法”，又可以细分成两种：一种是通过特殊工艺对宏观的块状金属材料进行处理，将其晶粒尺寸细化至纳米级，如非晶晶化法、大塑性形变法；另一种是通过快速凝固、电化学沉积（electrodeposition）、放电等离子烧结（spark plasma sintering）等方法直接制备出块体纳米晶金属材料（曹阔 等，2019；刘晓燕 等，2011；秦琴 等，2018）。

块体纳米晶金属材料主要制备方法及优缺点见表3-12。

表3-12　块体纳米晶金属材料主要制备方法及优缺点

序号	制备方法	优点	缺点
1	机械合金化法	制备不受基体成分限制，成本低，工艺相对简单	粉末制备过程中容易受到研磨介质等杂质污染，产品纳米晶界的洁净性和致密性难以保证
2	大塑性变形法	适用范围广，产品致密度高	产出效率低。制备过程中容易出现组织不均匀、纳米化不彻底或裂纹等问题
3	惰性气体冷凝法	适用范围较广，块体产品纯度高	产率较低，产品中往往存在大量孔隙缺陷；工艺流程相对复杂，对仪器设备的要求较严格
4	放电等离子烧结	快速、低温、高效率	基础理论尚不完全清楚、部分功能仍待发展
5	电化学沉积法	产率高，产物致密度高、微观结构可控；灵活度高，可生产薄膜、涂层、块体材料；经济性强，成本相对较低，有大规模生产前景	目前制备的块体纳米晶金属材料厚度较薄
6	非晶晶化法	产率高、产品表面洁净、致密度高，晶粒度可控	适用范围小，只能用于非晶形成能力较强的金属材料
7	粉末冶金法	工艺条件简单、生产率高，具有广泛的应用前景	烧结过程中会出现晶粒长大现象，并且制得的块体纳米金属材料致密度较低
8	高温高压法	制备工艺简便、制得的材料界面清洁无污染，致密度较高	对设备要求严格
9	自蔓延高温合成	气压与温度低、工艺简单、成本与能耗低、能制备大尺寸纳米块体材料	工艺参数控制要求较严

（2）纳米金属玻璃

1）纳米金属玻璃特性。

纳米金属玻璃是指由尺寸小于100 nm的非晶颗粒和颗粒-颗粒之间的界面两部分构成，同时这些颗粒-颗粒之间的界面也为非晶结构的一类纳米金属材料，由于其具有优异的物理、化学和力学性能，从而引起了科学界和产业界的广泛关注。

相比于结构均匀的金属玻璃，纳米金属玻璃的特点是引入了界面。所以要想制备出这种具有类似于纳米晶体结构的非晶固体，获得稳定的纳米玻璃，颗粒–颗粒之间的界面是不可或缺的必要条件。但研究者通过热力学计算模拟发现，这种界面极其不稳定，违背了大自然所有事物遵循的趋向能量最小的既定准则。因此，研究人员利用2种不同成分且相互间排斥的纳米玻璃颗粒在外加压力作用下接触，在颗粒与颗粒间会形成扩散障碍，颗粒间的界面得以保持。尽管如此，纳米金属玻璃总体仍处于亚稳态，在适当的外界条件下（如等温退火、机械变形、辐照、高压、电脉冲等），纳米金属玻璃基体中会有纳米晶体析出，使其性能发生改变（如强度、韧性和耐腐蚀性降低）。

2）纳米金属玻璃制备方法。

①惰性气体冷凝法（inert–gas condensation，IGC）。惰性气体冷凝法的实施主要包括两个阶段。第一阶段：将金属玻璃原材料喷射入惰性气体环境中（使其蒸发），产生纳米级的玻璃态团簇。第二阶段：生成的团簇在可高至5GPa 的外压下被固化为球状的纳米金属玻璃。采用惰性气体冷凝法，目前已经合成了多种纳米金属玻璃合金。

②磁控溅射法（magnetron sputtering，MS）。到目前为止，磁控溅射法主要用在Au基的金属玻璃上，该方法制得样品的平均晶粒尺寸约为30nm，其主要优势是成本较低。最近研究表明，用磁控溅射法制得的纳米金属玻璃在结构和性能上与惰性气体冷凝法制得的样品差别不大。

③大塑性变形法。大塑性变形法通过对金属玻璃施加高强塑性应变的机械加工方式，在其内部引入大量的剪切带，以此得到纳米金属玻璃（郭卫凡，2013；黄斌，2002；张振忠 等，1999）。

3.2.6.3 基于文献计量的块体纳米金属材料研究态势分析

在Web of Science中的科学引文索引扩展板（SCI–Expand）数据库对块体纳米金属材料相关论文进行检索，共检索到相关论文1 137篇。以此作为数据样本，了解该技术领域的研究现状及发展趋势。

（1）块体纳米金属材料领域发文趋势分析

对1991—2019年间该领域年度发表的论文进行分析，结果如图3–51所示。可见1994—2009年，块体纳米金属材料领域的发文量总体呈上升趋势，而在2010—2019年间，发文量有所回落。数据表明，在1994—2009年，块体纳米金属材料研究的热度逐渐上升，在2010年之后，年度发文量在60篇左右波动。这或许是由于该领域的相关研究进入了一个瓶颈期，有待技术上革命性的突破。

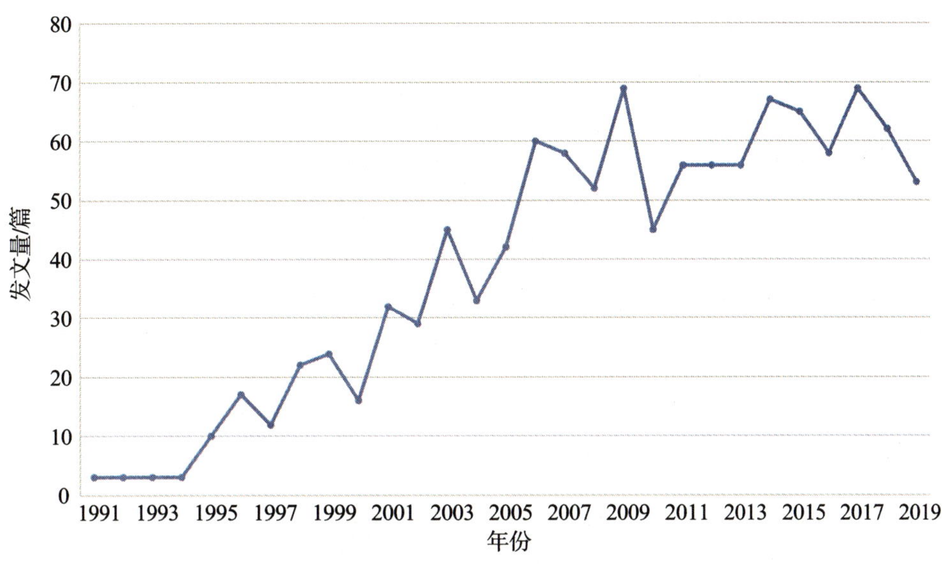

图3-51　块体纳米金属材料领域年度发文趋势

（2）发文国家/地区分析

对相关论文通信地址所在国家/地区进行分析，并根据发文数量进行排序，结果如图3-52所示。中国（除港澳台地区）、美国、德国、日本、印度发文量排名前5，其中中国（除港澳台地区）在块体纳米金属材料领域的发文量遥遥领先，约为第二名（美国）的4倍，可见中国（除港澳台地区）在块体纳米金属材料领域具有较好的研究基础和技术储备。

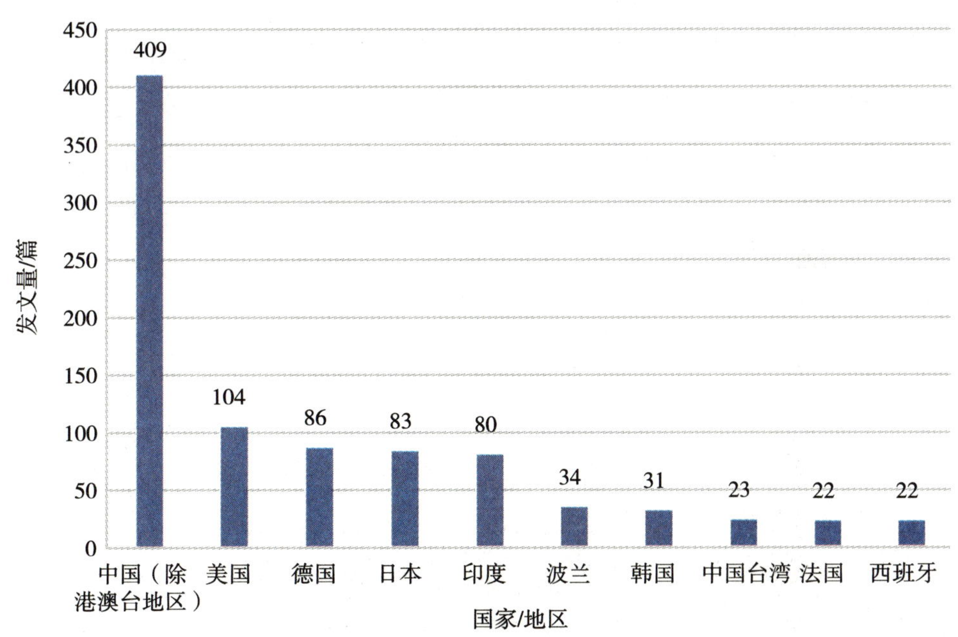

图3-52　各国家/地区块体纳米金属材料领域发文量

（3）研究机构

对相关论文的发文通信单位进行分析，并根据发文数量进行排序，前10名如表3-13所示。国内的中国科学院、北京工业大学、燕山大学、兰州理工大学等高校及科研院所发文较多，其中以中国科学院为通信单位的文章主要来自中国科学院金属研究所。国外印度理工学院、日本东北大学、德国莱布尼茨固态与材料研究所等高校或科研院所发文较多。

表3-13　发文数量排名前10的通信单位

序号	机构名称	发文量/篇
1	Chinese Academy of Sciences（中国科学院）	59
2	Beijing University of Technology（北京工业大学）	31
3	Indian Institute of Technology（印度理工学院）	19
4	Tohoku University（日本东北大学）	17
5	IFW Dresden（莱布尼茨固态与材料研究所）	16
6	Yanshan University（燕山大学）	16
7	Lanzhou University of Technology（兰州理工大学）	15
8	Harbin Institute of Technology（哈尔滨工业大学）	14
9	Shanghai Jiao Tong University（上海交通大学）	11
10	Academia Sinica（中国台湾中研院）	10

（4）研究热点

对相关论文的关键词进行分析，整理出与制备方法、研究方向相关的关键词，如表3-14所示。可见机械合金化法、粉末冶金等关键词的出现频次较多，表明研究人员多关注于“两步法”的块体纳米金属材料制备方法。其次，无定形（amorphous）、晶化（crystallization）、电化学沉积、金属玻璃（metallic glasses）等关键词出现的频次也较高，表明非晶晶化法、电化学沉积法等“一步法”和纳米金属玻璃的制备也受到一定的关注。

表3-14　块体纳米金属材料论文中出现频次排名前10的关键词

序号	关键词	频次
1	mechanical alloying（机械合金化法）	84
2	metallic glasses（金属玻璃）	32
3	spark plasma sintering（放电等离子烧结）	26
4	amorphous（无定形）	22
5	powder metallurgy（粉末冶金）	20

（续表）

序号	关键词	频次
6	sintering（烧结）	20
7	crystallization（晶化）	18
8	rapid solidification（快速固化）	13
9	ball milling（球磨）	11
10	electrodeposition（电化学沉积）	10

3.2.6.4　块体纳米金属材料应用现状及产业化前景

（1）块体纳米金属材料应用现状

在应用方面，块体纳米金属材料在实验中展现出比传统金属材料更好的力学性能和抗腐蚀性，理论上在生物医疗、航空航天、船舶、电子通信、汽车、机械、核电等多个行业具有一定的应用潜力。但是根据网络调研，未见纳米金属材料大批量产业化应用的报道，少量的与应用相关报道来自高校和科研院所的成果介绍。

兰州理工大学喇培清团队制备出了相对密度大于98%、平均晶粒尺寸小于20nm且在各个方向基本均匀，材料厚度大于10mm、直径约为90mm的纳米晶金属材料，并在某型号潜艇发动机密封环中得到了应用。

根据美国小企业技术转移创新研究计划（SBIR & STTR）网站查询结果，共查询到86个相关项目信息，结果表明在2000—2015年，美国已有较多块体纳米金属材料相关研究，并尝试投入实际生产。值得一提的是，相关项目涉及多种军事用途，如子弹弹头、个体装甲等。网站显示，项目基本于2015年前结题，但并未查询到后续产业化信息。

日本早在2002年已着手组织大学和企业开发纳米金属材料，拟为航空航天、海洋开发及半导体元器件等高技术行业提供高强度、耐腐蚀、耐高温、导电性好的金属材料。对相关专利进行解读，日本纳米技术研究所在2003年通过机械合金化法制备出晶粒尺寸在30～80 nm不等的多种纳米晶奥氏体钢（三浦春松 等，2003）。

（2）专利技术来源及转化情况分析

从技术分布和成果转化的角度了解当前块体纳米金属材料的应用现状及前景。在incoPat专利检索平台对相关专利进行检索，共检索到专利472条。

1）专利技术来源及构成。

对检索得到专利的申请人国别进行分析（图3–53），大部分专利来自中国，数量占总体的57%，其中我国专利的申请人类型主要为大专院校，其次是企业和科研机构。表明我国块体纳米金属材料的相关技术主要来自高校或科研机构。

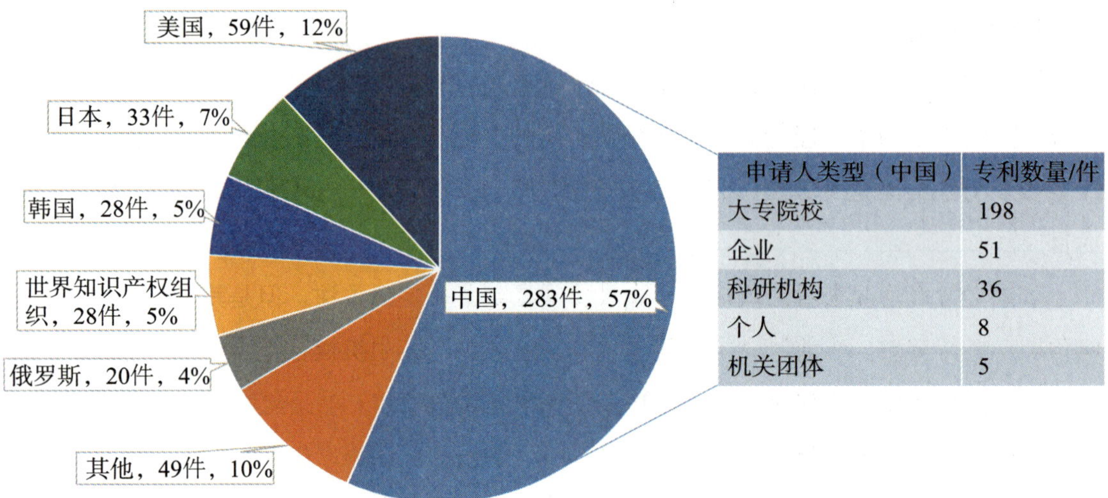

申请人类型（中国）	专利数量/件
大专院校	198
企业	51
科研机构	36
个人	8
机关团体	5

图3-53　块体纳米金属材料专利申请人国别（或机构）及我国申请人类型

2）专利技术转化情况。

对472件专利的法律事件进行分析，其中71件专利发生转让，转让率为15%，领域专利转让率较高。进一步分析转让专利的受让人情况，结果如图3-54所示。可见有64件专利的受让人为企业，占64%；有25件专利的受让人为高校及科研院所，占25%；值得注意的是有11件专利的受让人为美国空军、美国海军等美国官方机构，表明部分专利可能用作军事用途。

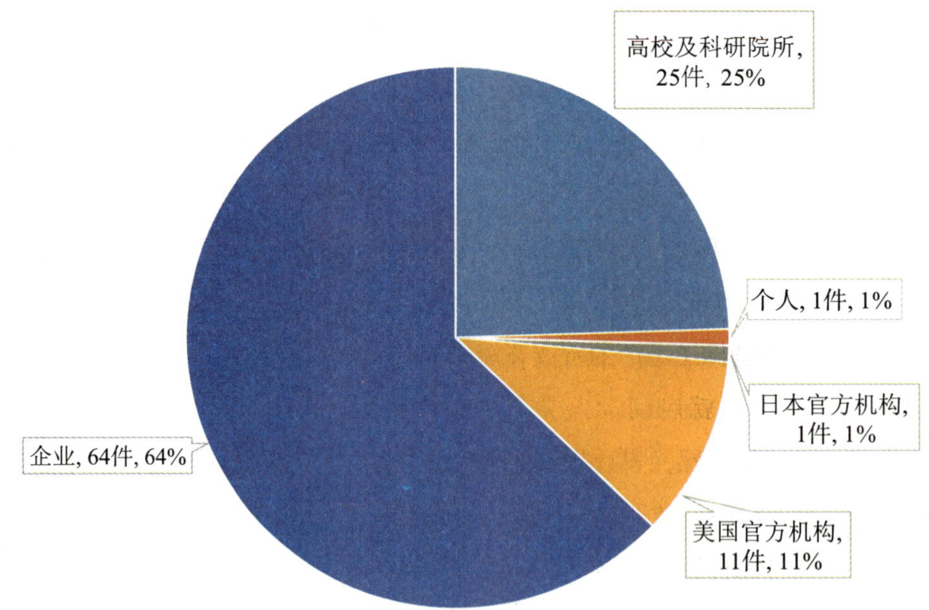

图3-54　块体纳米金属材料专利受让人类型数量及占比

3.2.6.5 总结

块体纳米金属材料在实验中展现出比传统金属材料更好的力学性能和抗腐蚀性，能够适应更多的应用场景，理论上在航空航天、船舶、电子通信、汽车、机械、核电、生物医疗等多个行业具有应用潜力，并具有军事用途，美国有用作子弹弹头、个体装甲等相关项目。

从论文发表情况来看，块体纳米金属材料受到了一定的关注，但是其研究可能进入了瓶颈期，有待突破。当前研究主要集中在“两步法”，其中机械合金化法、放电等离子烧结、粉末冶金等方法研究较多。“一步法”中电化学沉积和非晶晶化法相对关注度较高。

我国块体纳米金属材料相关研究论文和专利的发表量遥遥领先，具有较好的研究基础和技术储备。但是国外纳米金属材料相关专利的转让率较高，且多数受让人为企业，也有军事部门。

目前仅有少数纳米金属材料试验性应用的报道，主要是一些体积较小的构件，并未出现大型构件采用块体纳米金属材料的情况。虽然美国、日本等在21世纪初期已开展纳米金属材料的技术研究和应用项目，但后续没有产业化，这可能是因为纳米金属材料当前的制备技术还无法满足大批量工业生产的需求。

3.2.7 基于专利计量的全球肠道微生态产业研发态势分析

肠道菌群与人体相互作用及影响的统一体称为肠道微生态，是人体最大的微生态系统，与人类的健康和疾病密切相关（康健 等，2019）。因此，对全球肠道微生态产业现状与研发态势进行分析，识别相关机构的核心竞争力，对未来肠道微生态行业发展具有重要意义。

本节将从国内外肠道微生态产业发展现状、全球专利态势角度出发，厘清肠道微生态相关技术和应用的发展方向，为未来肠道微生态行业发展提供参考。

3.2.7.1 全球肠道微生态产业发展环境扫描

早在2008年，美国就启动了人类微生物组计划（Human Microbiome Project，HMP），总预算1.15亿美元，累计投入超过2亿美元，旨在探索、研究与人类健康和疾病相关的微生物群落；同时，欧盟也启动了人类肠道宏基因组计划（metaHIT），该计划有8国参与，涉及14个科研机构及企业合伙人，前后投入超过2 000万欧元；2016年，美国启动国家微生物计划（National Microbiome Initiative，NMI），支持跨学科研究，以期解决不同生态系统微生物的基本问题。由此可见，肠道微生态研究已成为当今世界生命科学研究的热点。

同时，我国也十分重视肠道微生态研究。从经费投入角度看，如2017年启动国家“十三五”重点研发计划“益生菌健康功能与基于肠道微生物组学的食品营养代谢机理研究”，投入总经费5 000万元。2017年，中国科学院启动重点部署项目“人体与环境健康的微生物组共性技术研究”，投入总经费3 000万元。另外，国家“863计划”、国家自然科学基金和各省部委也对肠道微生态研究工作给予支持，如2018年，由李兰娟院士牵头的国家自然科学基金重大项目“肠道微生态影响慢性重大炎症性肠肝疾病的机制研究”投入总经费为1 511.8万元。从政策法规角度看，如国家卫生健康委员会于2020年2月4日发布的《新型冠状病毒感染的肺炎诊疗方案（试行第五版）》提到，对于“重型、危重型病例的治疗”“可使用肠道微生态调节剂，维持肠道微生态平衡，预防继发细菌感染”。

目前全球肠道微生态领域已基本形成了上游的菌株、菌株筛选、微生物检测，中游罕见病研究、慢性病研究、肿瘤联合用药研究、神经系统疾病研究等，下游益生菌、益生元、合生元等的全链条产业链（图3-55）。本节重点对全球肠道微生态产业链领域技术现状进行分析，厘清肠道微生态产业链相关技术和核心技术的发展方向。

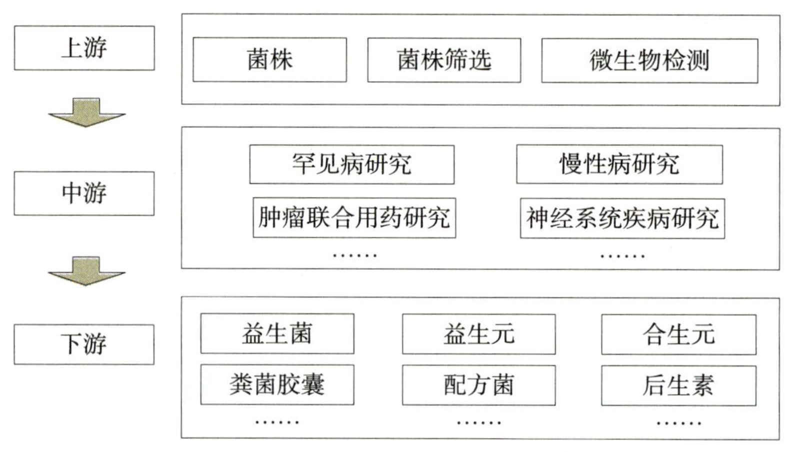

图3-55　全球肠道微生态全链条产业链

3.2.7.2　全球肠道微生态专利态势分析

（1）数据来源和检索方法

本文选择incoPat数据库为专利数据来源，以肠道微生态及相关菌种为关键词，在标题、摘要、权利要求中进行检索，检索策略为TIABC=((intestinal AND(microflora OR microorganism OR bacteria))AND(Firmicutes OR Bacteroidetes OR Proteobacteria OR Actinobacteria OR Verrucomicrobia OR Fusobacteria OR Bacteroides OR Prevotella OR Ruminococc)OR(intestinal AND(Probiotics OR Prebiotics OR Synbiotics OR Metabiotics))),检索时间范围为1981—2020年。

（2）全球肠道微生态领域专利申请趋势

21世纪以来，越来越多的学者认识到肠道微生态对人类健康的重要性，尤其受新冠肺炎疫情影响，肠道微生态研究受到全球的高度关注。1981—2020年，全球肠道微生态领域同族专利申请数量为4 339件，专利申请数量从2001年开始呈现上升趋势（图3-56）。2001年开始逐渐上升，这归因于法国在2001年完成了第一株乳酸乳球菌IL1403的全基因组测序，该研究成果的问世引发了世界肠道微生态领域研发的热潮（施慧琳 等，2020），2018年，专利申请的数量开始下降是因为受专利申请公开迟延的影响。

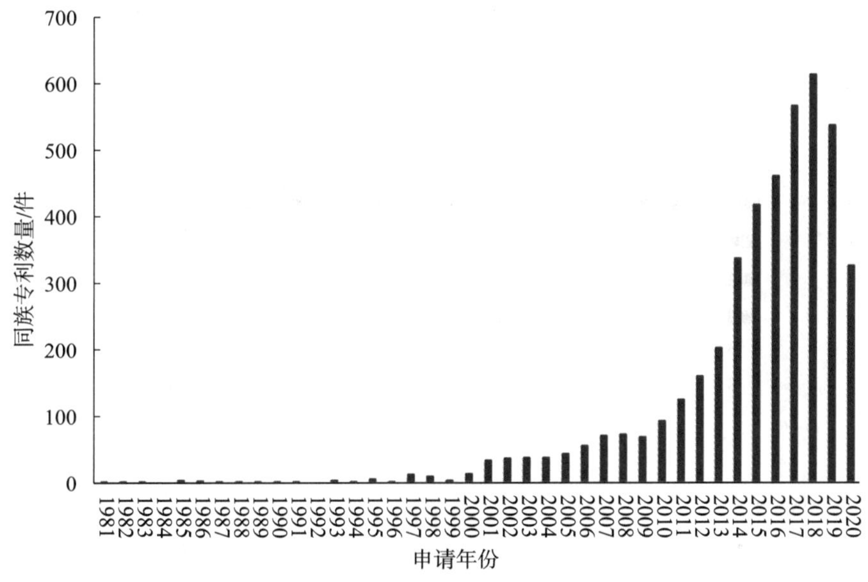

图3-56 全球肠道微生态同族专利申请数量年度分布

（3）全球肠道微生态重点国家专利申请趋势

对1981—2020年全球肠道微生态产业主要区域同族专利申请数量和微生态领域专利申请数量排名前10的国家/地区进行分析（图3-57和图3-58），中国总共申请相关专利3 130件，位居世界第一，其次是韩国、美国，分别位居第二、第三。此外，日本、俄罗斯、印度、乌克兰、法国、马来西亚、加拿大也进入全球前10。从专利相关IPC分类号分布分析发现，中国肠道微生态相关专利主要集中在食品、动物饲料、医用、药物制剂、微生物或酶等类别。除了中国以外，进入肠道微生态领域专利申请数量排名前10的亚洲国家分别是韩国和日本，专利申请数量分别为274件和158件，位居第2位和第4位，两个国家在专利相关IPC分类号分布上十分相似，都重视医用的开发，这也与亚洲国家在肠道微生态医疗研发领域有一定的关系。同时由图3-59不难看出，美国、俄罗斯、印度、乌克兰和法国在A61K（医用、牙科用或梳妆用的配制品）具有较高的分布，说明这些国家在肠道微生态领域重视医用等的应用。肠道微生态领域专利相关IPC分类号含义见表3-15。

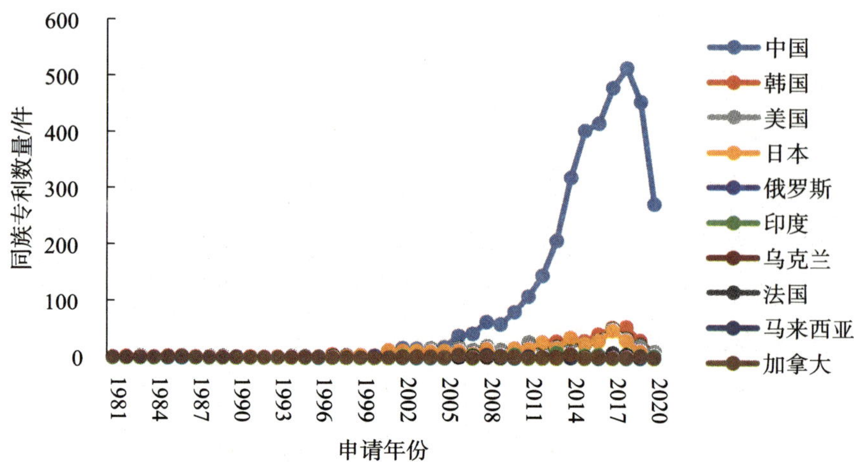

图3-57　全球肠道微生态产业主要区域同族专利申请数量趋势图

图3-58　全球肠道微生态领域专利申请数量排名前10的国家

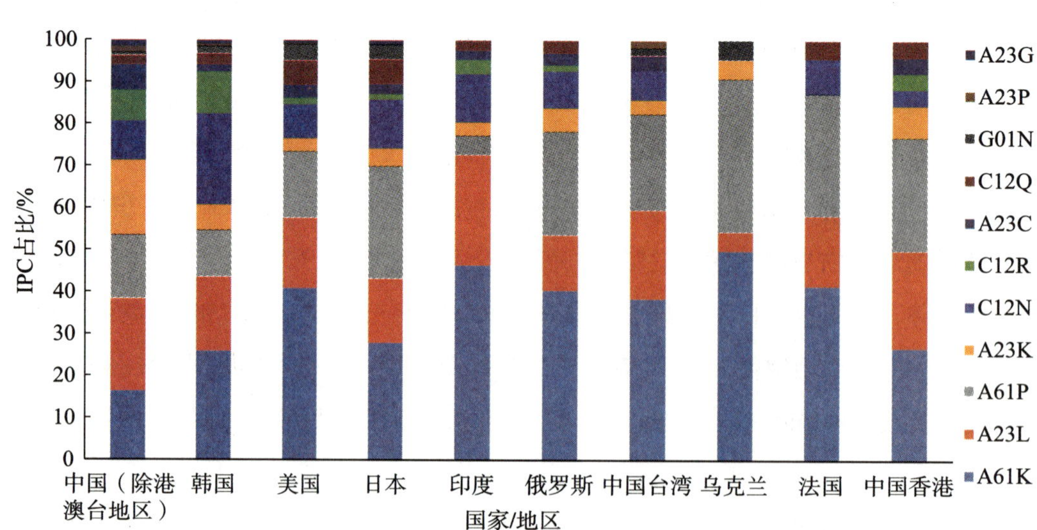

图3-59　全球肠道微生态领域专利申请数量排名前10的国家/地区IPC分类号分布

表3-15　肠道微生态领域专利相关IPC分类号含义

IPC分类	技术领域
A61K	医用、牙科用或梳妆用的配制品
A23L	不包含在A21D或A23B至A23J小类中的食品、食料或非酒精饮料；它们的制备或处理，例如烹调、营养品质的改进、物理处理；食品或食料的一般保存
A61P	化合物或药物制剂的特定治疗活性
A23K	专门适用于动物的喂养饲料
C07H	糖类及其衍生物；核苷；核苷酸；核酸
C12N	微生物或酶；其组合物；繁殖、保藏或维持微生物；变异或遗传工程；培养基
C12R	与涉及微生物的C12C至C12Q小类相关的
A23C	乳制品，如奶、黄油、干酪；奶或干酪的代用品；乳制品的制备（从食料中取得食用蛋白质组合物入A23J1/00；一般肽的制备，如蛋白质入C07K1/00）
C12Q	包含酶、核酸或微生物的测定或检验方法；其所用的组合物或试纸；这种组合物的制备方法；在微生物学方法或酶学方法中的条件反应控制
G01N	借助于测定材料的化学或物理性质来测试或分析材料
A23P	未被其他单一小类完全包含的食料成型或加工
A23G	可可；可可制品，例如巧克力；可可或可可制品的代用品；糖食；口香糖；冰激凌

（4）全球微生态产业技术专利竞争机构分析

对1981—2020年全球肠道微生态领域专利申请机构进行分析（图3-60），专利申请数量排名前20的机构主要集中在中国，企业中以瑞士的雀巢公司专利申请数量最多，其次是中国的劲膳美生物股份有限公司，全球肠道微生态领域专利申请数量排名前20的企业还包括中国的营口富里实业有限公司、珠海岐微生物科技有限公司、青岛嘉瑞生物技术有限公司、三株福尔制药有限公司、深圳华大基因股份有限公司、荷兰的利尔生公司、深圳华大农业与循环经济科技有限公司、北京大北农科技集团股份有限公司，大部分都是中国企业，由此可以看出中国企业在微生态肠道领域专利申请数量是相当大的。

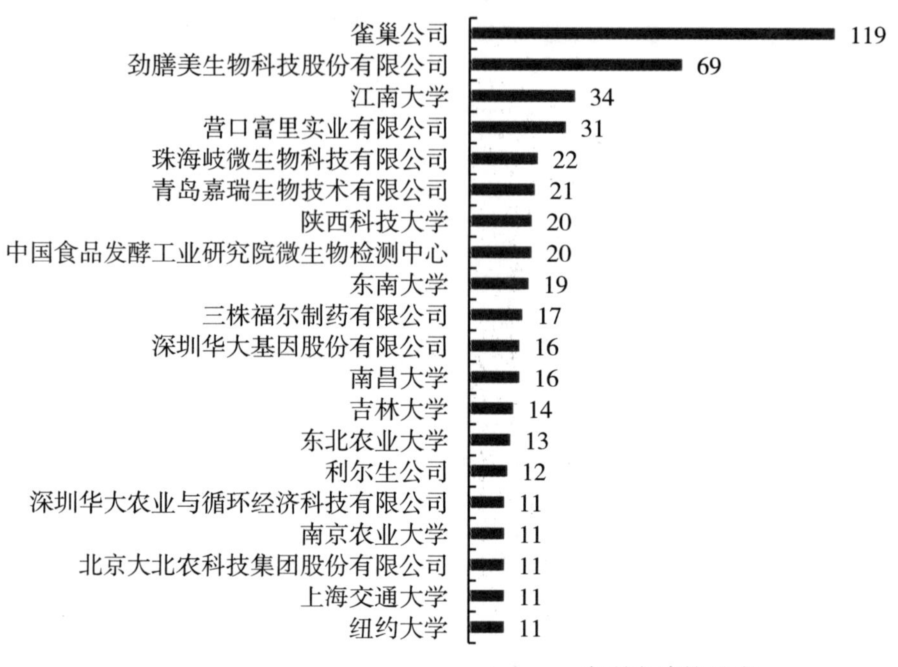

图3-60　全球肠道微生态领域专利申请数量排名前20的机构

为了进一步分析专利申请排名前20的机构在全球申请数量前10国家的布局情况，对1981—2020年全球肠道微生态领域专利申请数量的前20的机构在专利申请数量前10的国家的专利布局进行分析（图3-61），可以看出，雀巢公司、利尔生公司等国际大型企业的国际布局，雀巢公司在韩国、美国、印度布局，利尔生在美国和印度布局，而中国企业均只在中国有专利申请，这说明，中国企业在国际的专利布局还有待提升。

（5）典型企业肠道微生态专利分析

1981—2020年，肠道微生态领域专利申请数量排名前10的企业依次是雀巢公司、劲膳美生物科技股份有限公司、营口富里实业有限公司、珠海岐微生物科技有限公司、青岛嘉瑞生物技术有限公司、三株福尔制药有限公司、深圳华大基因股份有限公司、利尔生公司、北京大北农科技集团股份有限公司、深圳华大农业与循环经济科技有限公司，对上述10家企业的专利申请IPC分类号梳理发现，这些企业专利技术领域主要集中在食品保存、医用和药物制剂、动物饲料等领域（图3-62）。

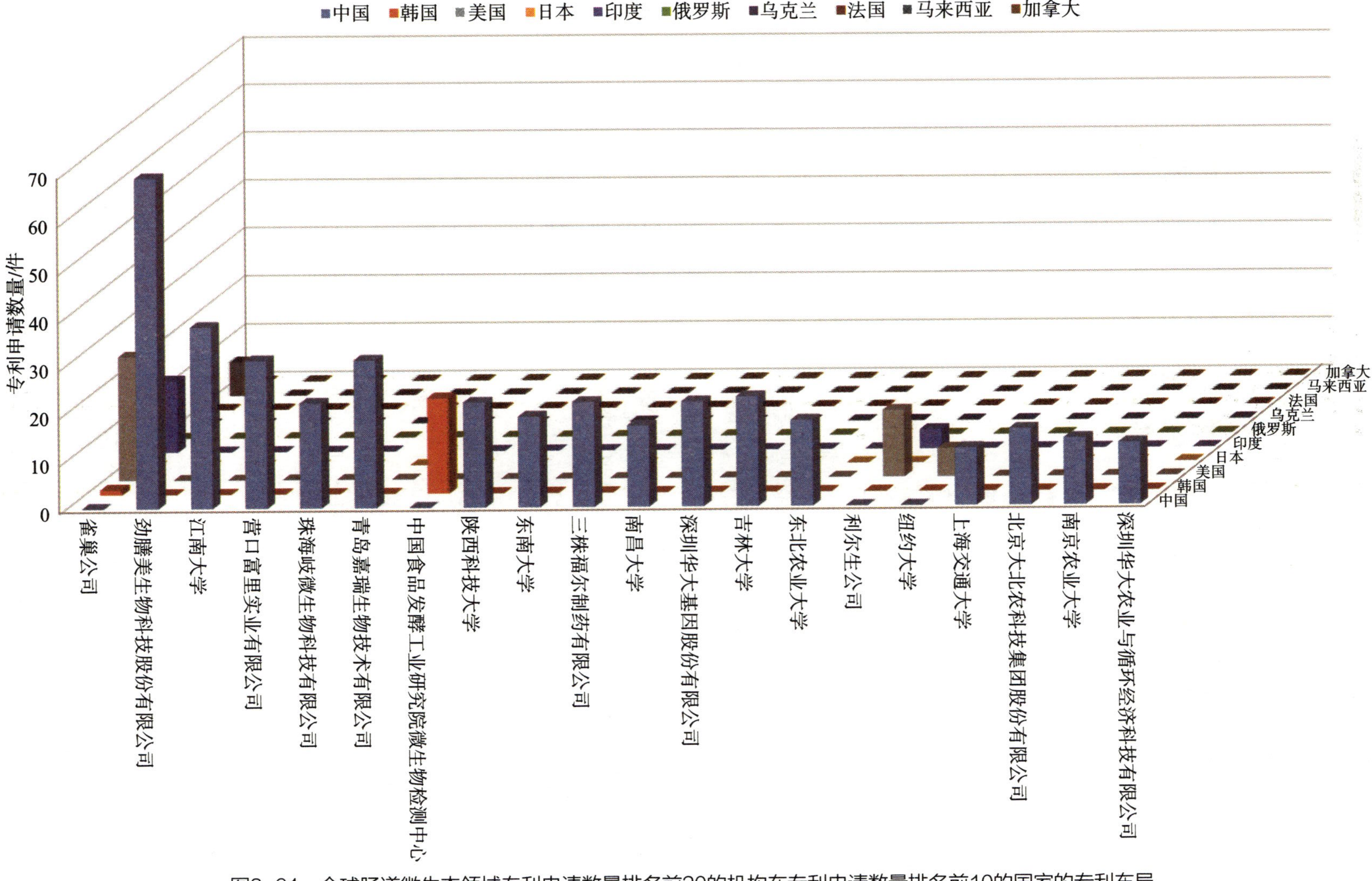

图3-61 全球肠道微生态领域专利申请数量排名前20的机构在专利申请数量排名前10的国家的专利布局

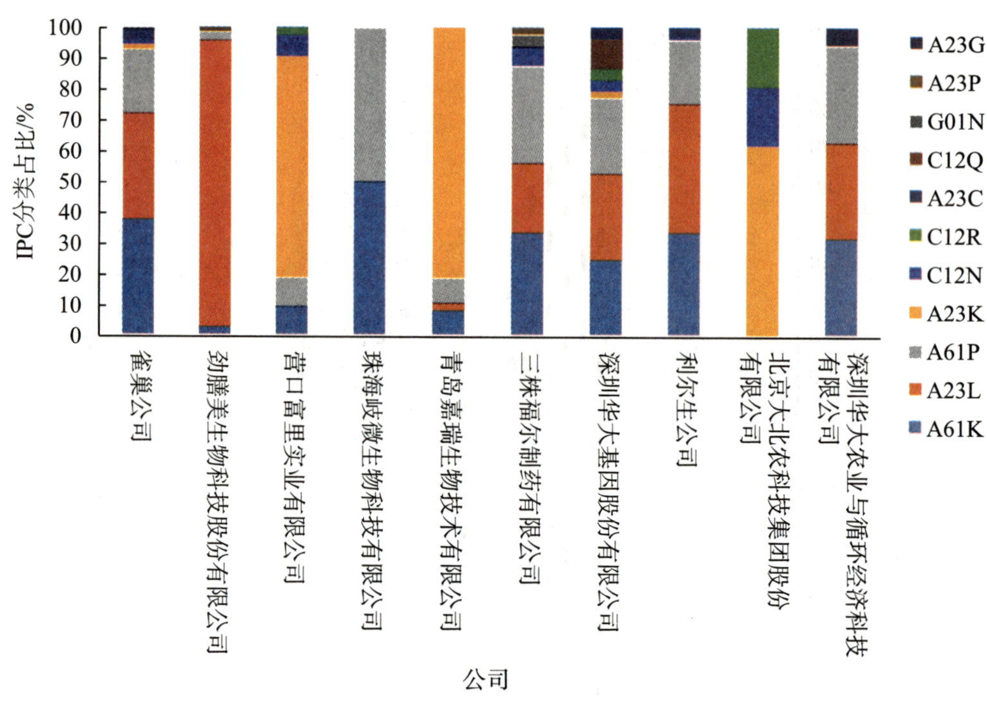

图3-62　专利申请数量排名前10的公司申请专利IPC分布

食品保存领域：劲膳美生物科技股份有限公司、雀巢公司、三株福尔制药有限公司、深圳华大基因股份有限公司、利尔生公司、深圳华大农业与循环经济科技有限公司。

医用和药物制剂领域：雀巢公司、珠海岐微生物科技有限公司、三株福尔制药有限公司、深圳华大基因股份有限公司、利尔生公司、深圳华大农业与循环经济科技有限公司。

动物饲料领域：营口富里实业有限公司、青岛嘉瑞生物技术有限公司、北京大北农科技集团股份有限公司。

通过天眼查平台发现，这些企业可以分为研发型企业和技术转移企业。研发型企业主要有劲膳美生物科技股份有限公司、雀巢公司、三株福尔制药有限公司和利尔生公司。技术转移企业主要有营口富里实业有限公司、珠海岐微生物科技有限公司、青岛嘉瑞生物技术有限公司、深圳华大基因股份有限公司、利尔生公司、北京大北农科技集团股份有限公司、深圳华大农业与循环经济科技有限公司。

下面对专利申请数量排名第一和第二的雀巢公司和劲膳美生物科技股份有限公司专利进行具体分析。

在incoPat中对雀巢公司和劲膳美生物科技股份有限公司肠道微生态领域的专利进行分析（图3-63），发现雀巢公司主要是在食品保存、医用和药物制剂等领域有较大布局，同时在乳制品、可可制品等领域也有少量布局，而劲膳美生物科技股份有限公司主要在食品保存领域布局，在医用和药物制剂、动物饲料等领域少量布局，在其他领域没有布局。

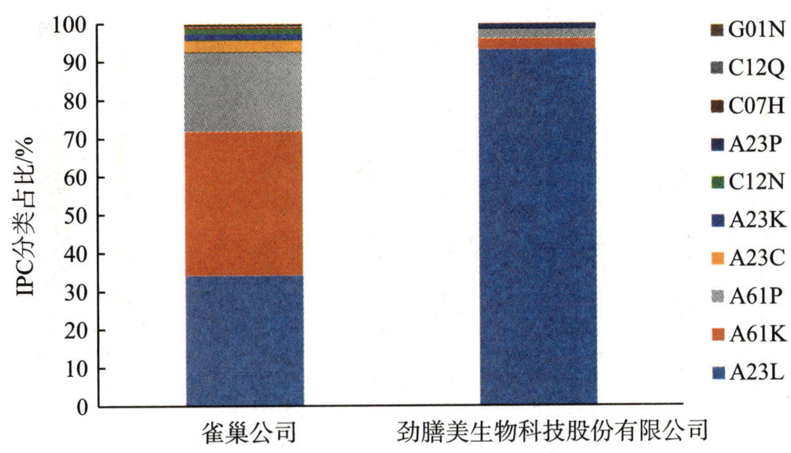

图3-63　雀巢公司和劲膳美生物科技股份有限公司IPC分类分布

利用incoPat数据库自带的专利价值度评价体系，对这两家公司的专利价值进行了分析（图3-64），其中横坐标表示价值度等级，专利价值度等级1～10，该专利价值度是从技术稳定性、技术先进性和保护范围3个维度进行计算，专利价值度等级越高表示专利价值越高。其中雀巢公司相关专利的申请数量为119件，价值度等级为10的专利有78件，而劲膳美生物科技股份有限公司专利申请数量为69件，价值度等级为9的有12件。其中，雀巢公司专利价值度等级主要分布在9～10的范围，而劲膳美生物科技股份有限公司专利价值度等级主要分布在4～5和7～9的范围。

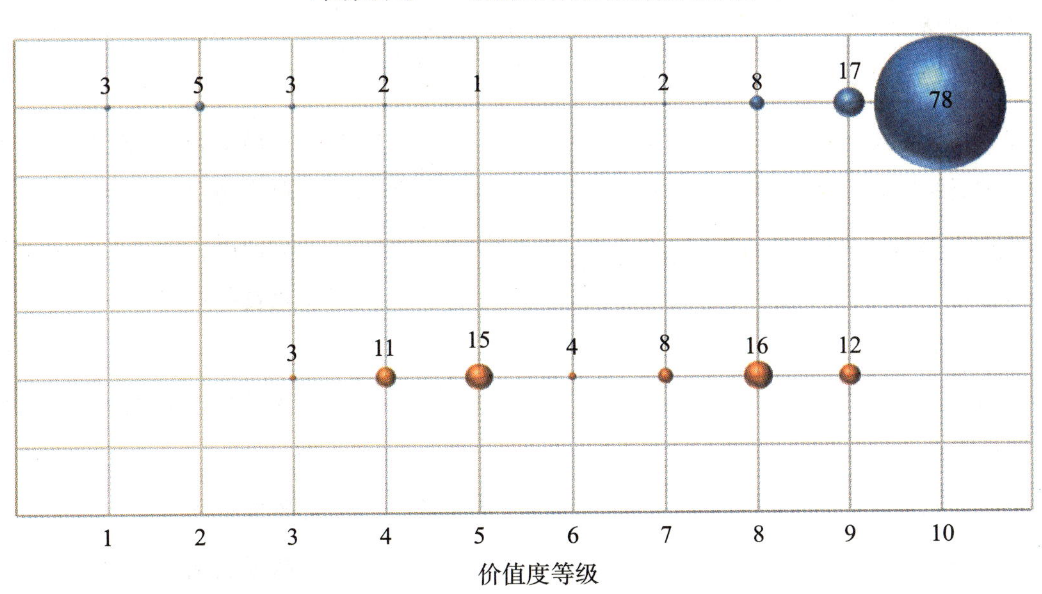

图3-64　雀巢公司和劲膳美生物科技股份有限公司专利价值度等级分布

下面对两家公司的高价值专利（价值度等级9以上专利）进行分析（表3-16），雀巢公司专利价值等级9以上有效和在审中专利共12项，主要集中在保健领域，尤其是婴幼儿方面，而劲膳美生物科技股份有限公司有12项专利均涉及食品，且都处于在审状态，主要集中在治疗疾病方面，2项涉及保健方面。

表3-16　雀巢公司和劲膳美生物科技股份有限公司高价值专利（价值度等级9以上专利）

类别	雀巢公司			劲膳美生物科技股份有限公司		
	专利公开号	研发重点	法律状态	专利公开号	研发重点	法律状态
疾病治疗	US20130089524A1	L.JOHNSONII LA1，B.LONGUM NCC2705和免疫疾病	授权	CN105029407A	炎性肠病医学配方食品	在审
	AU2008231922A1	降低肥胖风险的益生菌	有效	CN105029405A	慢性胃炎医学配方食品	在审
	US20120164109A1	包含双歧杆菌菌株和减少食物过敏症状的营养成分，尤其是在婴儿和儿童中	有效	CN104839640A	前列腺癌医学配方食品	在审
	S20170000834A1	用于减少肠道病原菌的营养组合物	有效	CN104839676A	胃肠道吸收障碍医学配方食品	在审
				CN105029392A	鼻咽癌医学配方食品	在审
				CN105029404A	肿瘤医学配方食品	在审
				CN104839657A	肺结核医学配方食品	在审
				CN104996992A	肌肉衰减综合征医学配方食品	在审
				CN105029390A	食管癌医学配方食品	在审
				CN105029391A	胰腺癌医学配方食品	在审

（续表）

类别	雀巢公司			劲膳美生物科技股份有限公司		
	专利公开号	研发重点	法律状态	专利公开号	研发重点	法律状态
保健	EP1492415B1	增强PET动物对维生素E的吸收的方法	有效	CN105029393A	儿童医学配方食品	在审
	US20100135971A1	手术前后环境中的益生菌	有效	CN104839655A	降三高壮阳医学配方食品	在审
	US8241658B2	益生元组合物	有效			
	AU2008231763A1	益生菌改善肠道菌群	有效			
	US9131721B2	婴儿肠道菌群	有效			
	EP2108269A1	具有低剂量益生菌和低剂量蛋白质的婴儿配方食品	在审			
	CA2761598A1	包含益生菌的1～10岁儿童的完全液体营养	在审			
	US20130251844A1	包含低聚糖混合物和食品，特别是婴儿配方	有效			

3.2.7.3　结论及建议

近年来，随着肠道微生态与相关人类疾病（如肥胖、哮喘、过敏、肿瘤、糖尿病、精神类疾病等）研究的进行，肠道微生态领域产生了大量研究成果。结合专利分析来看肠道微生态领域发展趋势，可以发现，中国肠道微生态领域专利申请数量位居世界第一，在食品、动物饲料、医用和药物制剂、微生物或酶等类别均有布局，但是中国相关企业主要在国内布局，有待进一步加强国际化布局。目前，从企业研发来看，像劲膳美生物科技股份有限公司、三株福尔制药有限公司和利尔生公司等已经开展肠道微生态领域的技术研发，未来有望在疾病治疗和医疗保健等领域实现突破。

参考文献

曹阔，冯运莉，2019. 块体纳米晶金属材料的性能与变形机理研究进展［J］. 热加工工艺，48（18）：5-8.

陈强，鲍悦华，常旭华，2017．高校科技成果转化与协同创新［M］．北京：清华大学出版社，139-140.
陈晓博，2016．发展自动驾驶汽车的挑战和前景展望［J］．综合运输，38（11）：9-13.
陈军，张韵君，王健，2019．基于专利分析的中美人工智能产业发展比较研究［J］．情报杂志，38（1）：41-47.
高鹏，陈楠楠，2018．超细晶轻合金的制备及超塑性研究进展［J］．模具技术（4）：57-63.
郭卫凡，2013．纳米金属材料研究与制备技术新进展［J］．科技信息（25）：71，88.
郭华月，陈星叶，2020．一带一路背景下福建省产业电商全产业链创新模式探析［J］．电子商务（1）：18-19，22.
国家卫生健康委办公厅，国家中医药管理局办公室，2020．关于印发新型冠状病毒感染的肺炎诊疗方案（试行第五版）的通知［EB/OL］．［2020-02-04］．http://www.gov.cn/zhengce/zhengceku/2020-02/05/content_5474791.htm.
公维龙，田磊，王达，等，2020．基于天然气全产业链评价储气库的经济效益［J］．天然气工业，40（3）：157-163.
龚玉兰，任世影，2013．块体金属纳米晶材料力学行为研究进展［J］．昆明理工大学学报（自然科学版），38（1）：16-27.
黄斌，2002．块状金属纳米结构材料的研究与展望［J］．上海有色金属（1）：40-43.
黄昌蓉，唐浩，宋子峰，等，2018．MLCC在5G 领域的应用及发展趋势［J］．电子元件与材料，37（9）：1-4.
蒋璐伊，2016．我国疫苗的专利信息分析［D］．吉林：吉林大学.
姜钰，周丰婕，2020．乡村振兴战略下构建云南特色的农业全产业链研究［J］．物流科技（2）：3.
康健，周策，陈明生，等，2019．肠道微生态与抑郁症的相关性及预防治疗展望［J］．中国慢性病预防与控制，27（5）：384-387.
兰京，2019．无人驾驶汽车发展现状及关键技术分析［J］．内燃机与配件（15）：209-210.
李鹏程，陈思勤，2018．粤港澳大湾区疫苗产业基地项目投资超10亿元［EB/OL］．（2018-10-23）．http://news.southcn.com/gd/content/2018-10/23/content_183761533.htm.
廖燕，余业干，2017．百度与谷歌无人驾驶汽车技术专利对比分析［J］．北京汽车（6）：5-8.
刘晓燕，赵西成，2011．ECAP变形制备超细晶金属材料变形行为的研究进展［J］．材料导报，25（9）：11-15，19.
马云天，2020．几种常用电容器的特点及趋势概述［J］．电子世界（20）：24-25.
孟明辉，周传德，陈礼彬，等，2016．工业机器人的研发及应用综述［J］．上海交通大学学报（7）：98-101.
苗先锋，2019．肠道微生态产业发展现状分析［EB/OL］．［2019-09-10］．https://www.cn-ferment.com/news/show-13472.html.
穆晓敏，王伟，张世玉，2017．基于专利分析的吉林省疫苗产业技术竞争态势［J］．中华医学图书情报杂志，26（2）：1-5.
彭浩，席善斌，裴选，等，2016．多层陶瓷电容器应用与可靠性研究［J］．环境技术，34（2）：21-25.
秦琴，王禹峰，2018．超细粉体制备工艺的研究现状［J］．热加工工艺，47（4）：47-50.
三浦春松，宫尾信昭，小川英典，等，2003．超硬度、韧性并具有优良耐蚀性的纳米晶体奥氏体钢基体材料及其制造方法：CN1685070A［P］．2005-10-19.
施慧琳，苏燕，徐萍，等，2020．从专利角度分析全球益生菌研发态势［J］．科学观察，15（1）：1-10.
石鹏飞，2020．从全产业链的角度探讨我国茶叶产业发展路径［J］．福建茶叶，42（2）：48-49.

谭文君，董桂才，张斌儒，2018．我国工业机器人行业的发展现状及启示［J］．宏观经济管理（4）：42–47．

田创，赵亚娟，2016．专利与产业的映射研究进展［J］．图书情报工作，60（1）：135–141．

王胜刚，龙康，2015．纳米晶金属板材产业化研究进展［J］．新材料产业（5）：39–43．

王佳欣，芦梦莹，2021．广东区域创新综合能力全国第一！商标注册突破100万件［EB/OL］．［2021–01–30］．https://finance.southcn.com/node_bd56cdafac/abc8f46ea9.shtml．

王伟光，余景年，彭莉，2017．中国工业机器人产业技术研究：专利地图视角［J］．科技进步与对策（7）：55–61．

王亚婷，2019．跨国并购中企业文化整合研究［D］．天津：天津商业大学．

王永强，朱国辉，2018．高强度超细晶金属材料塑性行为及增塑研究进展［J］．材料导报，32（19）：3414–3422．

杨帆，2014．无人驾驶汽车的发展现状和展望［J］．上海汽车（3）：35–40．

苑朋彬，佟贺丰，赵蕴华，2018．全球自动驾驶汽车技术专利市场研究［J］．全球科技经济瞭望，33（9）：68–76．

佚名，2018．详细解读我国近年工业机器人的各项重要政策［EB/OL］．［2018–12–17］．https://www.sohu.com/a/282326632_99977605．

佚名，2016．中国工业机器人市场现状分析［EB/OL］．［2016–05–19］．http://robot.zhaoshang800.com/rnewdet–24217.html．

佚名，2019．百度百科–全产业链．［EB/OL］．（2019–06–09）．https://baike.baidu.com/item/%E5%85%A8%E4%BA%A7%E4%B8%9A%E9%93%BE/2830334?fr=aladdin．

广东省科学技术厅，广东省发展和改革委员会，广东省工业和信息化厅，等，2020．关于促进生物医药创新发展的若干政策措施［EB/OL］．（2020–04–08）．http://gdii.gd.gov.cn/attachment/0/390/390525/2967560.pdf．

前瞻产业研究院，2019．2019年中国自动驾驶行业发展研究报告［EB/OL］．［2019–08–15］．https://max.book118.com/html/2019/0815/5114231203002114.shtm．

中国电子元件行业协会，2020．2019年全球MLCC市场规模下滑12.6%［EB/OL］．（2020–07–16）．http://www.ic–ceca.org.cn/sczs/6807.jhtml．

佚名，2019．我国肠道微生物产业布局．［EB/OL］．［2019–12–16］．https://www.360zhyx.com/home–research–index–rid–73073.shtml．

曾莉，蒋文蹊，2020．工业机器人全球专利分析［J］．中国发明与专利，17（2）：73–79．

章帆，王雪娇，2017．基于专利的无人驾驶汽车技术景观分析［J］．科技管理研究，37（5）：33–37．

张乐，苏哲，霍丽先，2019．构建全产业链的集成电路QML军标体系的探索与实践［J］．质量与可靠性（5）：49–53．

张鹿，2016．碳纤维复合材料产业技术创新能力研究［D］．南昌：南昌航空大学．

张韬略，2019．自动驾驶汽车道路测试安全制度分析：中日立法的比较［J］．科技与法律（4）：73–82．

张振忠，宋广生，1999．块状金属纳米材料的制备技术进展及展望［J］．兵器材料科学与工程（3）：47–52．

赵冰清，解伟，李文涛，等，2018．片式多层陶瓷电容器失效分析［J］．河南科技（35）：75–78．

BEEBE D J，MOORE J S，BAUER J M，et al.，2000．Functional hydrogel structures for autonomous flow control inside microfluidic channels［J］．Nature，404（6778）：588–590．

URMSON C，ANHALT J，DREW BAGNELL D，et al.，2008．Autonomous driving in urban environments：Boss and theUrban Challenge［J］．Journal of Field Robotics，25（8）：425–466．

FAISAL A，TAN Y，KAMRUZZAMAN M，et al.，2019．Understanding autonomous vehicles：A systematic literature review on capability，impact，planning and policy［J］. Journal of Transport and Land Use，12（1）：45–72.

CONRAD HANS，NARAYAN JAGDISH，2000. On the grain size softening in nanocrystalline materials［J］. Elsevier Ltd，42（11）：1025–1030.

ERNST H，OMLAND N，2011. The Patent Asset Index：A new approach to benchmark patent portfolios［J］. World Patent Information，33（1）：34–41.

LEE J H，KIM S，LEE C S，2011. The development trend analysis of autonomous driving technology for unmanned ground combat vehicles［J］. Journal of the Korea Institute of Military Science and Tech nology，14（5）：760–767.

MARTÍNEZ–DÍAZ M，SORIGUERA F，PÉREZ I，2019. Autonomous driving：A bird's eye view［J］. Iet Intelligent Transport Systems，13（4）：56–579.

SAUER M，KÜHNEL M，2018. Composites Market Report 2018［EB/OL］.（2018–11–15）［2021–02–03］. https://www.avk–tv.de/files/20181115_avk_ccev_market_report_2018_final.pdf.

SAUER M，2019. Composites Market Report 2019［EB/OL］.［2021–02–03］. https://composites–united.com/media/3988/eng_ccev_market–report_2019_short–version.pdf.

MONTANARO，UMBERTO，DIXIT，et al.，2019. Towards connected autonomous driving：Review of use–cases［J］. Vehicle System Dynamics，57（6）：779–814.

ZHU Y T，LIAO X，2004. Nanostructured metals：Retaining ductility［J］. Nature Materials，3（6）：351–352.

第4章

科研组织知识产权管理与运营体系建设

4.1 科研组织知识产权管理体系概述

4.1.1 科研组织知识产权管理及相关政策

科研组织是国家创新体系的重要组成部分，对我国科技创新和经济转型发挥着重要作用，而知识产权管理作为科研组织创新管理的基础性工作，更是推动科研组织科技成果转化必不可少的关键环节，因此，构建科研组织知识产权管理体系对推动经济社会高质量发展具有重要的现实意义和战略价值。近年来，我国知识产权申请和授权量快速增长，科研组织的研究能力与创新水准稳步提升，但国内科研组织存在的知识产权质量不高、科技成果转移转化率偏低等问题仍然突出，需要在建立健全知识产权管理制度、完善知识产权管理人才队伍、强化专利情报挖掘与运用、在科研管理嵌入知识产权管理思想等方面实施更加具体和有效的措施。为此，国家部门结合我国科研组织发展实际，相继制定并推出了具有较强指导性和可实际操作的政策、标准及相关文件。

从长远来看，我国科研组织知识产权管理尚未有系统的指导性文件，相关论述大多为科技部、国家知识产权局等部门发布的规章制度及政策文件。随着我国经济社会迅速发展，近年来与国际接轨的领域不断拓展。早在2000年，科技部就已颁布《关于加强与科技有关的知识产权保护和管理工作的若干意见》，提出“科研机构要完善科研管理制度，改变由课题组和项目完成人提出知识产权申请并承担相关费用的简单做法，主动对其内部科研组织提出知识产权方面的任务和要求，并承担相关申请和维持费用，将知识产权作为本单位的无形资产予以重视并统一管理。”2002年，科技部、财政部发布《关于国家科技计划项目研究成果知识产权管理的若干规定》，要求项目承担单位建立知识产权管理制度，培养知识产权专门管理人员，建立研究开发人员与知识产权管理人员的沟通机制，实现对科研计划项目研究成果知识产权的有效保护。随后在2003年，科技部发布《关于加强国家科技计划知识产权管理工作的规定》明确提出：“科技计划项目申请单位应当具备完善的知识产权管理制度，有专门的机构或人员负责知识产权事务，有用于知识产权管理和保护工作的专门经费。”2010年，科技部等部门联合发布《国家科技重大专项知识产权管理暂行规定》要求：“充分运用知识产权制度提高科技创新层次，保护科技创新成果，促进知识产权转移和运用。”2020年4月，由中国科学院制定的《中国科学院院属单位知识产权管理办法》对外发布，要求中国科学院院属单位建立健全知识产权规章制度和管理体系，对科研组织的知识产权管理工作作出明确要求。2021年4月，国家知识产权局联合中国科学院、中国工程院、中国科学技术协会等发布了《关于推动科研组织知识产权高质量发展的指导意见》，鼓励科研组织以《科研组织知识产权管理规范》（GB/T 33250—2016）为指导依据，加快构建和完善自身的知识产权管理体系。

值得欣喜的是，2017年1月，国家标准《科研组织知识产权管理规范》（GB/T 33250—2016）正式实施，为规范科研组织知识产权管理，建立适宜、有效、符合科研组织发展要求的知识产权管理体系提供了方向指导。而在《科研组织知识产权管理规范》（GB/T 33250—2016）出台之前，在知识产权管理领域，我国已经相继制定了3个相关国家标准，分别是《企业知识产权管理规范》（GB/T 29490—2013）、《高等学校知识产权管理规范》（GB/T 33251—2016）和《装备承制单位知识产权管理要求》（GJB 9158—2017），上述标准遵循科学性、体系化、前瞻性和可操作性等基本原理，都实行了第三方认证审核。截至2021年2月，全国通过《科研组织知识产权管理规范》（GB/T 33250—2016）第三方认证的单位达60余家（杜伟 等，2021），科研组织愈加重视对知识产权体系的认证和审核，贯彻知识产权管理标准（简称“贯标”）势头十分强劲。

总体而言，我国科研组织知识产权管理配套政策、措施的颁布及落实有助于推动科研组织提升科技创新效率和取得重大创新突破，大幅度提升知识产权运用效益，支撑和引领国民经济和社会高质量发展，为建设世界科技创新强国和知识产权强国带来了前所未有的历史机遇。

4.1.2　科研组织知识产权管理体系建设内容

科研组织知识产权管理体系是指将知识产权放在科研组织管理的战略层面，将科研组织知识产权管理理念、管理机构、管理模式、管理人员、管理制度等方面视为一个整体，界定并努力实现科研组织知识产权使命的系统工程（杜伟 等，2019）。

2016年12月13日正式发布的《科研组织知识产权管理规范》（GB/T 33250—2016）由国家知识产权局、中国科学院、中国标准化研究院起草编制，经原国家质量监督检验检疫总局、国家标准化管理委员会批准，已于2017年1月1日起正式实施，是科研组织知识产权管理体系认证的重要依据。在管理理念方面，《科研组织知识产权管理规范》（GB/T 33250—2016）与《企业知识产权管理规范》（GB/T 29490—2013）一脉相承，都遵循PDCA循环管理原则，即计划（plan）、实施（do）、检查（check）、行动（action），针对科研组织的项目管理特点，指导科研组织建立、运行并持续改进知识产权管理体系，因此它不是运行一次就结束的简单过程，而是周而复始、持续进行的科学过程。除前言和引言外，《科研组织知识产权管理规范》（GB/T 33250—2016）标准共11章，其中第4章至第11章是主体部分，重点内容概述如下。

总体要求。提出建立、实施、运行知识产权管理体系的总体要求，依次确定构建管理体系的总体要求、知识产权方针和目标要求、知识产权手册和文件管理等。

组织管理。在明晰管理者及管理部门的职责权限的基础上，进一步解释了最高管理者、管理者代表、知识产权管理机构、知识产权服务支撑机构、研究中心及项目组的知识产权职责权限。

基础管理。从科研组织知识产权基础管理的相关内容出发，着重论述了人力资源、科研设施、合同、信息等方面的管理要求。

科研项目管理。明确提出科研组织对科研项目知识产权管理的要求，然后从科研项目的分类、立项、执行及结题验收等阶段予以剖析。

知识产权运用。总结并提出科研组织在知识产权运用环节的管理要求，主要包括评估与分级管理、实施和运营、许可和转让及作价投资等方面的内容。

知识产权保护。为降低科研组织被侵权和知识产权流失等的风险，从建立标识、著作权、专有信息等保护制度及知识产权纠纷应对机制等层面论述了知识产权保护内容。

资源保障。从资源保障的角度提出了科研组织开展知识产权管理实践的基本要求，主要包括软硬件条件保障和财务保障。

检查和改进。为把握知识产权管理体系全生命周期，从检查监督和评审改进两个方面，明确提出了科研组织知识产权管理体系持续改进和优化的要求。

4.1.3 科研组织知识产权管理体系建设流程

科研组织知识产权管理体系建设主要包括8个阶段（图4–1）：贯标筹备、调研诊断、体系策划、文件编写、培训宣贯、实施运行、评价改进、认证审核，是一个螺旋式上升并逐步优化的过程，最终实现全方位提高科研组织的知识产权管理综合水平（杜伟 等，2021）。

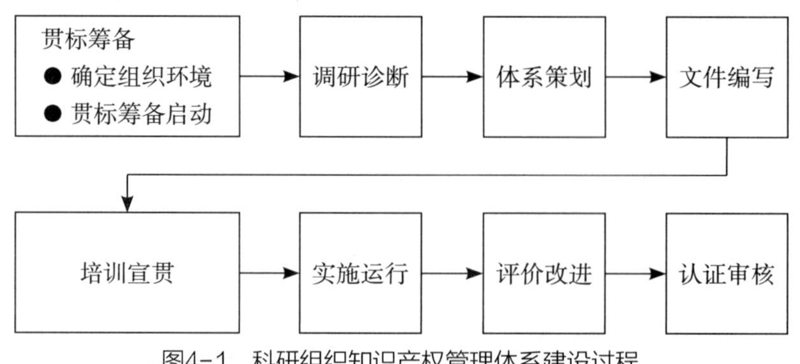

图4–1　科研组织知识产权管理体系建设过程

4.1.3.1　贯标筹备

贯彻知识产权管理标准的筹备工作，是进行知识产权管理体系建设的第一步，贯标工作的质量是检验知识产权管理综合能力、科研创新保障能力的关键要素。整体来看，科研组织的贯标筹备工作大致包括以下内容。

（1）确认组织环境

在知识产权管理体系筹备之初，一是要全面分析并确认外部环境因素，从国内外经济、社会、政治、技术、法律、市场等角度，剖析和梳理外部需求；二是要全面分析并确认内部环境因素，结合科研组织发展实际，从组织类型、组织规模、发展方向、人才队伍、组织运行等角度，考察内部环境，收集内部需求。

（2）贯标筹备启动

前期通过学习和了解标准的具体内容，由组织的决策层形成一致的贯标思想，成立贯标工作小组，确定相关负责人、部门、工作进度等，制订最终的贯标推进计划，下达任务分工及完成时间节点。在此基础上，召开贯标启动会，面向高层管理者、中层管理者、一线工作人员、知识产权专员等分别开展贯标学习培训，加强对标准内容的认知和理解。

4.1.3.2　调研诊断

调研诊断的目的是梳理科研组织知识产权管理现状，搜集真实数据和信息，总结和提炼知识产权工作特点，剖析存在的主要问题，为下一步科学构建知识产权管理体系提供依据和参考。进行调研诊断的流程大致包括以下几点。

①贯标工作小组制订调研诊断工作计划和进度表。

②按照工作计划和进度表的相关要求，全面考察组织知识产权管理架构、知识产权工作实际开展情况等。

③对搜集到的调查结果进行全面分析，对比标准条款内容，发现暴露出的问题及短板，提出未来开展知识产权工作的重点板块，制订符合要求的贯标方案。

4.1.3.3　体系策划

通过前期的调研诊断，对发现的问题和不足予以完善，搭建符合组织发展实际的知识产权管理体系框架，逐步形成知识产权工作架构、模式、方针、目标和体系文件等规划。体系策划的内容大致包括以下几点。

①组织管理方面，明确最高管理者、管理者代表的职责和任务，尤其需要规定知识产权管理机构及相关管理部门的工作职责和任务。

②人员配备方面，设置在初期开展贯标工作的专职人员，以及负责对接知识产权相关工作的部门联系人等。

③深刻理解科研组织在现阶段的知识产权工作基础，结合未来发展规划，提出知识产权战略方针及目标，目标可具体细分为年度部门分解目标、组织年度目标、中期目标、远景目标。

④对现有的管理制度、程序文件、记录文件等进行细致整理和分析，结合标准对实际工作的要求，形成知识产权管理体系文件的撰写方案。

4.1.3.4 文件编写

根据前期开展的调研诊断结果，对比标准要求，按照知识产权管理体系文件撰写要求，编制相关文件，从而规范开展知识产权工作的过程和环节。知识产权管理体系文件包括知识产权发展战略方针和目标、知识产权手册、程序文件、记录文件等。文件编写的工作环节如下。

①围绕工作具体分工，制订知识产权管理体系文件编写工作计划，确定文件的编写原则和编写方式，规范文件的编写步骤，使得知识产权管理体系文件的编写与科研组织原有的制度、管理办法等相适应，保持一脉相承的编写特色。

②关于知识产权发展战略和方针，需要结合组织现有的工作基础和未来发展规划进行编写和调整，并获得最高管理者的批准颁布。

③按照工作计划编制一般性程序文件、记录文件及知识产权手册等。

④相关文件编写完成后，由知识产权管理部门负责对体系文件初稿组织征求意见，并予以修改和改进。

⑤经过对知识产权管理体系文件进行修订，定稿后完成审批、发布和实施工作。

4.1.3.5 培训宣贯

开展知识产权相关教育和培训是增强组织人员知识产权意识、能力的重要手段，同时也是贯穿整个知识产权管理体系的关键环节，需要加以高度重视。当体系文件编写、发布和实施工作完成后，面对各层级人员、各职能部门，应该开展富有针对性的培训和教育活动，以便各岗位人员明晰自身在知识产权体系中的职责，为实现组织的知识产权目标添砖加瓦。具体而言，有以下几个方面。

①培训宣贯的对象涵盖组织知识产权管理体系中的所有人员，包括高层管理人员、中层管理人员、知识产权管理人员、知识产权专员、科研人员、学生及其他人员。

②针对不同的培训对象，知识产权教育和培训的具体内容也有所差异，因此需要科学且合理地匹配现有培训资源，如培训老师、培训场地、培训经费等，为不同岗位、不同层次的人员设计与其工作内容密切相关的课程，提升培训教育质量和效率。

③培训宣贯的形式可以灵活多样，主要采取“集中培训+自主学习”“线上培训+线下

培训”等方式。

④对培训宣贯的效果进行即时评价，记录培训主题、培训人员、培训对象、培训时间、培训地点等信息。

4.1.3.6　实施运行

当明确知识产权组织架构、知识产权管理体系文件后，科研组织正式进入实施运行知识产权管理体系这一关键环节。在体系实施运行阶段，应当加强对记录文件的管理、保存、检查，进而确保各类知识产权事务能够按照体系目标要求得到严格落实。实施运行阶段的工作大致包括以下内容。

①相关职能部门结合自身职责，积极组织执行部门开展知识产权相关活动的宣传和培训，定期、持续地对部门执行情况进行监督和检查。

②相关执行部门及时向其内部人员传达、执行最新的体系文件，包括但不限于制度、程序、表单等。

4.1.3.7　评价改进

在执行、实施知识产权管理体系过程中，受内外部环境变化影响，科研组织不可避免地会面临各种各样的新问题，需要及时监测遇到的阻碍因素，并建立自我纠正机制对体系架构予以持续的评价和改进。科研组织在对知识产权管理体系进行评价改进时，需要从以下方面加以重视：

①通过设立适当的周期，对知识产权管理体系及其运行控制过程进行检查监督，将实际情况与原有目标进行比对，及时纠正知识产权管理体系存在的不足。

②对于评价改进的方式，应当根据科研组织自身实际情况进行选择，包括内部审核（第一方审核）、外部审核（第二方审核、第三方审核）、管理评审、例行检查、绩效评价、目标考核等。

4.1.3.8　认证审核

认证审核又称第三方审核，是指由第三方认证机构对组织的知识产权管理体系进行的审查和检验。当科研组织的知识产权管理体系运行3～6月后，且贯标单位自评满足标准要求时，可以向第三方认证机构提出申请，签订合同，进行认证审核。认证审核的步骤如下。

①认证前活动。组织在认证前应当完成认证的申请和受理，并签订认证合同，然后启动审核，确定审核时间，由认证机构确定审核目的、范围和准则，成立审核小组，制订审核方案和计划。

②初次认证。初次认证的组织将经历两个阶段的审核，第一阶段包括文件审核和现场审核；第二阶段审核一般是具体的审核过程，包括文件审核和现场审核。

③认证决定。当组织通过第二阶段审核后，认证机构会向组织颁发认证证书，有效期3年。

④监督活动。当组织通过初次认证后，每年还将接受一次监督审核。

4.2 科研组织知识产权管理体系建设现状及经验

科研组织是国家创新体系的重要组成部分，是建设世界科技强国的中坚力量，承担着突破原创性基础研究、攻克关键核心技术、破解创新发展难题的重任。2021年3月，国家知识产权局联合中国科学院、中国工程院、中国科学技术协会发布的《关于推动科研组织知识产权高质量发展的指导意见》中提出，科研组织要加强知识产权管理体系建设，以《科研组织知识产权管理规范》（GB/T 33250—2016）为指导，优化知识产权管理体系；建立健全知识产权管理制度，加强科研项目选题立项、组织实施、结题验收、成果转化等全过程的知识产权管理；以市场需求为导向，搭建科研组织知识产权运营体系，加强科研组织与各类创新主体和市场主体的深度合作，打造知识产权转化运用新模式新机制，实现知识产权运用效益最大化。

我国科研组织主要包括中国科学院系统、国家各部委的行业科研系统、地方科学院、高校科研系统等。中国科学院系统以知识创新为目标，开展重大基础理论和应用基础理论的研究，是我国科学研究和自主创新的主力军之一，主要承担基础性、综合性和长期性的国家级项目，是国家知识产权战略实施工作部际联席会议成员单位之一。

地方科学院活跃在地方经济建设和社会发展的各个领域，承担着提升地方技术水平的重要工作，是国家创新体系的重要组成部分，更是区域自主创新的重要力量，其以不可替代的区域性、综合性、社会服务性和自主性，成为我国特色的地方综合科研机构。目前全国已有地方省级科学院十多家，其中包括广东省科学院、上海科学院、北京市科学技术研究院、黑龙江省科学院、山东省科学院等，都建立了符合作为区域性综合科研机构发展定位的知识产权管理和运营体系。

4.2.1 中国科学院知识产权管理

中国科学院非常重视知识产权工作。先后出台了一系列与知识产权相关的政策和规定，如《中国科学院关于进一步加强知识产权工作的指导意见》《关于推动科研组织知识产权高质量发展的指导意见》等。2007年以来，中国科学院在推进知识产权管理工作方面的举措主要有以下几点。

（1）建立规范化的知识产权管理工作机制

发布《中国科学院研究机构知识产权管理暂行办法》《中国科学院知识产权工作指南》等一系列的知识产权管理文件，理顺了知识产权工作机构的管理职能、提升了中国科学院知识产权管理的系统性与规范性。

（2）建立“院级指导、所级操作”知识产权管理与支撑服务体系

通过设立院级知识产权委员会、院级知识产权办公室、计划财务局知识产权管理处和所级知识产权管理机构等（图4-2），健全院级和所级知识产权管理组织。

建立和拓展院重大项目与重要方向项目“知识产权专员”制度。中国科学院知识产权办公室对知识产权专员进行上岗培训与资质认证，建立相应的信息库与信誉制度。这一措施，大大提升了相关岗位人员的专业化水平。部分研究所甚至拓展了知识产权专员制度，以中国科学院大连化学物理研究所为例，该研究所不仅拥有12位院级知识产权专员，还在课题组增设了研究所级知识产权专员，这在侧面印证了“知识产权专员”制度的良好收效。

此外，中国科学院也在大力建设专业化的知识产权转移转化服务部门。“知识产权专员”制度虽提升了从事知识产权工作的人员的专业化水平，但是本质上这些人员仍然是半专业化的、分散在各研究所的兼职人员。而专业化的知识产权转化服务机构则是集中的、专职的，以促进知识产权转移转化为目标的知识产权服务机构。

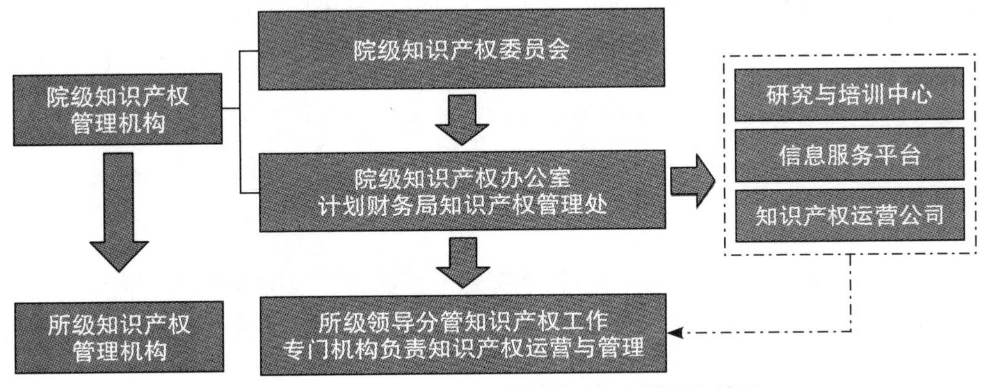

图4-2　中国科学院知识产权管理与支撑服务体系

（3）优化完善知识产权创造和应用激励机制

主要改革包括实行按院、所两级匹配原则对职务发明人和团队予以奖励的制度、落实知识产权收益分配政策、实行鼓励知识产权与标准制订结合的政策、优化研究所评估评价体系等激励机制，鼓励科研人员进行知识产权创造和应用。

2021年，中国科学院与国家知识产权局、中国工程院及中国科学技术协会共同发布《关

于推动科研组织知识产权高质量发展的指导意见》，提出坚持“知识产权保护导向，强化创新全过程知识产权管理”“加强知识产权统筹协调和制度建设，强化知识产权管理机制建设，确定1名主管领导负责知识产权工作，指定专门机构承担本单位的知识产权管理职能。有条件的科研组织可建立独立的知识产权管理和运营机构。鼓励科技中介服务机构、金融机构等专业化服务机构参与科研组织的知识产权运营”。以《科研组织知识产权管理规范》（GB/T 33250—2016）为指导，优化知识产权管理体系。建立健全知识产权管理制度，加强科研项目选题立项、组织实施、结题验收、成果转化等全过程的知识产权管理。

4.2.2 上海科学院知识产权管理

从上海科学院的组织架构体系可以看出，上海科学院设有上海知识产权培训中心和上海专利商标事务所有限公司两个知识产权专门机构。另外，上海科学院的科技发展处负责院内知识产权管理工作。

上海知识产权培训中心，是直属于上海科学院的事业单位，被授予“国际TRIZ协会（MA TRIZ）（中国）培训中心”、国际TRIZ协会（MA TRIZ）全球第78号会员、上海市专利工作者培训基地、上海科学院职改办职称申报受理点、上海科学院技术合同认定登记处受理点、上海市知识产权服务行业协会理事单位。主要从事国内外知识产权培训、知识产权专业技能和执业资格的培训、专利再创新、专利代理中介、企业咨询、产品（技术）包装和知识产权战略研究等，为企事业单位和政府提供知识产权实务服务和决策咨询服务。

上海专利商标事务所有限公司则为上海科学院的参股公司，为国内外客户提供高效优质的知识产权代理服务。从对上海科学院的专利代理机构的分析中可以看出，上海科学院21.88%的专利代理由该公司完成。

基于对公开文献的查询可知，上海科学院并未在院级层面出台知识产权的管理和激励政策。这或许跟上海科学院比较复杂的构成有关。上海科学院包括上海科学院直属单位、上海市市属单位和中央在沪单位。三者之间是松散的聚合，部分单位为多头管理。

4.2.3 北京市科学技术研究院知识产权管理

北京市科学技术研究院从顶层采购了知识产权服务。知识产权的管理工作由科研开发处负责落实。该院科研处以举办专利申请培训与交流、在院内网上提供专利数据库链接、专利资助和优惠政策宣讲等方式，开展专利信息服务，加强对科研人员的专利意识与专利应用能力的培养。

为推进科技创新工作，鼓励发明创造，促进成果转化，该院与北京路浩知识产权代理有限公司（以下简称“路浩公司”）签署了专利申请委托代理合同。路浩公司作为代理机构申报了北京市科学技术研究院33.41%的专利。路浩公司负责北京市科学技术研究院的专利申请、意见答复、费用代缴等代理事务，并提供专利申请、专利挖掘等技术的相关培训。按照约定，北京市科学技术研究院各下属单位科办设有专利联系人1名，负责与路浩公司沟通本单位的专利申请事宜。

4.2.4　黑龙江省科学院知识产权管理

黑龙江省科学院是黑龙江省自然科学与技术科学综合性研究中心。学科专业领域主要集中在应用基础、战略高技术和重点公益研究等方面。近年来，在黑龙江省知识产权有关部门的支持下，在黑龙江省科学院加大了知识产权管理力度。

制定了《院知识产权工作管理办法》，明确知识产权的权利归属。在科研活动中完成的发明或形成的技术成果，由发明人向知识产权管理办公室提出专利申请、软件著作权登记，提交相关的资料，并在专业人员指导下办理专利申请手续；对于合作技术开发，并对外进行知识产权转让或许可的，依法签订书面合同，明确产权归属。

制定了《院专利补助资金管理办法》，重点支持能推动本领域及学科的科技进步与发展、具有较高技术含量和可产生较好的经济效益及社会效益的院基金项目申请的专利。申请专利补贴的项目须获得国家知识产权局颁发的正式专利证书。专利补贴执行的标准为：已获得外观设计专利的项目补助1 000元，已获得实用新型专利的项目补助1 500元，已获得发明专利的项目补助3 000元。

制定了《院优秀发明专利奖励管理办法》，用于奖励为本单位科研开发和经济发展做出突出贡献的优秀发明专利。专利奖的奖金额度为5 000元，由获奖的发明团队自行分配，这调动了科技人员申报专利的主动性和积极性。

制定了《院奖励向国外申请专利管理办法》，进一步调动黑龙江省科学院科技人员向国外申请专利的积极性，保护自主创新成果，促进了黑龙江省科学院科技进步与经济发展。向国外申请专利项目在外国国家（地区）完成国家公布阶段和正式获得授权后分两次给予资助，两个阶段的奖励总额为每个国家（地区）10 000元。由获奖的发明团队自行分配。

在知识产权管理的组织体系上，黑龙江省科学院垂直管理院属各单位工作，负责指导各单位知识产权工作，组织业务部门学习知识产权方面的法律法规。院属各研究院所业务部门组织本单位科技人员学习知识产权方面的文件精神，确保知识产权工作落到实处。黑龙江省科学院科研处成立管理机构，负责全院知识产权工作；院属各单位成立知识产权管理部门，并配备专职人员负责此项工作，从而形成自上而下的高效管理体系。此外，还积极推进建立全院专利档案，开发专利计算机管理系统，配备相关的硬件设备。充分利用科技档案、科技文献和网络资源等优势，及时了解重点领域的知识产权的发展动态和竞争态势，分析黑龙江省科学院相关领域知识产权的发展状况，提升科研院所科技创新能力。

4.2.5 山东省科学院知识产权管理

山东省科学院2009年《关于推进山东省科学院又好又快发展，为全面实现小康社会做出更大贡献的意见》提出“建立知识产权的归属政策和利益的激励政策，进一步鼓励广大科技人员创新创业，加速创新成果的市场化；加强知识产权保护综合能力的建设，重视和加强科技档案管理，提高保护意识和管理水平”。2013年10月，山东省科学院发布了《关于进一步鼓励申请发明专利和发表高水平论文的意见》，其中提出要狠抓知识产权工作贯穿科研活动的始终；积极争取各级政府的知识产权资助和奖励，每项发明专利奖励3 000元；实用新型和外观设计的获权专利奖励办法由院属各单位自行制订。2016年初，山东省科学院推出《山东省科学院促进科技成果转化实施办法（试行）》，更为具体地阐述了山东省科学院科技成果转移转化的利益分配和组织实施问题。2019年，出台了《齐鲁工业大学（山东省科学院）促进科技成果转化实施办法》，简化了成果转化的流程，加大了科研人员收益的比重。2020年，制定了《齐鲁工业大学（山东省科学院）科技成果转化综合试点实施方案》，重点围绕二级法人单位正职领导持股、赋予校（院）科研人员职务科技成果所有权或长期使用权、技术转移机构与服务团队建设、改革职称评定和考核评价体系改革等任务进行试点，充分调动科研人员进行成果转化的积极性。在政策激励下，教学单位于2020年首次实现了成果作价入股转化企业，6个孵化项目合计作价金额达3 190万元，科技成果转化金额比2019年增长20倍。

4.3 广东省科学院知识产权全链条体系建设

广东省委、省政府为深入实施创新驱动发展战略，于2015年6月28日重新组建广东省科学院。广东省科学院定位是聚焦产业发展的应用技术研究，兼顾重大技术应用的基础研究，满足广东省经济社会发展需要；目标是打造广东高层次人才集聚高地、产学研合作与科研成果转化应用的组织载体、创新驱动发展的枢纽型高端平台。2020年10月，广东省科学院成为科技部首批40家科技成果赋权试点建设单位之一，为着力打造知识产权全链条体系架构赋予了重要发展机遇。在广东省科学院指导下，依托“南方双创汇”平台，粤科图组建并运营广东省科学院知识产权转移转化中心。广东省科学院知识产权转移转化中心在院科技成果转化办公室的统筹指导下，对院下属研究机构的科技成果进行转移转化。广东省科学院知识产权转移转化中心为科研机构知识产权的创造、保护、运用、管理等提供全流程的服务，支撑科研机构协同创新和优势学科建设，促进科研机构科技成果转化。

4.3.1　知识产权全链条体系架构

作为职务科技成果赋权改革试点单位的科研机构，广东省科学院未来将着重在知识创造和转移、技术育成孵化、产业创新发展三个阶段（图4–3），通过把科技成果赋权有效融入与贯穿知识产权全过程管理和服务之中，系统构建知识产权全链条保护体系，有效提升科技成果转化效率，嵌入科研机构知识产权创造、保护、运用、管理、服务全链条，健全科研机构知识产权综合管理运用体系，增强科研机构知识产权的系统保护能力，服务国民经济主战场，构建高质量发展新格局。

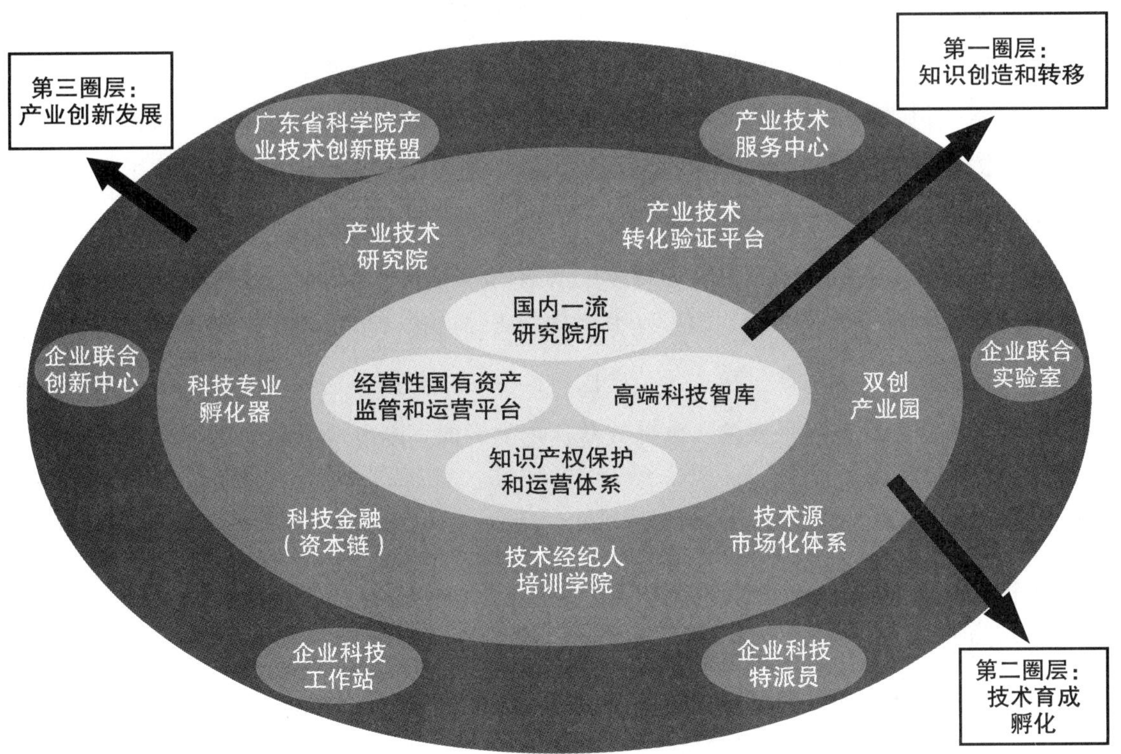

图4–3　广东省科学院综合产业技术创新中心建设思路

4.3.1.1　知识创造和转移阶段

在知识创造和转移过程中，广东省科学院以“高效率发现和布局、高水平创造和培育、高质量管理、高质量申请、高效益运用”的模式开展科研机构高价值专利培育和运营，建设专利分级分类管理机制和知识产权权益分配机制，强化专利评价导向管理，并逐步搭建专利导航、专利布局、专利预警、知识产权分析评议等专业服务机制，借助职务成果赋权改革，有效落实确权、赋权，充分保证在知识创造、产出、转移过程中知识产权权属清晰，加强知识产权人才培养，为服务广东省创新驱动发展战略提供可靠支撑。

4.3.1.2 技术育成孵化阶段

在技术育成孵化过程中，广东省科学院通过对科研机构自主知识产权进行研发活动专利全过程管理，开展专利价值评估，有效推动专利和成果的孵化和转化。面向广东省产业发展需求，在专利价值评估基础上吸收引进国内外高价值专利，推动其在本土的孵化和转化。针对制约科技成果转化的障碍，提出解决思路和方法，使科研人员以“共同所有权人”的身份享有科研成果，充分激发科研人员科技创新积极性和成果转化主动性，增加高质量科技成果的供给，使科技成果快速转化为现实生产力。

4.3.1.3 产业创新发展阶段

在产业创新发展过程中，广东省科学院围绕科研机构产出的知识产权成果，探索开展知识产权证券化、知识产权质押融资、专利保险等知识产权金融服务机制，最大限度实现科研机构的知识产权价值。除此之外，还将给予科研人员充分的科研成果处置自主权，推动创新主体与产业创新联盟、企业联合创新中心、企业联合实验室、企业科技工作站等市场化组织载体开展知识产权全链条运营合作，加强协同配合，形成利益共享机制。

综合而言，通过打造一套可复制可推广的科研机构知识产权全链条保护体系，形成知识产权“全链条、一体化”综合服务和保护的“省科院模式”，未来，广东省科学院将努力建设“立足广东、辐射珠三角、示范全国”的知识产权服务与保护高地，推动知识产权向更高质量创造、更高水平保护、更高效益运用的方向不断发展。

4.3.2 知识产权管理体系

为提升院属科研机构知识产权创造质量与效率，广东省科学院坚持知识产权保护导向，强化创新全过程知识产权管理，将提高专利质量和技术的商业价值作为工作重心。广东省科学院科研管理部是负责全院组织科研课题申报、立项、执行、评估工作，组织协调跨学科、综合性的重大、重点科技项目的部门，广东省科学院知识产权研究与运营中心配合完成相关知识产权相关服务功能。

4.3.2.1 项目申报前知识产权管理流程

科研项目申报前进行的知识产权管理工作主要包括：通过调研领域的知识产权现状确定科研项目的重点发展领域，编写和制订项目申报指南和年度实施计划，在合理分析科研项目重点发展领域知识产权现状的基础上，确定本单位申请项目的具体发展方向，并在经费预算中预留出知识产权事务费等相关经费。最后，组织专家进行立项评审。项目申报前知识产权管理流程如图4-4所示。

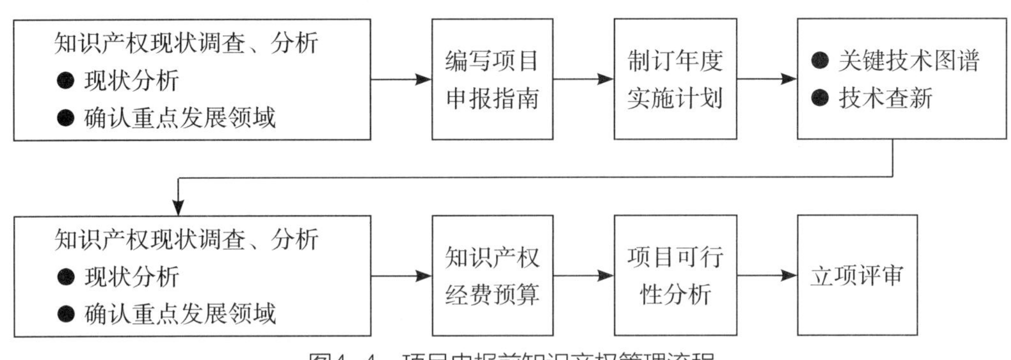

图4-4　项目申报前知识产权管理流程

4.3.2.2　项目研发阶段的知识产权管理

在项目研发过程中，承担者和管理者均需对领域知识产权动态进行持续跟踪和分析，对可能影响本项目发展的重大风险进行评估，并适当调整研发方案；管理者需要对承担者单位实施进度进行检查，同时监督承担者对成果的保护情况、重大风险处理情况等。项目研发阶段知识产权管理流程如图4-5所示。

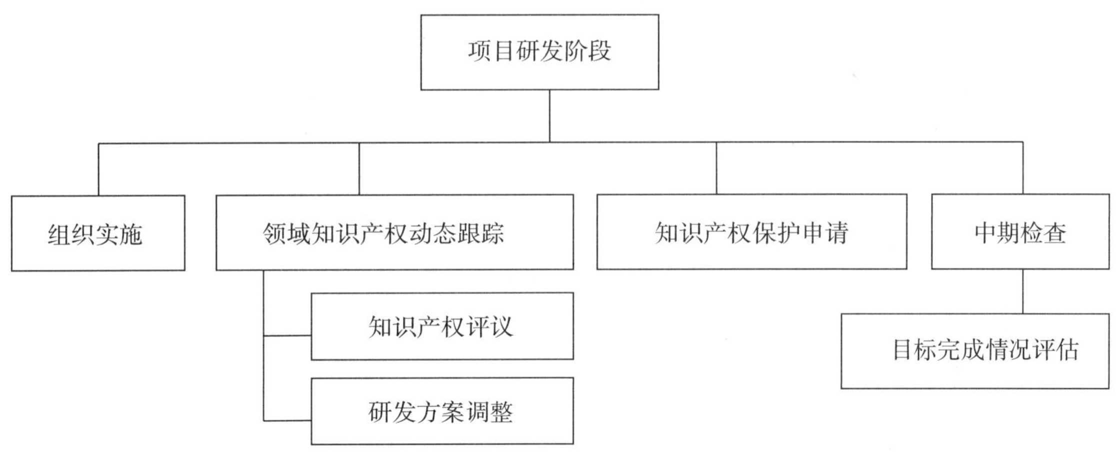

图4-5　项目研发阶段知识产权管理流程

4.3.2.3　项目验收阶段的知识产权管理

在验收科研项目时，首先，承担者需要向管理者提交项目成果清单，如有未完成目标的情况则需要提交情况说明，并确定成果管理方式；其次，承担单位应针对项目成果提交应用实施计划，并制订成果转化应用方案，确定知识产权保护策略；最后，由管理者联合专家进行验收评估。项目验收阶段知识产权管理流程如图4-6所示。

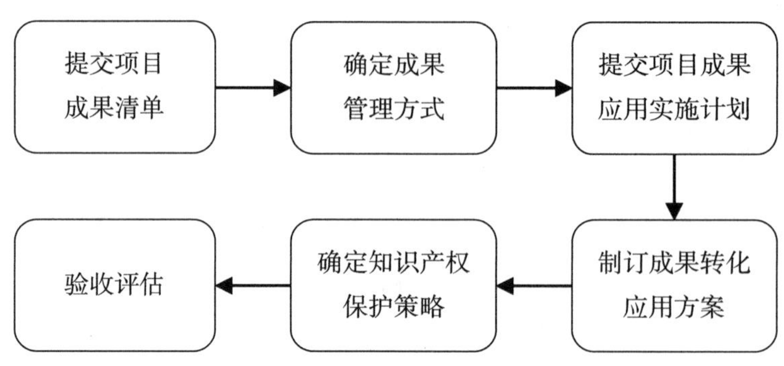

图4-6　项目验收阶段知识产权管理流程

4.3.2.4　后期管理

成果后期管理可分为承担者和管理者两部分（图4-7）。承担者主要进行成果转化应用、成果再创造。管理者需要对成果信息进行统计和公报以促进公众对科研项目的了解，并推进成果转化应用。

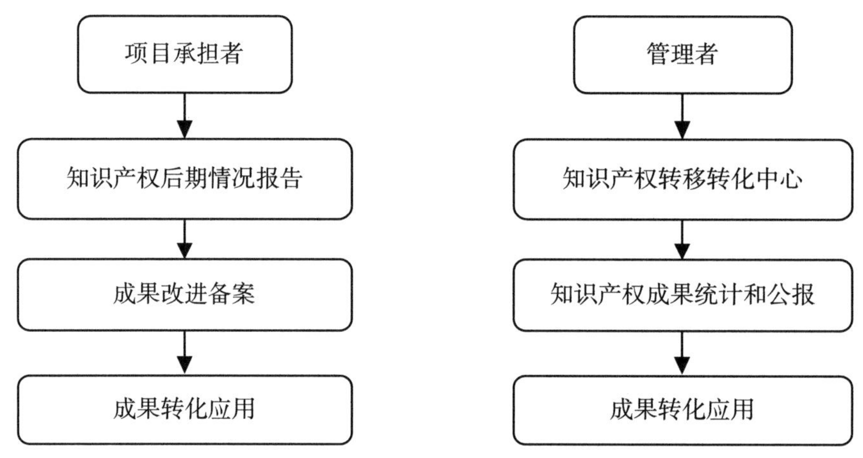

图4-7　成果知识产权管理

4.3.3　信息化设施建设

广东省科学院知识产权转移转化中心目前拥有先进的计算机网络设备，高速、稳定的网络条件。已购买或可利用的专利信息资源有：德温特专利数据库（DII）、innography国际高端专利检索分析平台、PatentSight专利数据库及分析工具、Thomson Data Analyzer（TDA）专利情报分析工具、incoPat科技创新情报平台、Orbit专利检索系统、PQD专利数据库、中国科学院专利在线分析系统、广东省专利大数据应用服务系统等。

4.3.4 科技成果转移转化

4.3.4.1 管理体系

已初步形成院所两级科技成果转化管理体系。广东省科学院知识产权转移转化中心负责全院科技成果转化管理工作，发挥宏观管理、业务指导和政策制定等作用。院属单位设立对应工作机构，组织开展本单位科技成果转化管理工作，侧重于具体项目的组织实施。通过院所联动，建立健全院所统筹协调的工作体系，为促进科技成果转化提供组织保障。

4.3.4.2 管理制度

根据《中华人民共和国促进科技成果转化法》《广东省促进科技成果转化条例》和《关于省科学院运行机制改革的意见》等法律法规和文件精神，结合广东省科学院实际，制定了《广东省科学院促进科技成果转化暂行办法》。院属各单位也制定了相应的科技成果转化办法，为促进科技成果转化提供了制度保证。

4.3.4.3 实施流程

科技成果转化具体由各院属单位作为独立法人实施。主要是通过院属单位内部转化或对外合作自行转化，由科技人员与承接可转化成果的企业进行洽谈，通过协议定价或在技术交易市场挂牌交易等方式确定价格。如采用协议定价方式，需在本单位公示，经批准可转化的项目由科研团队负责组织实施。如采用挂牌交易方式，科技成果转化业务部需要联系有资质的第三方专业评估机构对拟转化成果作价评估，挂牌价不得低于评估价，由广东省科学院各单位成果转移转化工作领导小组等负责审核批准。

4.3.4.4 激励机制

作为赋予科研人员职务科技成果所有权或长期使用权试点单位，广东省科学院积极探索知识产权收益激励机制，使发明人或者设计人合理分享创新收益，同时对为科技成果转化运用作出重要贡献的科研、管理与运营人员等，给予合理的奖励和报酬。具体做法如下：①将科技成果转让、许可给他人实施的，从该项科技成果转让净收入或者许可净收入中提取不低于70%的比例；②将科技成果作价投资的，从该项科技成果形成的股份或者出资比例中提取不低于70%的比例；③将科技成果自行实施或者与他人合作实施的，应当在实施转化成功投产后连续3～5年，每年从实施该项科技成果的营业利润中提取不低于5%的比例。

4.3.4.5 人才评价和研究所考核机制

对于积极推动科技成果转化并取得显著成效的院属单位及个人，院所给予表彰奖励，并与院属单位绩效考核和科技人员的年度考核挂钩。《广东省科学院研究所绩效评价办法》将成果转化指标纳入院属单位的考核指标中，重点评价院属单位在培育孵化企业、输出技术成果和解决产业发展共性技术难题等方面取得的成效。

4.3.5 团队及人员建设

广东省科学院知识产权研究与服务团队，由广东省科学院及其下属研究院所知识产权管理、研究、服务人员以及科研人员共同构成。目前主要成员有40余人，长期从事知识产权管理和信息服务，以及科技成果转移转化服务，其中博士10余人，具有高级职称的近20人。成员含广东知识产权研究院专家咨询委员会委员1名，全国专利信息实务人才1名，广东省级技术转移经理人4名。具备查新资质的人员12名，具备科技查新工作经验并接受过系统的知识产权信息培训的人员24名，从事过5年以上知识产权信息服务的人员9名，成员具有产业经济、地球化学、遗传学、材料学、环境科学、地理信息系统等多学科背景。

4.4 地方科研组织知识产权服务实践

为贯彻落实《国务院关于新形势下加快知识产权强国建设的若干意见》的要求以及《“十三五”国家知识产权保护和运用规划》的部署，深入实施国家创新驱动发展战略，推进知识产权信息服务中心建设，完善知识产权信息公共服务网络，提升科研机构创新能力，推动科技成果转移转化工作，广东省科学院与南方报业传媒集团共同打造了科技成果转移转化线上交易服务平台“南方双创汇”，将其作为打造高价值专利管理和服务的有效载体，全面推进科技成果转移转化和知识产权专业服务工作。

4.4.1 地方科研组织的知识产权服务

广东省科学院知识产权管理与运营服务中心是广东省科学院知识产权全链条研究服务的非法人中心，围绕全院的科技创新、成果转化、人才建设提供知识产权服务，其主要承担单位粤科图，是广东省科学院下属研究服务机构，也是华南地区最大的科技文献与战略情报服务机构，是“国家知识产权局专利信息传播利用（广东）基地的传播利用站点”“全国专利文献服务网点”等。近年来，作为广东省科学院智库与服务板块重要组成力量，粤科图嵌入广东省科学院各下属研究所的科技创新活动中，依托科技信息、知识产权、决策咨询等优势服务，为广东省科学院及其下属研究所服务地方支柱产业及战略性新兴产业提供知识产权服务支撑。

积极发挥涵盖中国科学院文献情报中心、广东省知识产权保护中心等研究机构的40余位专家的“小核心，大网络”的团队优势，开展了基于专利情报、数据挖掘、定量和定性分析等手段的信息情报服务、知识产权研究及服务、科技评估服务及孵化赋能服务。

4.4.1.1 知识产权服务目标

推动广东省科学院知识产权能力建设，探索构建广东省科学院特色的高价值专利孵化育成和运用体系。将知识产权贯穿科研工作全过程，全面提高科研机构知识产权创造、保护、运用、管理和服务水平，努力把广东省科学院建设成为知识产权全过程管理的示范单位，共同推动广东省加快引领型知识产权强省建设，推进供给侧结构性改革、产业转型升级、创新驱动发展战略实施。

4.4.1.2 知识产权服务机制

在“一个定位，三个目标”和“一院两制三体系四融合”的发展战略框架下，广东省科学院高价值专利孵化育成及评估中心统一运营高价值专利孵化育成和运用相关工作，充分与院机关各职能部门和院属单位进行知识产权运用合作，开展嵌入式知识产权专业服务（图4-8）。挖掘广东省科学院及院属研究所现已部署的知识产权资源，从科研机构的专利价值度跃升路径进行研究，探索构建广东省科学院特色的高价值专利孵化育成和运用体系。

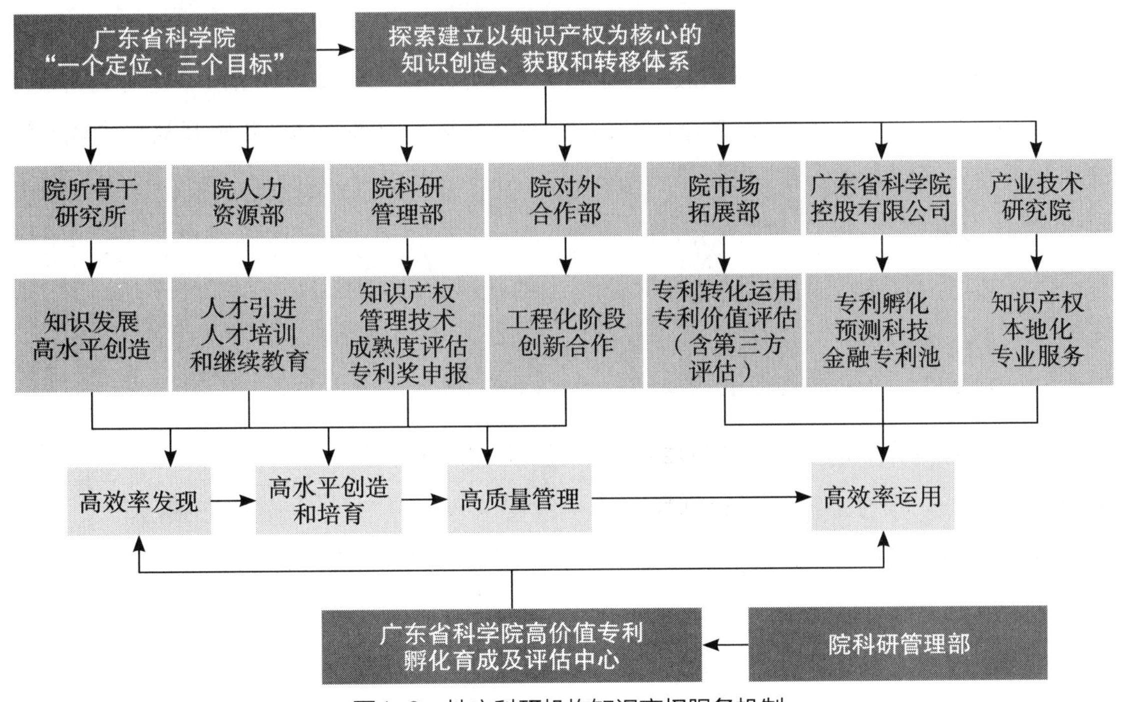

图4-8 地方科研机构知识产权服务机制

4.4.1.3 知识产权服务实践

（1）高效率发现的信息情报服务

文献查询。利用集成了学术资源的一站式发现与获取系统（图4-9），整合引进的、自建的、互联网开放获取的及广泛的第三方海量学术资源，为用户提供方便、快捷的学术资源一站式发现与获取服务，为广大科研人员开展科技创新活动提供了直接、有效的支持。

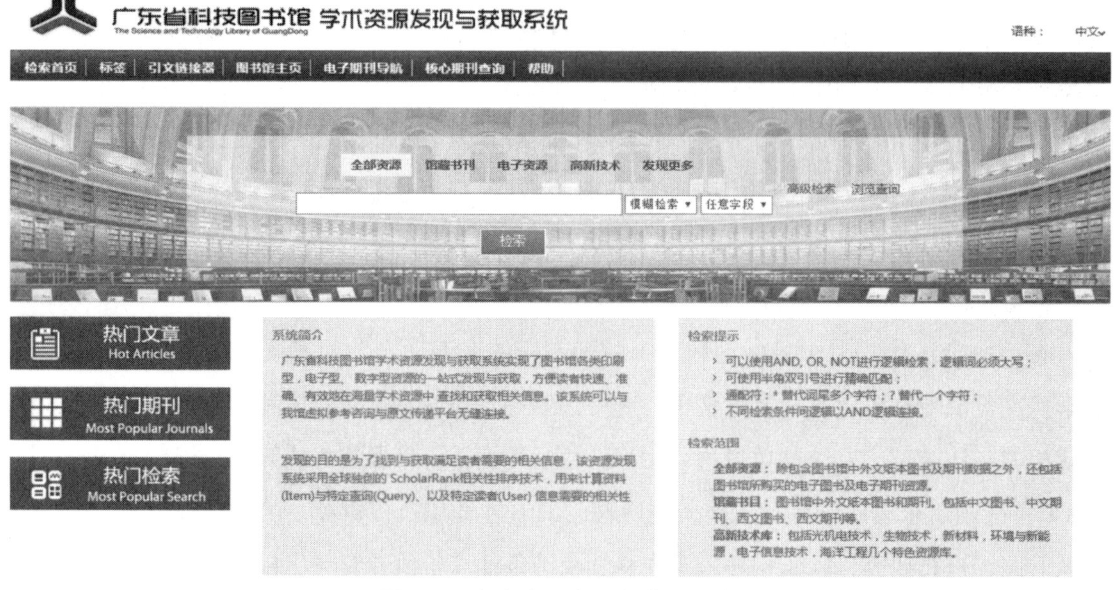

图4-9 学术资源发现与获取系统

科技查新。为广东省内科研院所、研发型企业等科技创新主体用户提供科技查新、论文引证、专题咨询等多种类型的信息咨询服务（图4–10），以高效、优质的服务获得了科研机构及企业研发人员的好评。

图4-10 科技查新检索服务平台

专利情报服务。面向科技决策管理部门开展学科态势研究与分析，已经形成相应的产品体系，包括《专利信息推送简报》《中国科学院科技前沿动态》《全球创新型企业动态监测快报》（图4–11），《中国科学院科技前沿动态》《全球创新型企业动态监测快报》分别入选中国科学院科技战略咨询研究院和粤港澳大湾区战略研究院等国家和省级高端智库产品。面向广东省的高校和科研机构，开展重点研发方向的态势分析，为研究机构和高校学科发展提供科技信息支撑，如为广东省科学院生物与医学工程研究所提供了《蔗糖产业政策、市场与技术动态专报》信息服务，为广东省科学院生态环境与土壤研究所、广东省科学院新材料研究所研发布局提供了《土壤重金属污染治理技术专利分析报告》等专利情报服务。针对广东省战略性产业布局，面向20个产业集群开展产业态势分析，如面向中山研发型企业定制《产业与技术情报监测月报》。持续多年为广东生益科技股份有限公司、广州医药集团有限公司、广东省广新控股集团有限公司、广东菲鹏制药股份有限公司等广东省内龙头企业提供专利信息监测、竞争对手跟踪、知识产权咨询等决策服务。

图4–11　面向产业和科研机构的态势分析专报

知识产权快报。长期提供科技快报的制作和推送服务，已初步形成品牌。通过承担广东省市场监督管理局（知识产权局）、广东省知识产权保护中心、广州市市场监督管理局（知识产权局）等的专利信息服务项目，提供了广东省小微企业专利信息推送服务，编发了广东省中小微企业产业快报、《全球知识产权跟踪》等快报，面向国家知识产权局及广东省管理机构、广东省各级政府部门、重点产业企业、高校和科研机构推送。

（2）开展高水平创造和培育

高价值专利培育。探索广东省科学院在生物与健康、材料与化工、资源与环境、装备与制造、电子与信息等优势研究领域的高价值专利培育。为广东省产业集群提供专利导航、专利布局等一揽子高价值专利培育服务，先后开展了疫苗产业、揭阳金属产业、广东省LED产业、广东省阳江五金产业以及佛山制造业等产业的专利信息导航平台的建设，持续提供专利导航服务。

知识产权分析评议。提供专利战略规划、专利情报分析、专利布局分析、专利人才分析、专利深度挖掘等知识产权评议服务。通过承担广州市知识产权工作专项资金项目“基于组学的食源性致病微生物快速高通量检测技术与装备研发”的知识产权评议，形成了一系列有针对性、可操作的知识产权评议报告，建立了国家重大科技项目知识产权评议的一系列方法体系，能够系统地为科研项目的技术开发提供知识产权保护、布局和风险规避等决策支持。通过科技人才发现、科技人才评估、科技人才路线图等为广东省产业发展以及广东省科学院下属研究所的高水平创造和培育，集聚高层次人才。科技项目评估，构建评估指标体系并组织专家开展科技项目评审和评估，组织了新材料、生物医药、医疗器械、电子信息领域等多个领域的科技项目评估工作。

（3）开展高质量申请

高价值布局。面向广东省科研机构、高校和企业，提供专利申请、专利布局等服务，提升专利申请质量、优化专利布局。提供专利代理机构资质筛选、质量把控服务。根据专利代理机构在不同领域的优势择优选择。

畅通专利审查通道。与广东省知识产权保护中心等快审中心合作，有效缩短发明专利授权周期。

（4）开展高质量管理

提供知识产权决策咨询服务。为广东省各级政府和相关研究机构开展知识产权决策咨询服务。

开展知识产权专业培训。定期开展知识产权专业培训，面向科研人员提供高价值专利挖掘和专利保护培训；面向知识产权管理人员提供政策解读和专利运营培训；面向科研人员和企业提供科技成果转移转化培训、科技情报培训、科普培训等；结合广东省技术经纪人的需求，开展知识产权专题继续教育培训。

提供专利奖申报全流程服务。挖掘院属单位的优秀专利，对专利奖的前期评估和申报进行全流程服务。

（5）开展高效益运用

开展专利对接。举办企业研发机构专业领域的精准对接会、大型展会、专利在线推送等，促进科研成果转移转化。同时，针对专利转化、专利质押、专利评奖等需求，开展专利价值评估，精准推动专利转化。自2016年起，与地方政府、产业技术联盟、产业园区等联合组织开展科技成果线下对接会，推动科技成果在广东省21个地市的转移转化。

开展孵化育成。建立企业工作站，借助广东省科学院的科技成果孵化网络，开展高价值专利孵化育成，探索建立科技金融支持院属研究所的高价值专利运用模式。充分发挥广东省科学院“广东科技成果转移转化市场交易平台”的平台优势，联合东莞市瑞鹰信息科技发展有限公司旗下“瑞鹰·3I孵化器”和“瑞鹰·3I众创空间”建立企业工作站，吸引集聚优质的社会资金、技术成果、创业项目以及科技人才和团队，孵化培育优秀的科技项目，打造电子信息及智能硬件战略新兴产业领域的垂直化公共技术的专业化软服务平台。知识产权服务团队为东莞市瑞鹰信息科技发展有限公司提供科技战略情报服务、知识产权服务和“双创”培训服务，协助其运营的“瑞鹰·3I孵化器”成功申报成为经科技部审核并公示的“2017年国家级科技企业孵化器”。

4.4.2　广东省科学院科技成果转移转化交易平台

4.4.2.1　平台功能建设

（1）“南方双创汇”门户网站建设

“南方双创汇”门户网站由“资讯中心”“广东科技成果转移转化市场交易平台”“双创学院”“政策服务”“地市共创”五大板块组成，主要围绕以下六大功能进行内容建设。

功能一：广东创新驱动发展新闻报道与宣传。网站开设“资讯中心”板块，下设“今日重点”“双创要闻”“工作动态”“南粤大地科技之光”“南粤创新创业风采”“科技前沿”“专家视点”栏目。宣传报道广东推进创新驱动发展战略的热点亮点及创新主体的产业技术研发动态、“双创”工作推进情况、创新驱动新成就展示等（图4–12）。

图4-12 “南方双创汇”门户网站

功能二：广东创新创业要素对接交易。广东科技成果转移转化市场交易平台是“南方双创汇”的核心功能子平台，采取“O2O线上+线下”互动创新平台模式，打通各类“双创”要素的供需对接通道，致力于提高技术创新和研发成果转化效率，服务于广东乃至全国的创新创业。该平台集成用户系统、技术服务及需求发布系统、交易对接系统、活动管理系统、在线客服系统等多个数据库应用系统，采取实名认证、信息审核、客服撮合的全流程管理，可实现信息发布、信息检索、个性化推荐等功能（图4–13）。

图4–13 广东科技成果转移转化市场交易平台

功能三：创新创业政策法规解读。网站打造政策服务板块，集“政策速递”“政策解读”“申报服务”“申报月历”4个子栏目，宣传与解读创新发展的政策措施，传播创新驱动发展战略的重要理论，提供申报直达快速通道和申报大事件月历，为中小科技企业和创新创业者提供政策参考服务。

功能四：创新创业活动拓展延伸。依托“南方双创汇”平台中的“双创大讲堂”及“对话双创”栏目，定期围绕创新驱动发展设置不同主题，通过网络直播和录播等方式，为科研机构和企业等“双创”主体提供知识产权的政策辅导、学术探讨、新技术应用等学习交流机会。

目前，已经开展了科技金融专题辅导报告会、广东省第三代半导体发展战略论坛、“粤科讲坛”、中国食品微生物安全科学大数据库的构建及其创新应用、“双创大讲堂”——科技成果挖掘、保护及转化等线上交流活动。其中，启动“军民融合成果展”网络专题，加大了军民融合板块的建设力度，纳入更多资源，推动“军转民”“民参军”等高新技术的转移转化。“双创大讲堂”系列访谈节目推出“激光表面处理与3D打印技术研究进展及应用”“大功率激光焊接及MIG复合焊接技术”等科技成果转移转化推介主题的专题讲座，已推出10期，访客总量达25万人次。

功能五：广东各地市“双创”工作一站式集纳。“南方双创汇”平台搭建“地市共创”版块，由地市动态和21地市布局图组成，集中宣传广东各地市实施创新驱动、开展“双创”工作的推进情况，展示广东各地科技创新成果，整合优化地市“双创”资源，搭建地市“双创”平台，形成广东各地市“双创”工作一站式集纳，拓展平台向基层服务延伸的能力。

功能六：创新创业经验成果学习与交流。双创学院下设“产业智库”“创业故事”两个栏目，邀请来自高端智库、科研机构、创新平台、媒体机构成员深入基层创新一线，考察创新企业，宣传报道具代表性的创业人物、创业故事，传播创新经验，理性建言献策，全方位、多角度解码创新发展，为创新创业者打造一个“双创”经验分享和知识学习平台。

（2）“南方双创汇”App客户端建设

“南方双创汇”App客户端包括安卓和iOS两大版本，在苹果App Store和安卓各大应用市场发布，经过多次迭代升级，目前“南方双创汇”App由“资讯中心”“需求”“资源中心”“科创服务和VIP会员”“个人中心”五大板块组成，具备发布需求、需求对接、资源对接、科创服务、在线客服等功能，用户可随时随地了解资讯信息、掌握政策导向、跟进交易动态。自2016年上架以来，“南方双创汇”App下载量累计达4.6万次。

板块一：资讯中心。资讯中心汇集“南方双创汇”网站的重点优质内容，按栏目分类展示，实时更新。新闻详情页面，具备分享、收藏、点赞，设置字体大小等功能，真正满足用户阅读需求。同时设计开发“双创号”板块，按照生物与健康、材料与化工、资源与环境、装备与制造、电子与信息、智库与服务等八大领域分类，自动抓取广东省科学院下属院所及其他“双创”相关的权威微信公众号内容，一方面丰富“南方双创汇”App资讯内容来源，另一方面扩大广东省科学院及下属院所的工作动态和最新研究成果宣传渠道、提升宣传效果。

板块二：需求中心。需求中心与PC端“需求大厅”信息同步，具备发布需求信息、需求关键词搜索、按预算或时间排序、多维度筛选、承接需求、收藏需求等功能。

板块三：资源中心。资源中心与对应PC端“交易平台”“资源大厅”的信息同步，类别包括成果、专利、仪器、专家，具备关键词搜索、分类筛选、提交意向单、收藏等功能。

板块四：科创服务和VIP会员。开设“科创服务”板块，为用户提供申报指导、专业培训、科技咨询、产业竞争情报、知识产权服务、法律评估服务、科技产业大数据服务等，与VIP会员服务打通。

板块五：个人中心。用户注册登录后，可在个人中心进行信息管理，包括收藏的需求、收藏的资源、关注的机构、需求管理、资源管理、账号管理等，并提供帮助中心和在线客服支持。

（3）重点建设广东科技成果转移转化市场交易平台

广东科技成果转移转化市场交易平台是“南方双创汇”的核心功能子平台，以该平台为载体整合和促进专利、成果、专家等各类“双创”要素在线上实现资源开放、共享、对接、交易，搭建“双创”资源的供需对接通道，降低企业技术的创新、研发成本，提高科研单位的技术成果转移转化效率。广东科技成果转移转化市场交易平台由“需求大厅”、“资源大厅”（科技成果、技术专利、专家人才、仪器共享、服务机构）、“科创服务”、“VIP俱乐部”等板块组成。

建设有功能完善的在线交易系统和用户管理系统，广东科技成果转移转化市场交易平台的技术架框及功能见图4-14。

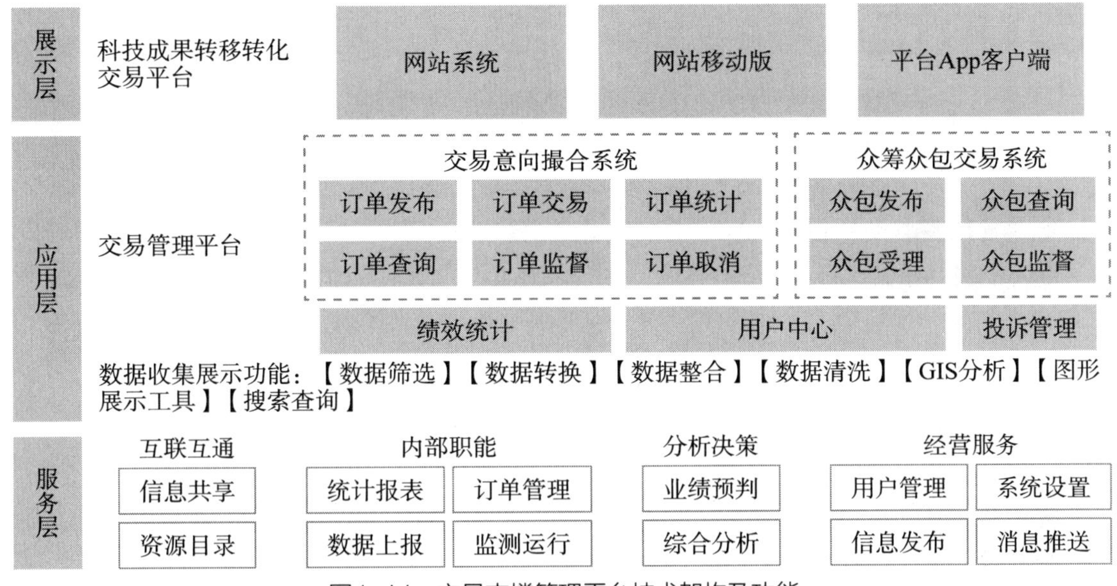

图4-14　交易支撑管理平台技术架构及功能

4.4.2.2　线上平台服务

（1）平台数据建设

将广东省科学院的全部科技创新要素与成果信息数据加工上传到“南方双创汇”平台，编制《广东省科学院科技服务能力白皮书》《广东省科学院重点科技成果汇编》手册，开展科技成果转化。其中完成院属22家研究所专利信息、科技成果、专家人才、仪器设备等数据处理，并上传到“南方双创汇”广东科技成果转移转化市场交易平台。筛选出200条高价值专利，推动广东省科学院的高价值专利培育和运营工作。

（2）“双创”资源拓展

科技成果资源拓展。将中国科学院、教育部直属高校和科研院所的科技成果引入“南方双创汇”数据库。科技服务资源拓展。成功引入中国科学院西安光学精密机械研究所、弘信创业工场投资集团股份有限公司、汇桔网、高航网、广东聚智诚科技有限公司等高校、科研机构、成果转化服务机构、科技金融机构、知识产权服务机构、财务税收服务机构。

（3）宣传与科教工作

资讯中心宣传报道广东省推进创新驱动发展战略的热点亮点及创新主体的产业技术研发动态、“双创”工作推进情况、创新驱动新成就展示等。线上提供科技信息快报、产业情报咨询服务，通过邮件、微信公众号等方式向会员提供科技情报。资讯中心页面如图4-15所示。

图4-15　资讯中心页面

政策解读。包括“政策速递”“政策解读”“申报服务”“申报月历”4个子栏目（图4-16），为中小科技企业和创新创业者提供政策参考服务。

图4-16　政策服务页面

地市共创。“地市共创”板块由地市动态和21个地市布局图组成，集中宣传广东各地市“双创”工作推进情况，展示广东各地科技创新成果，整合优化地市“双创”资源，搭建地市“双创”平台。

双创学院。通过“对话双创”“双创大讲堂”“成果对接会”等系列主题教育、宣传和培训活动，扩大活动影响力，推动科技成果转移转化。“对话双创”集新闻发布、嘉宾访谈、信息整合等功能为一体，全方位展示广东省科学院综合研发创新能力、技术服务能力和科研成果产出，选择权威科学家和行业代表对政策进行解读。“双创大讲堂”每期围绕创新驱动发展设置不同主题（表4–1），不定期举办线下论坛活动，为科研机构和企业等“双创”主体提供政策辅导、学术探讨、新技术应用等学习交流机会。“成果对接会”以促进战略性新兴产业、高新技术产业、优势传统产业及未来科技成果转化为主题，走访广东省各地市，举办科技成果对接会、重大成果发布会以及企业技术需求、投资需求专场等线下活动。同时，借助“南方双创汇”科技成果转移转化市场交易平台汇聚企业技术需求数据、科技成果数据，吸引众多的企业、技术专家、科技人员、投资人进行在线对接。

表4–1 部分对话双创主题

主题
加快建成国内一流研究机构
聚集创新资源为大湾区科技创新提供战略支撑
打造粤港澳大湾区微生物高水平科技平台
加快大湾区微生物学科布局
乡村产业振兴要搭上“科技快车”
立足创新驱动发展 打造专业化高端智库
为构建国际科技创新中心提供一流智库服务
科技创新驱动高质量发展 持续推进材料表面工程技术研究
加强稀土高端应用领域技术创新 提高资源利用率
紧跟半导体发展趋势 加快新型材料创新研究
持续深化国际合作 不断推进新型焊接工艺创新
积极推进成果转化 期待新型技术改变生活
持续开展土壤研究 为环境治理贡献力量
紧抓产业发展机遇 持续开展务实研究

（4）成果转化与交易

需求发布。构建线上需求大厅，集中展示需求信息，发布企业或机构用户在生产过程中提出的专家咨询、专利求购、仪器租赁等需求，平台客服团队把相关需求通过科技情报和大数据技术精确匹配具备服务能力的科研机构。技术服务机构可在线承接需求任务，提出解决方案并与专利技术需求方进行对接。

成果发布。资源大厅汇聚了海量的科技成果转移转化供给方的多类要素，构建完善的科技成果资源数据库，并利用互联网技术实现了动态更新。科技成果资源数据库包括成果、专利、专家、仪器、服务机构等数据，可分类筛选或关键词精准检索，需求方用户对符合需求的资源要素提交合作意向单。

表4-2　广东省科技成果转移转化交易平台功能

功能	成果检索	需求方发布新需求	供给方提出解决方案	供需对接	同类成果推荐	实现全流程管理
技术服务大厅	找到所需成果	—	—	直接对接	系统自动推荐	是
需求大厅	未能找到	是	是	择优方案对接	客服团队推荐	是

线上成果转化。运用线上展览技术，从多方面、多渠道、多维度对现有创新资源进行整合，提供了涵盖线上科技成果巡展、科技成果数据大屏、科创会平台、广东省科学院院所仪器报送平台、广东省智慧农业时空信息服务云平台、广东生物医药与大健康大数据平台、中山市战略性新兴产业信息情报服务平台、新材料科技成果转化平台等在内的“线上需求撮合+线下需求对接”服务及平台。

线上科技成果巡展。推出“军民融合成果展专题”“广东省科学院重组两周年专题”“广东省科学院创新板块巡礼”“广东省科学院产业技术创新联盟产业技术对接会”“2016、2017华南激光展专题”“科技服务地方行专题”“英国伯明翰大学高端科技成果专场”等线上科技成果展。同时，设计、开发了一套完整的数据采集与可视化智能显示系统（图4-17）。集成计算机网络、多媒体视频控制、超大规模集成电路综合应用等技术，建成了基于大数据，具有多媒体、多途径，可实时传送的高速通信数据接口和视频接口，拥有高分辨率、高智能化、高数据集成度的可视化显示平台。

图4-17　监测大屏

科创会平台。“科研机构创新成果交易会”（以下简称“科创会”）由科学技术部、广东省人民政府共同主办，由科学技术部国际合作司、广东省科学技术厅、广东省科学院、中国科学院广州分院和东莞市人民政府联合承办，“南方双创汇”作为科创会的技术支持单位，负责科创会官网、微官网的设计和开发。科创会网站作为线下展会活动的重要支撑平台，官网和微官网设计风格简洁大方，由“资讯中心”“在线成果展”“需求对接厅”“个人中心”等模块组成，具有信息发布、在线预约、在线报名、智能匹配、即时聊天等功能。团队搭建了科创会官网，收集了来自全球的多件创新项目。策划了会议方案，通过现场直播、网络报道、报纸刊登等方式对会议进行了全方位的宣传。该交易会共促成了11项最新科研成果的拍卖，价格为2 507.8万元，溢价率为39.1%。

广东省科学院院所仪器报送平台。设计开发了广东省科学院院所仪器报送平台，打通了广东省管理平台的数据接口，实现广东省科学院院所一次填报，多平台信息共享的功能。院属研究所登录该平台后上传仪器数据，广东省科学院对数据进行审核，审核后数据信息直接报送到广东省省仪器平台，进行共享。

广东省智慧农业时空信息服务云平台（图4-18）。以广东省智慧农业时空信息服务云平台为核心，依据“数字港”的科学目标对基础数据进行加工处理，通过与广东省科学院、“数字港”科学家密切合作，建立由现代化信息技术支撑的、协同管理的、高效产出的资源节约型及环境友好型的管理系统。主要包括四个方面：一是助力农业数据收集过程的智能化，实现农业数据科学化管理；二是助力农业信息网络化，通过云平台实现农业生产、政府部门、商业领域以及科学研究的高效对接；三是助力农业服务灵活便捷，利用大数据、可视化技术构建界面友好的农业应用服务；四是助力农业科研创新，利用大数据技术，创新农业科研方式，提高广东省农业科研创新能力。

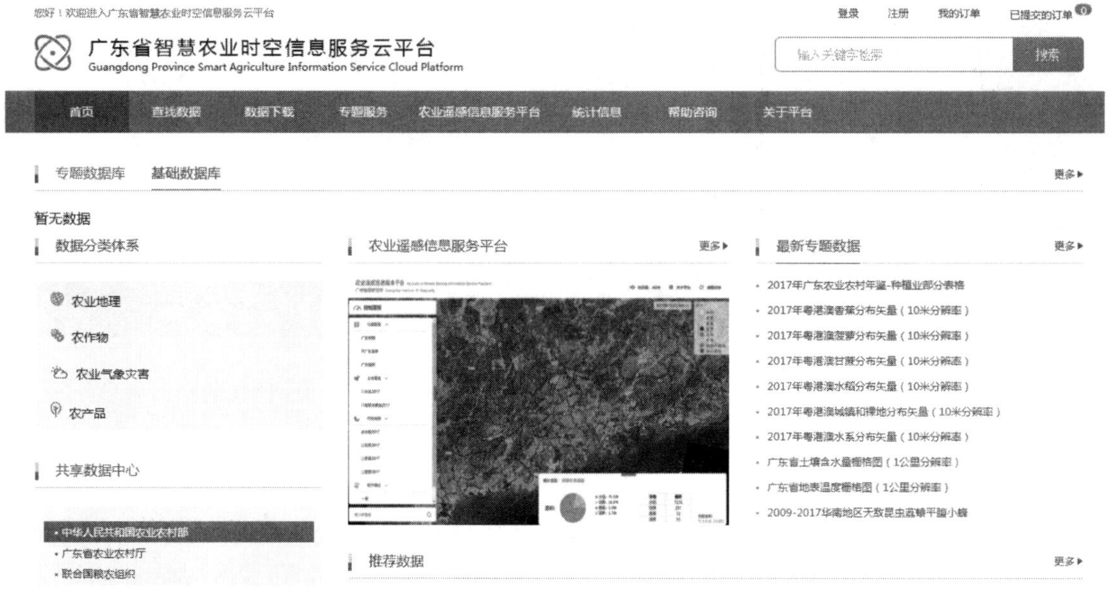

图4-18　广东省智慧农业时空信息服务云平台

广东生物医药与大健康大数据平台（图4-19）。集生物医药与大健康领域的政策咨询、科技进展、专家人才库、企业需求、检测分析仪器、科技成果、企业需求于一体。平台面向科研人员、企业、科研机构等不同群体，覆盖科技成果转化的整个链条。

图4-19 广东生物医药与大健康大数据平台

中山市战略性新兴产业信息情报服务平台（图4-20）。平台是以资源整合为基础的创新型信息服务集成，通过“互联网+科技创新服务”运作模式，为中山市战略性新兴产业跨越发展提供信息资源支撑与决策参考，全面解决中山市创新创业者在创新过程中出现的资源共享不足、信息不对称、创新内容与市场需求不适应、协同互动不通畅、创新合作不对位、技术供给与技术需求不匹配、创新成本高等问题。

图4-20 中山市战略性新兴产业信息情报服务平台

新材料科技成果转化平台。新材料科技成果转化平台的框架（图4–21）包含了政策咨询、科技进展、发明专利、专家智库、需求发布、仪器设备、科技成果七大板块内容，后台提供用户注册、需求管理功能。面向科研人员、企业、科研机构等不同群体，覆盖整个新材料领域科技成果转化链条。

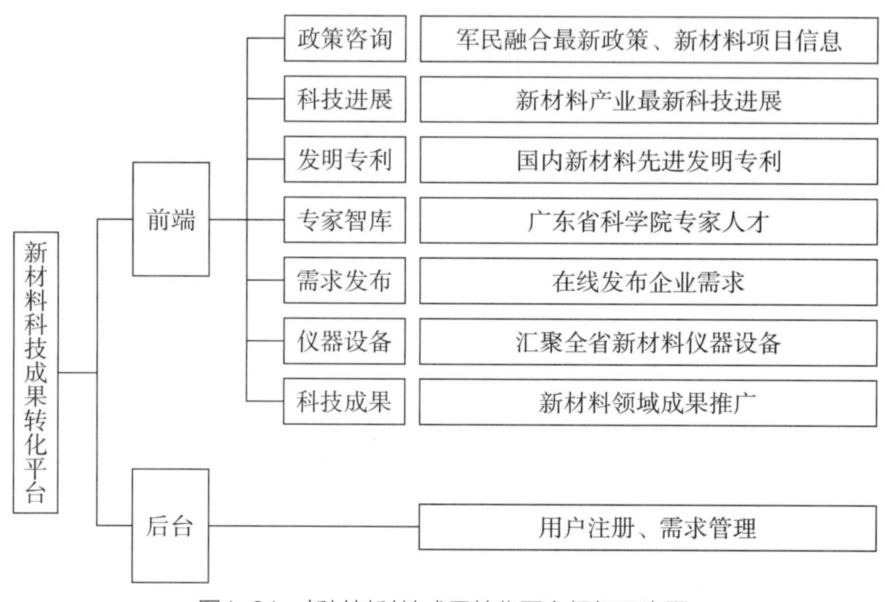

图4–21　新材料科技成果转化平台框架示意图

参考文献

杜伟，崔勇，邹志德，2021. 科研组织知识产权管理体系建设实务［M］. 北京：知识产权出版社：1–4.

杜伟，崔勇，邹志德，2019. 科研组织知识产权管理体系建设指南［M］. 北京：知识产权出版社：4–5.